# Märchen und Sagen der Deutschen aus Böhmen und Mähren

# Märchen und Sagen der Deutschen aus Böhmen und Mähren

Band 1

aufgezeichnet und
herausgegeben von
Ulrich Benzel

illustriert von
Reinhard Benzel

Verlag Friedrich Pustet
Regensburg

CIP-Kurztitelaufnahme der Deutschen Bibliothek

**Märchen und Sagen der Deutschen aus Böhmen und Mähren** / aufgezeichn. u. hrsg. von Ulrich Benzel. Ill. von Reinhard Benzel. – Regensburg : Pustet.
ISBN 3-7917-0651-9

NE: Benzel, Ulrich [Hrsg.]

Bd. 1. – 1980.
ISBN 3-7917-0652-7

ISBN 3-7917-0652-7 (Band 1)
ISBN 3-7917-0651-9 (Gesamtwerk)
© 1980 by Verlag Friedrich Pustet, Regensburg
Umschlag: Reinhard Benzel, Lauterbach
Gesamtherstellung: Friedrich Pustet, Regensburg
Printed in Germany 1980

Für Julia

# Inhalt

11 Vorwort

MÄRCHEN

*Tiermärchen*
15 Der Hund als Schuster
18 Der Hund ols Schuhmacher (Eine Variante)
22 Die Waidhauser Kirchweih
24 Die Ziege von Ouahorn
26 Der Wolf und der Fuchs fischen
27 Der Wolf und der Fuchs trinken
28 Der Wolf und die Hederln
28 Der entlaufene Pfannkuchen
30 Der Fuchs auf der Kindstaufe
31 Das Schweinl und der Bär
32 Der Fuchs und der Wolf teilen die Ernte
33 Hund und Hahn auf der Wanderschaft
35 Wolf und Fuchs als Gänsediebe
35 We¹s Fichserl dem Krouher den Kas gstuoln hout
37 Der Bauer und die Schlange
39 Der alte Hund rettet das Kind
40 Die Haustiere und die Räuber
42 Die Stärke des Menschen
42 Gevatter Mäusl und Gevatter Leberwürstl
46 Die Spinne und das Zipperlein
46 Die belohnte Ziege
48 Die Katze und das Mäusel
49 Der Star und das Schwein
49 Wie Katze und Hund zu Feinden wurden
50 Da schaust, Schuster
51 Der Wolf und die Ziehharmonika
51 Der vorwitzige Papagei
52 Undank ist der Welt Lohn
55 Des Wolfes Traum (Eine Variante)
57 Der Katze die Schelle umbinden

57 Mit List den Feind besiegen
58 Morgen geht die Welt unter
60 Wolf und Fuchs im Brunnen
62 Vom kranken Putterle und dem Kokscherle
63 S Hennerl und s Hohnerl
64 Die Katze wäscht sich vor dem Essen
64 Hund und Katze tauschen ihre Nahrung
65 Hähnchen und Hühnchen
67 Wolf und Fuchs auf der Hochzeit
69 Gevatter Fuchs, Gevatter Wolf und Gevatter Katzenkönig

*Legendenartige Märchen, Legenden und Ursprungssagen*
71 Harl und Wawa im Himmel
73 Gott hat eine höhere Einsicht
74 Nur Gott kennt das Ziel aller Wege
76 Was Gott tut, das ist wohlgetan
77 Der Heiland und Petrus in der Scheune
78 Die Menschen wissen ihren Sterbetag
78 Die heiligen drei Könige
79 Die Himmelskönigin und das ungehorsame Kind
80 Warum die Bienen den roten Klee meiden
82 Wie ein Dieb in den Mond versetzt wurde
82 Die faule Spinnerin
82 Wie die Wespen erschaffen wurden
83 Warum die Wildtaube so schreit

*Schreckmärchen*
84 Bei der Hexenmuhme
86 Die Hexenwirtschaft
87 Das Hexenhaus im Wald
87 Die Hexe mit dem Pferdekopf

*Ein Kindermärchen*
90 Hund und Katze im Waldhaus

*Zaubermärchen*
92 Die schönste Braut
99 Herr Kluck

103 Das Märchen vom wilden Mann
118 Tischlein, Henndlgatz und Ranzen
122 Die Prinzessin mit dem Pferdekopf
124 Die Kaffeemühle
128 Das Märchen von der Kantazi
133 Der erlöste Prinz
139 Die Geschichte von der alten Uhr
147 Der Krautesel
153 Die drei Raben
157 Die zwei Schwestern und das Oscherkoucherl
162 Die Geschichte vom weißen Reh
169 Die ungeheure Nase
175 Hansfürchtmichnicht und der Teufel
177 Die zwölf Brüder
181 Der Teufel als Jäger
184 Die dankbaren Tiere
189 Hilda und ihr Schimmel
197 Der Glücksvogel
209 Der Schmied von Mitternbach
212 Das Königsschloß von Blumenthal

SAGEN

*Die Wilde Jagd*
223 Die Wilde Jagd zieht vorbei
224 Der Wilde Jäger findet einen Hackstock für sein Beil
225 Der Nachtjäger
225 Der Wilde Jäger blendet einen Neugierigen
225 Die Wilde Jagd und die Kohlenbrenner
226 Der Nachtjäger von Bernhau
226 Der Nachtjäger und der Bauer
228 Die Wilde Jagd am Kubany
228 Von der Wilden Jagd zerrissen
228 Das Waldweibl wird von der Wilden Jagd zerrissen
229 Der Waldhansl bei Türpes
229 Der Buschhansl
230 Das Moosweiblein

230 Das Baumgeistlein
232 Die Erbauung der Pfraumburg

*Schatzsagen*
234 Der Schatz im Hausberg
234 Das graue Männchen
235 Dreck verwandelt sich in einen Schatz

*Die Toten*
236 Die Sechswöchnerin und ihr Kind
237 Die Toten schleppen
237 Das Mädchen und der Tod
237 Das Gerippe vom Friedhof holen
238 Dem Toten den Hut stehlen
238 Den Toten einladen
239 Den toten Geliebten herbeizitieren

# Vorwort

Kein Volksgut deutscher Stämme ist heute so bedroht wie das Erzählgut der Deutschen aus Böhmen und Mähren. Sitte und Brauch der Deutschen aus dem böhmischen und mährischen Raum mußten unter den Zwängen und den neuen Bedingungen der Einortung als Splittergruppen in die Aufnahmeräume anderer deutscher Stammesgruppen notwendig verwehen und untergehen. Alfred Karasek konnte auf Volkskundetagungen noch von einem Notbrauchtum berichten, aber das geschah vor mehr als 25 Jahren.
Dieser Prozeß ist langsamer, aber doch spürbar auch bei der Sprache zu beobachten. Noch wird die Mundart in einzelnen Gruppen und in vielen Familien gesprochen. Durch Heiraten mit Angehörigen anderer deutscher Stämme wird jedoch die Zahl der Sprachträger kleiner. Junge Menschen gleichen sich leicht einer neuen Umgebung an und erliegen der Gewohnheit hochdeutschen Sprachgebrauches, sie vergessen die reichen Bilder und treffenden mundartlichen Wendungen. Immer seltener auch werden in den Familien die Märchen, Sagen, Schwänke und Legenden der Heimat erzählt. Der Autor, der sich dreißig Jahre im Dienst an der Volkserzählung der Deutschen aus der Tschechoslowakei versteht, hat manchen großen Erzähler zum Friedhof geleitet. Vor dreißig Jahren konnte er Erzählkreise erleben, in denen Träger der Überlieferung mehr als fünfzig Volkserzählungen meisterhaft vortrugen. Viele dieser Erzählungen, vereint mit besonders geprägten, heute nicht mehr durch die Literatur zugänglichen Geschichten, sollen in drei Bänden dem Leser dargeboten werden.
In einem Anhang des 3. Bandes werden Erzählkreise und Einzelerzähler in ihrer Umwelt dargestellt werden. Anmerkungen und Quellenangaben werden hier ebenfalls ihren Platz finden.
Der Leser möge sich im übrigen nicht an der unterschiedlichen Interpunktion stören. Bei Erzählungen, die aus schriftlichen Quellen übernommen sind, wurde auch die Zeichensetzung beibehalten.
Es dankt der Autor seinem Verleger und seinem jungen, dynamischen Arbeitsteam im Verlag, daß sie ihm Gelegenheit und Raum gegeben haben, die reichen Schätze sudetendeutscher Volkserzählungen auszubreiten.

Lauterbach, im Frühjahr 1980          Dr. Ulrich Benzel

# MÄRCHEN

# Tiermärchen

## 1   DER HUND ALS SCHUSTER

Der Fleischer Vorberger aus Wachtl hatte einen Hund, der war alt geworden und zahnlos, er konnte auch nicht mehr den schweren Fleischerkarren ziehen. So wurde er von seinem Herrn fortgejagt mit den Worten: »Scher dich zum Teufel und verdiene dir dein Brot woanders!«
Da schlich sich der Hund traurig vom Hof und wanderte die Landstraße entlang. Unterwegs fand er eine Tasche am Straßenrand. Er hob sie auf, betrachtete sie und sagte: »Dich werde ich schon gebrauchen können.« Dann hängte er die Tasche über seine Schulter und wanderte weiter.
Nach einiger Zeit sah er einige Lederflecken am Wegrand liegen. »Ihr werdet mir schon von einigem Nutzen sein«, sprach er und legte die Lederlappen sorgfältig in seine Umhängetasche. Vom Dorf aus ging er den Leichenweg hoch und gelangte in den Niederwald.
Und wie der Hund vor sich hintappte, kam ihm der Wolf in die Quere. »Wo willst denn du hin, Gevatter Hund?« fragte der Wolf. »Ich bin auf der Walz«, antwortete der Hund. »So, was hast du denn gelernt in deiner Jugend?« »Nun, ich bin ein Schuster, der Arbeit sucht.« Und in seinen Gedanken wünschte er sich sofort weit weg. Er dachte: »Jetzt muß ich mich aber schleunigst verdrücken.« »Heh, du kommst mir gerade recht, einen Schuster kann ich gut und gerne brauchen. Jetzt kommst du mit mir und wirst mir ein Paar Stiefel machen.« »Nicht so gach«, sagte bestürzt der Hund, »erst mußt du mir aber ein Häuslein bauen, daß ich arbeiten kann.« Da sprach der Wolf mit fester Stimme: »Das werde ich schon richten. Und jetzt kommst du gleich mit!« Was blieb dem Hund schon anderes übrig, er mußte mit ihm gehen.
Es dauerte nicht lange, da hatte der Wolf ein Häuslein für den Hund gebaut. Bei seinem Anblick sagte der Hund: »Nun, die Werkstatt ist ja fertig. Jetzt fehlt mir nur noch ein Leder, das muß vom Kalb sein.« »Das sollst du alles haben«, sagte der Wolf und lief eilig fort. Bald hatte er die Gelegenheit ausgekundschaftet, und in der Nacht brach er in ein Gehege, riß ein Kalb und brachte dieses dem Hund. »Nach

einer Woche kannst du mal vorbeikommen und nachschauen«, sagte der Hund und hat bei dem Wolf Maß genommen. Danach aber legte sich der Hund auf die faule Haut und fraß nach und nach das Kalb auf.
Am nächsten Sonntag kam der Wolf vorbei um nachzufragen. Der Hund hatte aber nur ein wenig das Fensterchen aufgemacht und rief hinaus: »Deine Stiefel werden prima! Ich brauche aber noch ein Schaf zum Ausfüttern, denn es kommt ein recht strenger Winter!« »Das sollst du auch noch haben«, rief der Wolf, »ich werde mich sogleich auf den Weg machen, es dir zu holen!« In der Nacht brach der Wolf in der Mühle ein und holte sich das fetteste Schaf und schleppte es zum Hund. Der sagte: »Am nächsten Sonntag kannst du dir dann deine Stiefel abholen.« Der Wolf trollte sich, und der Hund legte sich wieder auf die faule Haut und fraß das Schaf auf.
Nach einer Woche kam der Wolf zum Hundehaus und wollte seine Stiefel abholen. Der Hund hatte das Fenster wieder nur ein kleines Stück aufgestoßen und rief hinaus: »Jetzt müssen die Stiefel noch tüchtig eingeschmiert werden. Dazu brauche ich ein Schwein! »Da hat der Wolf ärgerlich geknurrt: »Das Schwein sollst du auch noch haben. Aber dann ist endgültig Schluß!« Vom größten Bauern des Dorfes holte sich der Wolf das fetteste Schwein und schleifte es vor das Haus des Hundes. »Hier hast du das Schmierfett, bist du nun zufrieden?« rief er zum Fenster hinein. »Komm in einer Woche wieder, und du wirst die herrlichsten Stiefel bekommen!« rief der Hund zurück und legte sich auf sein Faullager. Er fraß das fette Schwein auf und ließ es sich eine Woche gut ergehen.
Und als nun am Sonntag der Wolf kam, um seine Stiefel zu holen, da schnitt der Hund hinter dem Fenster ein gottsjämmerliches Gesicht und winselte verzagt: »Denk dir nur, lieber Gevatter Wolf, was mir passiert ist. Die Stiefel waren fix und fertig, es waren die herrlichsten Stiefel. Solche schönen Stiefel hatte ich mein Lebtag noch nicht gemacht. Ich hatte sie vor dem Häuschen in die Sonne zum Trocknen gestellt und bin fortgegangen, um im Wald Reisig zu holen. Wie ich gerade zurückkomme, da wollte ich meinen Augen nicht trauen. – Da waren die Stiefel verschwunden! Ein Landstreicher muß sie weggenommen haben.«
Da wurde der Wolf zornig: »Das kann ich glauben oder auch nicht glauben! Mit unserer Freundschaft ist es aus! Wir zwei müssen mit-

einander kämpfen. Suche dir ein paar Gehilfen. Ich werde mir auch ein paar Krieger dingen. Und dann treffen wir uns nach dem Abendläuten bei der großen Tanne am Waldesrand!«
Der Hund ist in das Dorf geschlichen und ist die Gassen herauf- und heruntergelaufen. Nirgends fand er einen Helfer. Erst zuletzt traf er einen schwarzen Kater, der war bereit, mit ihm in die Schlacht zu ziehen. Nach einer Weile sah er einen Kikerikihahn, der schrie jämmerlich. Der Hund fragte ihn: »Was fehlt dir denn? Warum schreist du so gottserbärmlich?« »Oh jeh, morgen werde ich geschlachtet!« Da sprach der Hund: »Sei doch nicht so dumm! Komm mit mir und hilf mir im Kampf mit dem Wolf. Danach wandern wir in die weite Welt.« Diese Rede gefiel dem Hahn, und er folgte dem Hund.
Beim letzten Häuschen hat im Garten ein Ziegenbock gar so arg gemeckert, daß der Hund und der Hahn stehenblieben. »Was fehlt dir denn?« »Ich soll morgen geschlachtet werden«, jammerte der Ziegenbock. Da sprachen die Kampfgesellen: »Komm mit uns, sei nicht dumm. Bei uns wird es dir gut gehen!« Und so ist der Ziegenbock aus dem Garten gesprungen und ist mit seinen neuen Freunden den Leichenweg hochmarschiert.
Der Wolf war aber nicht faul gewesen. Er hatte den Bär und das Wildschwein als Helfer gewonnen. Nach dem Abendläuten standen sie schon bei der großen Tanne auf der Lauer. Und weil den Tieren die Zeit schon so lange dauerte, kroch der Wolf auf die Tanne und hielt Ausschau nach dem Feind, der vom Dorf heranmarschieren mußte.
»Oh weh!« hat er plötzlich aufgeschrien, »uns wird es schlecht ergehen, der Hund hat sich ja furchtbare Kämpfer gedungen! Voran geht ein schwarzer Held mit feurigen Augen und einer langen Lanze, die streckt er hinter sich hoch in die Luft! Daneben zieht ein Ritter mit einer roten Säge auf dem Kopf und tausend Sicheln am Hintern! Und ganz hinten donnert ein Ungeheuer heran mit zwei scharfen Schwertern auf dem Kopf! Sie kommen näher und näher, rettet euch!«
Als dies der Wolf hinausgeschrien hatte, ist der Bär flink in einen hohlen Baum gekrochen. Und das Wildschwein hat sich in einen großen Ameisenhaufen gewühlt. Und als der Hund mit seiner Streitmacht zur Tanne kam, war der Kampfplatz leer.
Da sah der Kater das Ohr des Wildschweins aus dem Ameisenhaufen ragen. Es wackelte gerade hin und her. Der Kater dachte: »Ha, da ist eine Maus, drauf los!« Er stürzte sich darauf, und das Wildschwein

glaubte, daß es nun angegriffen werden würde. Voller Angst sauste es an einen Baumstamm, daß es sich den Kopf zertrümmerte. Der Kater fuhr mit einem Satz den Baum hinauf, daß der Wolf vor Schreck herunterfiel. Tot blieb er unten liegen. Wegen des Kampflärmes und des Tobens und Tosens setzte ein Herzschlag dem Leben des Bären ein Ende. So waren der Hund und seine Gesellen die Sieger. Mit seinen Freunden zog der Hund zum Häuschen. Dort zogen sie ein, und dort leben sie heute noch. Und wenn wir im Sommer nach Tschepahna fahren, sehen wir uns das Häuschen an.

## 1A  DER HUND OLS SCHUHMOCHER
Eine Variante in Wachtler Mundart

Wu itz die Wochtler neia Schul stieht, wor frieher de Fleischer Vorberger, dei Ururgroßvoter mitterlicherseits. Ar hot en Hund gehott, dar zu nix mehr nitz wor, un su hot ar na furtgejogt: »Scher dich zum Teifl, du konnst der wu ondersch dei Brut verdinna!«
Do is holt de Hund traurig furtgeschlichn. Om Brachnhiebl hot ar e Tosch gefundn un sich gedocht: »Dich ko ich scho irgendwie gebrauchn!« Un su hot ar se sich imgehengt und is weatergetopplt.
Noch e Weil siat ar e poor Laderflacklich om Wag liegn. »Ihr ward mer ah noch zu wos nitz sei!« hot ar sich gedocht un sa ei sei Tosch gesteckt. Un su is ar holt bei de Mariakopall ausn Dorf naus, ne Leichnwag ei de Hieh un zum Niederwold nei.
Wie ar su vor sich hietoppt, kimmt en of oamol de Wolf ei de Quer. »Wu willst denn hie, Gevotter?« »Ich bi of de Wolz!« »Su, su! Wos host denn gelernt?« »Ich bi e Schuhmocher!« De Hund wollt sich grod verdrickn, do segt de Wolf: »Heh, bleib stieh, du kimmst mer grod racht, en Schuhmocher ko ich gut gebrauchn! Du kimmst itz mit mir miet un mochst mir e Poor Stiefl!« »No ju, des ko ich scho mochn«, ampert de Hund, »ober du mußt mer erscht e Heisla baua!« »Des stell ich de scho auf«, segt de Wolf. Do is ne Hund nix odersch iebrig gebliebn, un ar mußt en Niederwold bleibn.
Es hot nie long gedauert, do wor des Heisla fertig. De Hund hot sei Schnauz ei olla Winkl gesteckt un gesogt:« Die Werkstot is ju gonz schie, ner brauch ich itz des Lader. Dozu mußt du mir e Kolb

brenga!« »Des konnst hobn«, hot de Wolf gesogt un is ei de Nocht eis Dorf un hot e Kolb gehult. De Hund wor mit dan Kolb zufriedn, hot vom Wolf Moß genumma un gesogt: »Ei e Woch kimmst nochsah!« De Hund hot sich ober of die faula Haut gelegt und hot des gonza Kolb aufgefrassn. Wie om Sunnum de Wolf o die Tier punkert, hot de Hund des Fansterla en Krapl weit aufgestußn un nausgerifft: »Dei Stiefl warn prima warn, ich brauch itz noch e Schof zum Ausfittern, denn de Winter wird racht streng sei.« »Des krigst ah noch«, hot der Wolf gesogt un hot ei de Nocht aus de Miehl e racht schwers Schof gebrocht. »Om Sunnum konnst du dei Stiefl huln«, hot de Hund versprochn, un de Wolf is devo. De Hund hot sich ober wieder of die faula Haut gelegt un sich des Schoffleisch schmeckn losn. Wie de Wolf noch e Woch sei Stiefl huln wollt, hot de Hund des Fansterla ner en Fingerbroat aufgemocht un gesogt: »Itz missn die Stiefl ner noch tichtig eigeschmiert warn. Dozu brauch ich e Schwei.« »Des krigst ah noch!« hot de Wolf gebrummt, »ober donn is Schluß!« De Wolf hot vom reichstn Bauer des fettsta Schwei gebrocht, un de Hund hot sichs wieder e Woch long gut gieh losn.

Un wie om Sunnum de Wolf im sei Stiefl kumma is, do hot de Hund hinterm zugerieglnt Fansterla e Gesicht zum Gotterborma gemocht un gejommert: »Denk der ner, ollerliebster Gevotter Wolf, wos mir passiert is! Die Stiefl worn fix un fertig, setta schiena Stiefl hott ich mei Labstog noch nie schusteriert. Ich hott sa do vors Heisla ei de Sunn zum Trucknen gestellt. Ei dar Zwischenzeit ho ich en Maasch Reisig gehult, un wie ich zurickkimm, do wollt ich men Ogn nie globn – do worn die Stiefl wag! E Londstreicher muß sa mitgenumma hobn!«

Do is de Wolf bies gewordn: »Des ko ich der globn un ah nie! Mit unserer Freindschoft is aus un vorbei. Es gitt itz ner noch oas: mir zwee missn mitenonder kempfn. Such der e poor Gehilfn aus. Ich war mer ah e poor huln, un donn traffn mer uns ben Umtleitn bei dar grusn Tonn om Woldrond!«

Wos is iebrig gebliebn? De Hund is eis Dorf geschlichn, is die vieln Gaßlich nauf un nunter un hot nerndets en Helfer gekrigt. Erst ei Matzls Gaßla hot ar en schworzn Koter getroffn, dar mit ihm gonga is. Of Tonesseffn Gortnmauer hot ar kurz denoch en Kikerikiehoh mehr grenna ols kreha gehert. »Wos fahlt der denn?« »Oh je, morgn war ich geschlocht!« »Sei doch nie dumm un kumm mit uns miet, mir gin ei die Welt naus!« Do is de Hoh ah miet. Ben letztn Heisla ofn Mariabarg hot en Gortn e Ziegnbuk gor su org gemeckert. »Wos fahlt dir denn, Bruder?« »Ich sell morgn ne Heitlamoh verkoft warn.« »Loß dei Lamentiern und kumm mit uns miet, do wird ders gut gieh!« Un su is der Ziegenbuk ah mietgezolkert. Longsom is de Hund mit dan drei Ausreißern ne Leichnwag ei de Hieh marschiert.

De Wolf is ober ah nie faul gewast. Ar hot sich an Beer un e Wildschwei aufgegoblt. Ben Umtleitn stondn sa schon bei de grusn Tonn off de Paß. Vor lauter Neigier is de Wolf of de Tonn ei de Hieh gekraxlt un hot sich imgesah.

»Oh weh!« hot ar aufgeschriea«, »uns wirds schlacht gieh! De Hund hot sich ju firchterlicha Kempfer gedunga. Gonz vorn gieht e schworzer Held mit feirign Ogn un e longa Lonz hinter sich. Denabn gieht e Ritter mit e blutrutn Saag ofn Kup un lauter schorfa Sichln om Rickn. Un gonz hintn, oh je, oh je, do left e Uhgeheier mit zwee krumma Sabln om Kup. Sie kumma itz schon dan steiln Wag zum Wold rauf!«

Kaum hott des de Wolf gesogt, is de Beer flink ei en huhln Bom reigekrochn, un des Wildschwei hot sich ei en Omeshaufn versteckt.

Wie de Hund mit sen Soldotn zur grusn Tonn kumma is, wor de Kompfplotz wie ausgestorbn.

Do siat de Koter om Omeshaufn wos wockln. Ar denkt des is e Maus, un stirzt sich glei drauf lus. Es wor ober des Ehrla vom Wildschwei. Des Wildschwei hot gedocht, doß s ogegriffn wird, un is vuller Engst gegn oan Bomstomm gesaust, doß sei Kup zertrimmert is. De Koter, gonz derschrockn, is ei en Sotz die Tonn naufgewetzt, doß der Wolf vor lauter Engst runtergepurzlt un untn tut liegn gebliebn is. De Beer en Bomstomm drinna hot bei dan Tumult en Hatzschlog gekrigt.

Su is de Hund Sieger gewordn. Ar is mit sen Freindn ei des Heisla en Niederwold gezugn, un dat labn sa heita noch. Un wenn me zu Peter un Paul noch Brodka of de Fohrt gieh, do sahn mer uns des Heisla oh!

*Worterklärungen:* Brachnhiebl = Flachsbrechhügel (Teil der Wachtler Dorfstraße); Krapl = Spanne; Sunnum = Samstag; Maasch = Jungwald; Umtleitn = Abendläuten; Fohrt = Wallfahrt Kirchweihfest; Brodka = Deutsch-Brodek; Heitlamoh = Häutemann (Häuteaufkäufer)

## 2  DIE WAIDHAUSER KIRCHWEIH

Einmal hat's Wiwerl (Kosename für die Gans) zum Schaferl gesagt: »Schaferl, morgen ist Waidhauser Kirchweih. Gehst du nicht mit?« – »Ja«, hat's Schaferl gesagt, »ich komme mit. Fragen wir das Sucherl (Schwein), ob's auch mitgeht.«
Sind sie zum Sucherl gegangen und haben es gefragt: »Sucherl, gehst du morgen auch mit auf die Waidhauser Kirchweih? – »Ja, ich komme schon mit.« – Da haben sie sich aufgemacht und sind losgewandert.
Unterwegs, durch den Schedlwald, kamen sie zu einer schönen grünen Wiese, darauf stand ein Birnbaum, der hing ganz voll zeitiger Birnen, und die leuchteten in der Sonne. Sagte das Wiwerl: »Sucherl, Schaferl, bis Waidhaus ist's heute zu weit; hier ist es so schön; bleiben wir doch über Nacht da!« Den beiden andern ist es recht gewesen, und damit der Bär nicht über sie herfällt, hat ein jedes sich ein Häuserl gebaut. Das Wiwerl hat sich Federn ausgerupft und daraus ein Häuserl gebaut und ebenso auch das Schaferl aus Wolle. Das Sucherl aber, das nichts am Leibe hatte, baute sich ein Häuserl aus Steinen. Wie sie fertig waren, legte sich ein jedes hin.
In der Nacht kam wirklich der Bär, der ging zuerst zum Wiwerl: »Wiwerl, mach auf, mich friert an den Füßen!« – »Ich mach nicht auf.« – »Mach sofort auf, oder ich puste dir dein Häuserl um!« – »Du kannst pusten, soviel du willst; mein Häuserl fällt nicht um.« – Da pustete der Bär, das Häuserl stürzte um, dann fraß er das Wiwerl auf.
Dem Schaferl erging es ebenso. Darauf kam er zum Sucherl: »Sucherl, mach auf; mich friert an den Füßen!« – Aber das Sucherl machte nicht auf, und soviel er auch pustete, das Häuserl fiel nicht zusammen, weil es aus Steinen war.
Da änderte der Bär seinen Plan: »Sucherl, gehst du etwa auch auf die Waidhauser Kirchweih?« – »Ja«. – Dann können wir zusammen gehn. Zu welcher Messe gehst du denn?« – Sprach das Sucherl: »Ich gehe ins Hochamt.« – »Ist schon recht.« – Der Bär ging heim, und das Sucherl ist eingeschlafen.
Ganz zeitig stand es am nächsten Morgen auf und ging in die Frühmesse; es wollte nicht mit dem Bären zusammentreffen. Darauf machte es seine Einkäufe, ein Töpfchen, einen Kochlöffel und einen großen Sack. Nachher eilte es geschwind heimwärts. Es rannte dabei

durch den Schedlwald und schlug dazu in einem fort mit dem Blechlöffel auf den Topf.
Das hörte der Bär und wurde munter davon. – »O je, da läuten sie schon zur Wandlung; da muß ich mich beeilen.« – Er sprang auf und lief Waidhaus zu. Als er dort ankam, war das Amt schon aus, und auch vom Sucherl war nichts mehr zu sehen.
Da kehrte er um und lief zu Sucherls Haus. Von innen fragte das Sucherl: »Gelt, du hast dich verschlafen. Wenn man zur rechten Zeit in die Kirche kommen will, dann heißt es früh aufstehen.«
Der Bär hätte das Sucherl gern aus dem Häuserl herausgelockt: »Sucherl, komm essen; pflücken wir die Birnen ab!« – »Mir ist's schon recht, aber du mußt auf den Baum herauf, du kannst besser klettern. Ich sammle derweil die Birnen in den Sack.«
So machten sie es auch: Der Bär kletterte auf den Baum und schüttelte die Birnen herunter, und das Sucherl las sie zusammen. – »Wart nur, jetzt krieg ich dich«, denkt der Bär und macht vom Baum herab einen Satz nach dem Sucherl; aber das war darauf gefaßt: Es hielt schnell den Sack auf, und der Bär sprang da hinein. Dann band das Sucherl im Nu den Sack zu, nahm den Kochlöffel und schlug damit auf den Bären ein, bis er ganz betäubt war; dann rollte es ihn mitsamt dem Sack in den Bach, und das Wasser nahm den Bösewicht mit.
Dem Sucherl aber hat's auf der Wiese so gut gefallen, daß es ganz dort geblieben ist, und wenn es nicht gestorben ist, so lebt es heute noch da.

## 3  DIE ZIEGE VON OUAHORN

Dou woar amol a Schneider und sa Wei, denen houts schlecht gonger. De$^i$ hobn koa Göld mehr ghobt, nichts hobns ghobt ols a oinzige Zieche im Stoll. Hunger hobns ghobt. Hot der Schneider gsogt zou seinem Wei: »Wos solln mir mochen, mir missen unser letztes Stick Viech a noch schlochtn.«
Dou sans her, dou hout er koa Messer ghobt. Hot er gsoucht un gsoucht, dou hout er a Stemmeisen gfunner. Hout er an Strick noch gfunner un hout die Ziech om Longwied oabundn. Hout er holt ogfonger un wollt holt der Ziechn mit dem Stemmeisen die Haut oschinden. Un des hout der Ziech we$^i$doun. Houts gschrien: »Mäh,

mäh!« Un e^itzer is gsprunger un hout den Strick zerrissen, un is furt, un is in den Wold grennt. Durten houts an Fuchsluoch gfunner un is durten eigsprunger. Un in dem Fuchsluoch woarn junge Fichsla drinn. E^itzer is der Fuchs herkummer un hout einegwollt. Dou is die Ziech mit den Hernern af ihn zou un hout groufn:

»I bin die Ziech von Ouahorn,
bin holme gschundn un holme gschorn.
Kimmts mir ei,
i zerreiß die dei
un flick die mei!«

E^itzer is holt der Fuchs gonger un hot lomentiert: »In meinem Luoch, dou is wos. In meinem Luoch, dou is wos, des bring i niet aße, des bring i niet aße!« Dou is er gonger un hout den Wulf troffen. Dem hout er des derzöllt. Hout der Wulf gsogt: »Oh, dou ge^ih i miet dor, des hobn mir schnell draßen!« No, is er holt miet hie un hout die Nosen eigsteckt. Un die Ziech is af ihn lossprunger un hout ihm mit den Hernern oine afeboxt, daß ihm die Nosen bloudt hout, un hout wieder gsogt:

»I bin die Ziech von Ouahorn,
bin holme gschundn un holme gschorn.
Kimmts mir ei,
i zerreiß die dei
un flick die mei!«

Dou hout der Wulf gsogt: »Des mou doch der Teifl sein, der hout Herner!« un is aßegsprunger as dem Fuchsluoch.
Offer is der Fuchs wieder gonger un hout lomentiert. Dou hout er a Oichkotz erl troffen, der hout er olles derzöllt. Dou hout die Oichkotze gsogt: »Denn ge^ih i holt miet, des werden mir scho aßekriegen. I bin niet grouß, dou kre^ich i ei!« No, is holt die Oichkotzen eikrochen. Dou is die Ziech af die Oichkotzen zou, un das Oichkotzl houts mit der Ongst zdoun kre^igt un is in der Rund glafn. Un die Ziech is hintere noch, houts ober niet kre^igt. Un die Ziech hout wieder groufn:

»I bin die Ziech von Ouahorn,
bin holme gschundn un holme gschorn.
Kimmts mir ei,
I zerreiß die dei
un flick die mei.«

Is des Oichkotzl aße un hout gsogt: »Des bring i niet aße, dou bin i vül zu kloa!«

Dou is der Fuchs wieder furt un hout Ongst ghobt fier seine Jungen un hout alleweil lomentiert. Is a Horneisel kummer. No, hout des Horneisel gsogt: »No, Fuchs, worum lomentierst denn sue?« »Och«, hout der Fuchs gsogt; »in meinem Luoch, dou is wos, des bring i niet aße, des bring i niet aße!«

Dou hout der Horneisel gsogt: »Och kumm, des hobn mir bol draßn.«

Der Horneisel is einefluogn, is draffluogn af die Ziechn, wout Haut ogschundn woar un hout eigstochn. Dou hout die Ziech an Plärrer gmocht, is vom Luoch aße un is wieder hoamgloffen. Un offer houts der Bauer weitergschundn und houts gschlocht, un dou hobns afgessen.

## 4 DER WOLF UND DER FUCHS FISCHEN

Einst wanderte ein Fuchs die Straße entlang. Da sprang ein Wolf aus dem Gebüsch und verstellte dem Fuchs den Weg. Er rief: »Fuchs, ich habe seit drei Tagen nichts gefressen! Schaffe mir etwas zu beißen, oder ich fresse dich auf!« »Nur ruhig Blut«, sagte der Fuchs, »dem können wir abhelfen. Ich kenne da einen großen Karpfenteich. Wenn es Nacht wird, werden wir dem einen Besuch machen. In ihm schwimmen viele prächtige Karpfen.«

In der Nacht zogen Wolf und Fuchs an den Teich und fischten ihn fleißig ab. Mit einem bis zum Rand gefüllten Tragkorb gelangten sie in ein Waldversteck des Wolfes. Nachdem sie sich beide sattgefressen hatten, legten sie sich zum Schlafen nieder. Fuchs und Wolf waren mißtrauisch, keiner traute dem anderen. Der Wolf schlang seinen Schweif um die Henkel des Korbes, erst dann schlummerte er beruhigt ein.

Der Fuchs erwachte um Mitternacht. Emsig verknotete er den Schwanz des Wolfes, leerte den Korb und trug schwere Steine herbei und füllte ihn damit. Den Eingang der Höhle verriegelte er mit einem Felsblock. Dann suchte er das Weite.

Als der Wolf spät am Morgen erwachte, wunderte er sich, daß es in der Höhle immer noch finster war. Er ruckte seinen Schwanz, und

als er den schweren Korb gespürt hatte, schlummerte er beruhigt weiter. Erst Stunden später erwachte er erneut, um festzustellen, daß sein Gefährte nicht mehr an seiner Seite schlief. Wieder ruckte er seinen Schwanz, der Korb war immer noch fest mit dem Schweif verbunden. »Wer nicht will, der hat schon«, knurrte der Wolf, »nun gehört die Beute mir allein.« Er drehte sich auf die Seite und schlief erneut ein.
Als er das drittemal erwacht war, versuchte er, seinen Schwanz von dem Korb zu lösen. Das wollte nicht gelingen. Nun war guter Rat teuer. Wütend versuchte er, den Eingang der Höhle freizudrücken. Das gelang nur mit großer Mühe. Nun mühte er sich, mit dem Korb aus der Höhle zu kriechen; aber schon war er steckengeblieben. Der Wolf ruckte und ruckte seinen Schwanz. – Da endlich wurde er frei. Aber sein Schwanz war abgerissen. Blutend hing dieser am Griff des Korbes. Heulend jammerte der Wolf: »Ohne Leid, kein Preis! Mir bleibt aber immer noch die herrliche Beute!« Als er jedoch im Korb nachschaute, da sah er nur Feldsteine. Zornig suchte er die Fährte des Fuchses und folgte ihr. Und wenn er nicht gestorben ist, sucht er den Fuchs immer noch.

## 5 DER WOLF UND DER FUCHS TRINKEN

Der Wolf und der Fuchs wanderten einmal die Straße entlang. Bald verspürten beide einen heftigen Durst. Da fanden sie plötzlich zwei Bierflaschen am Straßenrand, die sicher ein Bauer verloren hatte. Beide Flaschen waren mit gutem Bier gefüllt. Der Fuchs war schlau und sagte zum Wolf: »Dei doun mir e$^i$tzer glei drinkn, offer wirds Be$^i$r worm.« Der Wolf streckte sogleich seine lange Zunge und begann zu lecken, aber er brachte kein Bier aus der Flasche heraus. Er sprach: »Sue ge$^i$hts niet, des me$^i$n mir onners mochn.« Er nahm seine breiten Pfoten und versuchte, sie in den engen Hals der Flasche zu zwängen, um Bier herauszuziehen. Da hat er gezogen und gezogen und hat dabei seine Pfoten nimmer herausgebracht.
Der Fuchs hat gedacht, er wird die Sache gescheiter anfangen und hat seinen Schwanz in den Flaschenhals gesteckt, hat ihn sachte herausgezogen und das köstliche Bier geschleckt. Und dabei hat er schadenfroh gelacht.
Da kommt auf einmal in schnellem Lauf der Bauer daher. Der Fuchs

hats rauchen gelassen und ist fortgestürmt. Der Wolf wollte ihm
nacheilen, aber mit der Flasche an der Pfotschen ist das nur sehr langsam gegangen. Der Bauer ist ihm nachgelaufen und hat seinen Knüppel geschwungen und hat gerufen: »Wort, Verrecker, du houst mir
mei He<sup>i</sup>hner gstuoln! Dou houst dei Dal!« und hat den Wolf erschlagen.

## 6  DER WOLF UND DIE HEDERLN

Dou son amol sieben Hederln gwen und a Buock. De<sup>i</sup> hobn gsogt:
»Etzer ge<sup>i</sup>hn mir in den Wold Lauchala fressen.« Etzer is der Wulf
kummer und hot zum erschten Hederl gsogt: »Hederl, wou ge<sup>i</sup>st
denn du hie?« »Im grienen Wold noch Lauchala.« »Wos host om
Kopf?« »An Hoorzopf.« »Wos host zwischen den Fe<sup>i</sup>ßen?«
»A Melkerflascherl.« »I mou di fressen, i mou di fressen, weil des
Melkerflascherl gor sue goud schmeckt!« »Och scheener Wulf«, hots
Hederl gsogt, »lo mi ge<sup>i</sup>n, kummer noch sechs nocherer und a Buock,
wennst de<sup>i</sup> gfressen host, host a gnouch«. Is das zweite Hederl kummer. (Vorgang wiederholt sich, bis der Bock kummt)
Kummt der Buock. Sogt der Wulf: »Buock, wou ge<sup>i</sup>st hie?« »In
gre<sup>i</sup>nen Wold noch Lauchala.« »Wos host om Kopf?« »An Hoorzopf.« »Wos host zwischen den Fe<sup>i</sup>ßen?« »An Pulversock!« Hot der
Buock an Fouß afghubn und hot den Wulf erschossen. Pulz!

## 7  DER ENTLAUFENE PFANNKUCHEN

Da hat einmal eine Bäuerin Pfannkuchen gebacken. Aber der Pfannkuchen war mit der Bäuerin und ihren groben Methoden nicht einverstanden. Er sollte nämlich zur Mittagszeit mit seinen Kameraden
auf den Tisch kommen. Das hat dem Pfannkuchen nicht gepaßt, und
deshalb hat er einen Satz gemacht, ist vom Teller gesprungen und davongelaufen.
Die Bäuerin rief gleich nach dem Drescher, der sollte dem Pfannkuchen nachlaufen. Das hat er auch getan, er ist nachgelaufen, hat ihn
aber nicht mehr einholen können.
Nun ist der Pfannkuchen in den Wald gelaufen. Da ist ihm der Fuchs

entgegengetreten. Jetzt hat der Pfannkuchen im Laufen seine Richtung geändert und war auf diese Weise auch dem Fuchs entkommen. So sehr sich dieser bemühte, ihn einzuholen, der Pfannkuchen war schneller.

Nach langem Lauf gelangte der Pfannkuchen aus dem Wald und sah vor sich ein Dorf im Talgrund liegen. Auf einer Wiese hütete ein Sauhirt seine Schweineherde. Der Weg des Pfannkuchen führte an dieser Wiese vorbei. Er war schon ein wenig müde und erschöpft. Vor den Säuen hatte er keine Angst gehabt. Er glaubte, Schweine könnten nicht schnell laufen. Aber eine der Säue grunzte: »Warte nur, dich werde ich schon einholen!« Sogleich antwortete der Pfannkuchen: »Na, du Dickwanst, das wird dir wohl kaum gelingen.« Und so neckte der Pfannkuchen die Schweine immerfort, bis sie wütend wurden. Langsam ging er bei einer besonders dicken Sau vorbei. Die Sau mit dem langen Rüssel, einer besonders langen Gosche schnappte nach ihm und riß ihm eine Hälfte seines Körpers ab. Die andere Hälfte schlüpfte in ein Mauseloch, und die Sau konnte ihn nicht mehr sehen. Und da kamen schon die anderen Schweine herbei, die wollten die andere Hälfte des Pfannkuchens fressen und begannen, emsig nach ihr zu suchen. Sie wühlten die Erde auf, fanden aber kein Krümelchen. Seit dieser Zeit wühlen alle Schweine gern im Erdboden, weil sie immer noch hoffen, den Pfannkuchen zu finden.

## 8   DER FUCHS AUF DER KINDSTAUFE

Dou woar amol a Bauer, der hot Strah ghockt hinterm Stodl. Dou is a Fichserl kummer. Hot der Bauer gsogt: »No, Fichserl, wou kummst denn du her?« Hot der Fuchs gsogt: »Af der Kindstauf woar ich heint.« »Sue, af der Kindstauf? We$^i$ hoißt denn offer das Kind?« Hot er gsogt: »Angezapft!« Der Fuchs is wieder weiterzuogn. Am onnern Dog hockt der Bauer wieder Strah. Af amol kummt der Fuchs wieder vorbei. »Ah, wieder das Fichserl, – wou kummst denn heint her?« »Heint woar i wieder af der Kindstauf.« »We$^i$ hoißt denn wieder heint das Kind?« Sogt der Fuchs draf: »Holbscheid!« Sogt der Bauer draf: »Angezapft, Holbscheid? – Des san ower kuriose Nomer!« No, jo, hot er wieder vergessen draf. N'onnern Dog, dem dritten Dog, hot er wieder Strah ghockt hinterm Stodl. Af amol kummt der Fuchs wieder vorbei. »No, Sackra, Fichserl, wou kummst denn heint wieder her?« Dou sogt der Fuchs draf, er woar wieder af der Kindstauf. »Sue«, sogt der Bauer, »du woarst heint scho wieder af der Kindstauf? Weⁱ hoißt denn offer heint unser Kind?« Sogt der Fuchs: »Heint hoißts asgleckt und umgstürzt!« Eⁱtzer is dem Bauer a Licht afgonger. Der Fuchs is furt, und der Bauer is in den Köller gonger und hot nogschaut. Eⁱtzer sant Schmolzfasser asgleckt und umgstürzt gwest.

## 9 DAS SCHWEINL UND DER BÄR

Es war einmal ein recht kalter Winter, so daß sogar dem Bären fror, und er beschloß, sich ein wenig in einem Schweinestall zu wärmen. Er ging also zu dem Stall, in dem die Schweinemutter wohnte, und sagte: »Schweinl, mach mir auf! Ich will mich ein bißchen wärmen.« Das Schweinl aber erwiderte: »Ich mache dir nicht auf.« Da wurde der Bär böse und rief: »Nun, dann reiße ich dir dein Häuschen ein!« Das Schweinl aber dachte: »Das bringt er nicht zustande!« Und es ließ ihn nicht hinein.
Der Bär aber begann von neuem zu sprechen: »Morgen ist Jahrmarkt, ich will mir etwas kaufen. Gehst du nicht auch mit?« Das Schweinl überlegte: »Wenn ich jetzt sage, ich gehe nicht, so bleibt er vor meiner Tür stehen, bis ich hinauskomme. Daher werde ich sagen, daß ich um elf Uhr gehe, werde aber schon zeitlich in der Früh gehen.« Und es rief hinaus: »Ich gehe morgen um elf Uhr, ich muß mir auch etwas kaufen.« »Nun, ich gehe mit«, sagte der Bär und trabte nach Hause.
Am andern Morgen stand das Schweinl recht zeitig auf, ging auf den Markt und kaufte einen Waschtrog und einen großen Kessel. Den Waschtrog nahm es auf den Rücken und den Kessel auf den Kopf und lief dann wieder schnell nach Hause. Auf dem Wege traf es den Bären, der verwundert sagte: »Was, du kommst schon zurück? Und ich gehe erst.« »Nun ja«, sprach das Schweinl, »ich werde derweil einheizen und einen Kaffee kochen, bis du kommst.« Und es lief heim, machte ein großes Feuer an und stellte den Kessel voll Wasser darüber. Das Wasser kochte und brodelte schon, als der Bär daherkam. »Ist der Kaffee fertig?« fragte er. »Ja«, sagte das Schweinl, »wasche dich nur erst ein bißchen, du hast so viel Moos im Pelz!«
Der Bär mußte sich in den Waschtrog legen und das Schweinl nahm

den Kessel mit dem siedenden Wasser und schüttete ihn über den Bären aus, daß er heulend emporfuhr. Aber er war schon so abgebrüht, daß ihm fast alle Haare ausgegangen waren. Brummend lief er davon und schrie: »Zu dir komme ich mein Lebtag nimmer, du hast einen zu heißen Kaffee!«

## 10 DER FUCHS UND DER WOLF TEILEN DIE ERNTE

Ein Wolf fühlte sich zu einsam. Deshalb heftete er sich an die Fährte eines Fuchses, stellte ihn eines Tages und sprach: »Nur keine Furcht, Gevatter Fuchs, wir wollen Freunde werden. Aber zuerst müssen wir für den Winter sorgen.« Der Fuchs machte eine saure Miene zum bösen Spiel und antwortete: »Du hast recht, Gevatter Wolf, zwei kommen besser durch den Winter als einer. Da wollen wir bald Getreide sammeln, denn der Winter wird heuer recht früh seinen Einzug halten.«
Gesagt, getan. Es dauerte nicht lange, und nach den Anweisungen des Meister Fuchs wurde tüchtig gedroschen. Vor ihnen lag ein großer Haufen Spreu und ein kleinerer Haufen Getreidekörner. »Nun müssen wir teilen!« rief gierig der Wolf. »Das soll geschehen«, sprach der Fuchs, »du bist stärker als ich, deshalb magst du den großen Haufen bekommen. Ich bin schwach und begnüge mich mit dem kleineren.«
»Du hast viel Verstand, Gevatter Fuchs, das sehe ich täglich wieder neu«, erwiderte der Wolf und sah seinen Freund verschlagen und drohend an. »Nun, dann wollen wir unser Getreide mahlen«, sagte der Fuchs. Und der Wolf mußte beim Müller zwei Handmühlen stehlen. Der Einbruch gelang, der Wolf schleppte die Mühlen herbei, und das Mahlen begann.
Die Mühle des Fuchses knirschte laut: »Knirz, knarz, knurz! Knirz, knarz, knurz!« Die Mühle des Wolfes flapperte: »Flipp, flapp, flupp! Flipp, flapp, flupp!« denn sie hatte nur Spreu zu mahlen und keine Körner. »Mit meinem Getreide hat es keine Richtigkeit. Du hast mich betrogen, deine Mühle mahlt viel lauter! Ich werde dich fressen!« knurrte der Wolf mit böser Stimme. »Tu kleine Kiesel hinein wie ich, dann schmeckt das Mehl besser«, antwortete der Fuchs und mahlte

unverdrossen weiter. »Du weißt immer den besten Rat«, sage fröhlich der Wolf und tat, wie ihm der Fuchs geheißen hatte. Nun knirschte auch die Mühle des Wolfes so laut, daß es im Wald widerhallte. Nachdem die Arbeit getan worden war, beschlossen die Tiere, einen Brei zu kochen. Der Brei des Fuchses war schneeweiß und duftete köstlich, der Brei des Wolfes war gelb und braun und war ungenießbar. Der Wolf jammerte: »Mir will auch nichts gelingen. Ich habe das ganze Getreide verdorben!« »Du hast zu viele Kiesel in die Mühle gelegt«, sagte der Fuchs, »wenn du bescheiden warten willst, werde ich dir von meinem Vorrat abgeben.« Der Wolf war sofort einverstanden und trollte sich. Der listige Fuchs aber schleppte in der Nacht sein Mehl an einen anderen Ort und verschwand auf Nimmerwiedersehen.

## 11  HUND UND HAHN AUF DER WANDERSCHAFT

Es war einmal ein Bauer, der hat seine Haustiere schlecht behandelt. Weil er ihnen zu wenig zum Fressen gab, beschlossen der Hund und der Hahn, den Hof zu verlassen und sich die weite Welt anzusehen. Der Hund sprach: »Eitzer gehn mir furt un bleibn nimmer dou. Wenn der Bauer om Morgen das Dor afspiert un hängts niet glei o, denn gehn mir.«
Am folgenden Morgen schlüpften die beiden Tiere hinaus, als der Bauer das Tor aufschob, und gelangten hinter seinem Rücken ins Freie. »Setz dich af meinen Bugel afe, dou kummer mir schneller vorwärts!« rief der Hund, als sie ein rechtes Stück Weges zurückgelegt hatten. Der Knecht stürzte hinter ihnen her und rief: »Bauer, Bauer, da laufen unser Hund und unser Hahn!« »Das sind sie schon!« antwortete der Bauer, »du mußt sie aber mit ihrem Namen rufen, dann müssen sie stehenbleiben!« Aber Hund und Hahn waren schon zu weit fort und kehrten sich nicht mehr um das Rufen des Knechtes.
Die beiden Tiere wanderten den ganzen Tag, bis sie am Abend in einen Wald kamen. Bald hatten sie sich in dem dichten Unterholz verirrt, und kein Weg führte aus dem Wald heraus. Nun suchte jeder eine Schlafgelegenheit auf seine Art. Der Hund kroch unter eine Baumwurzel, der Hahn flog auf einen hohen Baum.

Am Morgen krähte früh der Hahn vom Baum herab. Das hörte ein Fuchs. Die Tiere hatten nicht lange Rast gehalten, da war der Fuchs schon da und umschlich den Baum, auf dem der Hahn saß.
»Geh nur etwas weiter, dort unter dem Baum sitzt mein Wandergeselle. Wenn du willst, darfst du mit uns wandern. Biete ihm einen guten Morgen«, rief der Hahn herunter. Jetzt dachte der Fuchs, daß unter dem Baum ein zweiter Hahn sitzen würde. Er sprang unter die Baumwurzel, um den Hahn zu erwürgen. Da packte ihn der Hund, der alle Reden mitangehört hatte und biß ihn tot.
Nun wanderten die beiden Gesellen weiter. Sie fanden einen Weg, der aus dem Wald herausführte und einen Bach. »Wo ein Bach ist, muß auch eine Mühle sein«, sagten die Tiere und gingen an seinem Ufer entlang, bis sie wirklich an eine Mühle gelangten.
Im Hof der Mühle fanden sie eine Hundehütte, die gefiel dem Hund, und er kroch in sie hinein. Und auf einem großen Misthaufen kratzten viele Hühner, die hatten keinen Hahn. Da rief der Hahn: »Gock, gock, gock!« und lief auf die Hühner zu.
Da trat die Müllerin aus dem Haus, sah die Tiere, die angekommen waren und sprach: »Was haben wir denn da für einen schönen Hahn. Wir können den ja gut gebrauchen, denn wir haben keinen. Den geben wir nicht mehr her!« Dann rief sie: »Müller! Müller! Komm doch einmal aus dem Haus und schau dir diesen schönen Hahn an, der uns zugelaufen ist!« Der Müller eilte aus dem Haus und sah den Hund. Er rief: »Da schau einmal, liebe Frau, in die Hundehütte, da sitzt ein fremder Hund, der ist uns auch zugelaufen! Geh und hol etwas für die Tiere, die werden einen mächtigen Hunger haben!« Und die freundliche Müllerin brachte dem Hahn Grütze, und der Hund hat gleich mitgefressen. Als der Hund danach auch noch ein Stück Fleisch erhielt, war er wohl zufrieden.
In der Nacht kam ein Dieb, der wollte durch das Fenster in die Mühle einsteigen. Und wie er gerade die Wand hochklettern wollte, kam der Hund, erwischte ihn am Hosenboden und biß herzhaft zu. Dann bellte er laut und lärmte, daß das ganze Haus erwachte. Der Müller stürzte aus dem Haus, stellte den Dieb und sagte zu seiner Frau: »Wie gut, daß wir den neuen Hund haben. Der Dieb hätte uns schön ausstehlen können. Den Hund geben wir nicht mehr her, der ist treu und wachsam.« So lebten die Tiere weiter in der Mühle. Und wenn sie nicht gestorben sind, leben sie dort noch heute.

## 12  WOLF UND FUCHS ALS GÄNSEDIEBE

Ein Wolf und ein Fuchs kannten genau den Gänsestall eines reichen Bauern. Dem Wolf war es gelungen, eine fette Gans zu rauben. Ihm gelang die Flucht, aber nun stand er an einem reißenden Strom. Ein Hochwasser hatte die Brücke weggeschwemmt und den Bach zu einem Fluß anschwellen lassen. Am andern Ufer stand der Fuchs, der hatte bemerkt, daß die Strömung viele kleine Zweige an seinen Standort getragen hatte. Und schon rief er hinüber: »Gott zum Gruß, Herr Gevatter Wolf! Wo haben sie diese herrliche Gans gefunden?« »Beim Bauern im Dorf!« rief der Wolf zurück, und schon war die Gans in das Wasser gefallen und trieb genau auf das Ufer zu, wo der Fuchs die Beute erwartet hatte. Schnell schnappte dieser zu und schnürte wortlos vondannen.
Nach drei Tagen trafen Fuchs und Wolf erneut zusammen. Diesmal hatte der Fuchs eine fette Gans erbeutet. Und diesmal stand der Wolf an der Stelle, an der vor drei Tagen der Fuchs gestanden hatte. »Gott zum Gruß, Herr Gevatter Fuchs!« rief der Wolf, »Woher haben Sie die prächtige Beute?« Im Stillen hoffte der Wolf, daß diesmal dem Fuchs die Beute in das Wasser fallen würde und auf ihn zutreiben würde. Aber der Fuchs würdigte ihn keines Blickes und lief stumm am Ufer entlang, bis er eine Brücke fand.

## 13  WE¡S FICHSERL DEM KROUHER DEN KAS GSTUOLN HOUT

Dou is a Krouher gwest, der is afm Bam gsessn, und der Krouher hout an Kas ghobt. Dou is der Fuchs kummer und hout gsogt: »Krouher, wenn du sue scheen singst, we¡st asschaust, bist der scheenste Vuogl af der gonzen Wölt.«
Dou hout der Krouher zum Singer oagfonger und hout den Schnobel afgrissen. Un dou is der Kas orergfolln, un der Fuchs hout hiegschnappt und hout den Kas gfressn. Und der Krouher houts Nochsehen ghobt.

## 14 DER BAUER UND DIE SCHLANGE

Ein Bauer hörte einst am Felde eine Stimme rufen: »Helft mir, helft mir!« Er schaute sich um, sah aber niemanden, endlich machte er die Entdeckung, daß die Stimme von unten, und zwar unter einem großen Stein hervorkam. Er wälzte ihn auf die Seite und sah ein Loch, darin sich eine Schlange befand; die kroch heraus und wollte den Bauer zerreißen.
»Was«, sagte der Bauer, »zum Dank dafür, daß ich dich aus deinem Gefängnis befreit habe, willst du mich zerreißen?« »Weißt du nicht«, erwiderte die Schlange, »daß Undank der Welt Lohn ist?« »Das glaube ich nicht«, sprach der Bauer; »komm, wir wollen miteinander zu einem Richter gehen, der soll entscheiden, ob du das Recht hast, mich zerreißen zu können.« Also gingen sie einen Richter suchen. Als sie ein Stück gegangen waren, kamen sie zu einem Baume, an dem ein altes Pferd angebunden war. »Was machst denn du da«, fragte der Bauer das Pferd, »wer hat dich denn hier angebunden?« »Ach«, sagte es, »mein Herr, er holt den Schinder, der mich erschlagen soll, denn ich bin schon alt und schwach, um noch den Pflug und andere Lasten ziehen zu können. Als ich jung und stark war, hat mein Herr große Stücke auf mich gehalten, aber jetzt kann er mich nicht mehr brauchen, daher muß ich sterben.« »Siehst du, Bauer«, sagte die Schlange, »da hast du einen Beweis, daß Undank der Welt Lohn ist, nun werde ich dich zerreißen.« »Nein«, meinte der Bauer, »laß uns zu einem anderen Richter gehen.« Sie gingen also weiter; da kam ein Hund gelaufen, der suchte Schutz bei dem Bauern vor seinem Herrn, welcher ihn erschießen wollte. Auch dieser war schon unfähig zum Bewachen des Hauses und erzählte dem Bauern, daß ihn sein Herr, als er noch jung war und Haus und Hof bewachen konnte, sehr lieb hatte, aber da er jetzt alt und schwach wird, habe er sich einen anderen Hund angeschafft und ihn wolle er erschießen. »Da hast du den zweiten Beweis, daß Undank der Welt Lohn ist«, sprach die Schlange, »und wirst doch einsehen, daß ich im Recht bin, wenn ich dich zerreißen will.« Das wollte aber der Bauer nicht einsehen, und als sie miteinander stritten, kam ein Fuchs des Weges, der frug, warum sie miteinander streiten. »Warte«, dachte der Bauer, »der Fuchs ist sehr schlau, das könnte unser Richter sein.« Er trug ihm den Fall vor, und dieser nahm den Bauer bei Seite und sagte zu ihm: »Wenn du mir zwei Hähne versprichst,

so befreie ich dich von der Schlange.« »Die sollen dein sein«, sprach der Bauer. »Nun«, sagte der Fuchs, »wenn ich euer Richter sein soll, so muß ich zuvor das Loch in Augenschein nehmen, worin die Schlange gesteckt hat. Ehe ich das nicht gesehen habe, kann ich nicht Recht sprechen.« Sie kehrten daher um und begaben sich zu dem Loche. Als es der Fuchs erblickte, rief er: »Was, in diesem kleinen Loch soll so eine große Schlange gesteckt haben? Das glaube ich nicht, das ist ganz unmöglich! Du mußt mich zuerst davon überzeugen, ob du darin Platz hast. Schlange, krieche einmal hinein, damit ich mich überzeuge, ob du wirklich darin gesteckt hast.« Die Schlange kroch hinein, und kaum war sie drin, wälzte der Fuchs schnell den Stein darauf, so daß sie wieder gefangen war und »helft mir« schreien konnte, so viel sie wollte.

Der Bauer war sehr froh und sagte dem Fuchs, er möge sich heute Abend die Hähne holen; er werde das rückwärtige Türl im Hof offen lassen, damit er hineinkönne.

Abends, als die Leute beim Nachtmal saßen, kam der Fuchs, fand das Türl offen und schlich sich hinein. Als er aber zum Hühnerstall kam, schrieen die Hühner, wie sie ihn erblickten; das hörte die Bäuerin, da ging sie nachsehen und entdeckte den Fuchs. »Wart«, sagte sie, »ich will dir heimleuchten«; sie lief in die Küche, erwischte ein brennendes Holzscheit und lief zum Hühnerstall und schlug den Fuchs damit so lange auf seinen Pelz, bis derselbe verbrannte und er schreiend davonlaufen mußte. Als er schon halb draußen war, rief er noch: »Undank ist doch der Welt Lohn.«

## 15  DER ALTE HUND RETTET DAS KIND

Es war einmal ein Bauer, der besaß einen alten Hund. Dieser hatte ihm ein langes Leben lang treu gedient und seine Herden bewacht. Nun lahmte er, auch seine Zähne waren ausgefallen oder stumpf geworden.

Eines Tages sagte der Bauer: »Mir me¦n den Hund wegramer, der is zi olt, mir hobn nix mehner zum Fressen fier den, der leistet koa Orbeit mehr.«

Diese Rede hatte der Hund gehört. Da kam der Wolf daher, der war der Freund des Hundes, und dem hat der Hund alles erzählt, was er soeben gehört hatte. Er sprach: »Warum habe ich dich niemals an meine Herden gelassen, wenn Treue auf diese Weise belohnt wird?« Der Wolf überlegte und sagte zuletzt: »Hurch af! Wenn der Bauer amol af dem Föld is beim Heigen, dou werd i kummer und af des Kindl vom Bauern zougeihn. Und du derfst nur bölln und af des Kindl und af mi zouspringer. Und i loß offer das Kindl folln. Und du bist offer der Lebensretter von dem Kindl.«

So, wie es die beiden Freunde abgesprochen hatten, wurde alles ausgeführt. Der alte Hund sprang auf den Wolf, der das Kind bedrohte, zu und trieb ihn in die Flucht. Der Bauer war überglücklich und streichelte den alten Hund mit den Worten: »Des vergeß i dir nimmer!« Seit dieser Zeit durfte der Hund das Gnadenbrot auf dem Bauernhof essen.

## 16  DIE HAUSTIERE UND DIE RÄUBER

Es war einmal ein Hähnlein und ein Hühnlein, die gingen miteinander scharren. Da fand das Hähnlein eine Erbse und das Hühnlein sprach: »Gib mir auch von deiner Erbse.« »Suche und du wirst auch etwas finden«, sagte das Hähnlein. Das Hühnlein suchte und fand ein volles Butterdieslein. »Gib mir auch von deiner Butter«, sprach das Hähnlein. »Ja«, sagte das Hühnlein, »du hast mir von deiner Erbse auch nichts gegeben.« Da ward das Hähnlein böse und biß das Hühnlein tot. Dann tat es ihm aber leid, er lud das Hühnlein auf einen Wagen und fuhr es zu Grabe. Da traf es einen Hund. »Hähnlein, mein Hähnlein, wo fährst du hin?« »Mein Hühnlein zu Grabe.« »Nimm mich auch mit.«

>»Die Rädlein, die quieken,
> die Pfeiflein, die fipen,
> Hiho naus,
> Komm setz dich auf.«

Nun fuhren sie weiter und kamen zu einer Katze: »Hähnlein, mein Hähnlein, wo fährst du hin?« »Mein Hühnlein zu Grabe.« »Nimm mich auch mit.«

»Die Rädlein, die quieken,
die Pfeiflein, die fipen,
Hiho naus,
Komm setz dich auf.«

Dann kamen sie zu einem Ziegenbock: »Hähnlein, mein Hähnlein, wo fährst du hin?« »Mein Hühnlein zu Grabe.« »Nimm mich auch mit.«

»Die Rädlein, die quieken,
die Pfeiflein, die fipen,
Hiho naus,
Komm setz dich auf.«

Endlich kamen sie zu einem Ochsen: »Hähnlein, mein Hähnlein, wo fährst du hin?« »Mein Hühnlein zu Grabe,« »Nimm mich auch mit.«

»Die Rädlein, die quieken,
die Pfeiflein, die fipen,
Hiho naus,
Komm setz dich auf.«

Als sie nun alle miteinander weiterfuhren, kamen sie in einen großen Wald. Dort kamen sie zu einem Räuberschloß. Die Räuber waren alle auf Raub ausgezogen, und das Schloß stand leer. Darum beschlossen sie, dort zu bleiben, die Räuber aber, wenn sie zurückkehren, würden sie verjagen. Da stellte sich nun der Ochse hinters Tor, der Hund hinter die Tür, die Katze auf den Ofen und der Hahn aufs Dach. Dann sagte der Ochse: »Sobald die Räuber nach Hause kommen, stoße ich sie mit den Hörnern hinaus.« Und der Hund sprach: »Ich beiße sie ins Bein.« Und die Katze: »Wenn sie Licht machen wollen, kratze ich ihnen die Augen aus.« Und der Hahn: »Ich schreie Kikerikihahn.« Als die Räuber in finsterer Nacht ankamen, bellte der Hund gewaltig und biß sie in die Füße; der Ochse rannte mit seinen Hörnern gegen sie los, der Hahn rief einmal übers andere Kikerikihahn. Die Katze aber kratzte sie in die Augen, als sie Licht machen wollten. Da bekamen die Räuber, die bisher nur die Tiere des Waldes kennengelernt hatten, Angst und liefen eiligst aus dem Schloß und aus dem Walde hinaus. Jetzt aber nahmen die Tiere Besitz von dem Schloß, machten es sich heimisch daselbst und begruben das Hühnlein.

## 17  DIE STÄRKE DES MENSCHEN

Einmal gingen der Wolf und der Fuchs durch den Wald. Da sagte der Wolf zum Fuchs: »Ich möchte zu gern einmal einen Menschen sehen. Schon oft habe ich gehört, wie stark er sein soll.« »Den kannst du schon einmal sehen«, antwortete der Fuchs.
Nach einiger Zeit kam ihnen ein Knabe im Wald entgegen. Nun fragte der Wolf seinen Begleiter: »Ist dies ein Mensch?« Darauf antwortete der Fuchs: »Nein, das muß erst einer werden.« Dann gingen sie weiter den Weg entlang.
Da begegnete ihnen ein alter Mann. Da hat der Wolf wieder gefragt: »Ist dies ein Mensch?« Und der Fuchs hat wieder geantwortet: »Nein, dies ist einer gewesen.«
Nun gingen die beiden Gesellen weiter, da kam ihnen der Jäger mit der geschulterten Büchse entgegen. Gleich sagte der Fuchs: »Hör, Wolf, auf den mußt du aufpassen! Auf den mußt du losgehen!« Und der Fuchs ist sofort in das Gebüsch gesprungen und hat Fersengeld gegeben.
Der Wolf aber stürzte sich auf den Förster. Und der Jäger brannte ihm eine Ladung Schrot ins Gesicht, das brannte wie Feuer. Blutend rannte er in den tiefen Wald. Hier traf er den Fuchs. Der Fuchs fragte ihn: »Nun, Gevatter Wolf, wie ist es gewesen? Was hast du Neues vom Menschen erfahren?« »Mit dem Menschen leg ich mich maletta nicht mehr an«, sagte der Wolf, »der hat mir ein Feuer in das Gesicht geblasen, das war heiß wie das Feuer vom Teufel in der Hölle!«

## 18  GEVATTER MÄUSL UND GEVATTER LEBERWÜRSTL

Der Gevatter Mäusl und der Gevatter Leberwürstl zogen zusammen in ein Häuschen, um gemeinsam zu leben und zu wirtschaften. Der Gevatter Mäusl ging gern arbeiten, um Geld zu verdienen, und der Gevatter Leberwürstl tat nichts lieber als zu kochen und die Stube zu fegen. Dem Gevatter Mäusl zuliebe kochte das Würstl oft Knödel und Kraut. Um das Mahl für den Gevatter Mäusl recht schmackhaft zu machen, denn Knödel und Kraut waren sein Leibgericht, fuhr das Würstl beim Kochen dreimal durch das Kraut. Und wenn das Mäus-

chen heimkam und sich müde von der Arbeit an den Tisch setzte, fragte es jedesmal seinen Gesellen: »Sage mir, liebes Leberwürstel, wie kommt es, daß dein Kraut immer so schmackhaft ist? Was gibst du denn an das Kraut?« Und das Würstl antwortete voller Stolz:« Da bin ich dreimal durch das Kraut gefahren beim Kochen.«
Nach drei Tagen haben beide abgewechselt mit der Arbeit. Der Gevatter Leberwürstl ging nun zur Arbeit, um Geld für den Haushalt zu verdienen, und der Gevatter Mäusl blieb daheim, um den gemeinsamen Haushalt zu versehen. So kochte das Mäuschen gleich einmal sein Leibgericht: Knödel mit Kraut. Und da hat es sich gedacht: »Mein Geselle ist dreimal durch das Kraut gefahren, da will ich es doch auch einmal probieren und dreimal durchschlupfen. Gevatter Leberwürstl wird sich freuen, wenn das Gericht besonders gut schmeckt.« Da blieb aber das Mäuschen im Kraut stecken und brühte sich zu Tode.
Als das Leberwürstl heimgekommen war, rief es nach dem Mäuschen, aber sein Geselle antwortete nicht. Nun begann das Würstchen, das ganze Häuschen durchzusuchen, aber das Mäusl war nicht zu finden. Zuletzt hat es Hunger bekommen und hat sich allein an den Tisch gesetzt und hat gegessen. Und wie das Würstchen das Kraut auf den Teller tat, fand es das erstickte und verbrühte Mäuschen. Da hat das arme Würstchen bitterlich gegreint. Da ist das Stubenbankerl vor Aufregung in der Stube umhergesprungen.
Da trat die Magd in das Häuschen und fragte: »Bankl, warum springst du in der Stube umher?« Da antwortete ihr das Bänkchen: »Gevatter Mäusl ist gestorben, und Gevatter Würstl hat Traurigkeit.« »Ja, wenn das so ist«, hat die Magd gesagt, »dann erschlage ich eine Henne!«
Da ist der Hahn dazugekommen, der fragte die Magd: »Warum schlägst du denn mein Hühnchen tot?« Da hat die Magd gesagt: »Gevatter Mäusl ist tot, und Gevatter Leberwürstl hat Traurigkeit, und das Stubenbankerl springt in der Kammer umher. Und das kann ich nicht mitansehn, und da schlage ich eben dein Hühnchen tot!«
Und darauf sagte der Hahn: »Ja, wenn das Ding so ist, da krähe ich immerzu!«
Da ist der Misthaufen hinzugekommen und hat den Hahn gefragt: »Hahn, Hahn, was krähst du denn immerzu, daß man sich die Ohren zuhalten mag?« Da hat der Hahn gesprochen: »Gevatter Mäusl ist gestorben, und der Gevatter Leberwurst hat Traurigkeit. Und das Stu-

benbankerl springt in der Kammer umher. Die Magd kann das nicht mitansehen und will eine Henne erschlagen. Und der Hahn hat gesagt: »Wenn das Ding so ist, muß ich immerzu krähen!« Darauf hat der Misthaufen gesagt: »Wenn das Ding so ist, dann werde ich immerzu rauchen!«

Nun ist die Katze dazugekommen und hat den Misthaufen gefragt: »Misthaufen, warum rauchst du denn immerzu?« Nun hat der Misthaufen ihr geantwortet: »Gevatter Mäusl ist gestorben, und Gevatter Leberwurst hat eine große Traurigkeit. Da ist das Stubenbankerl in der Stube umhergesprungen vor Aufregung. Und da ist die Magd gekommen, und die hat gesagt: »Das kann ich nicht mitansehen, da muß ich eine Henne erschlagen.« Darüber hat der Hahn angefangen, immerzu zu krähen. Deshalb bin ich dahergekommen und habe angefangen, immerzu zu rauchen!« »Ja, wenn das so ist«, hat die Katze gesagt, »da muß ich immerzu miauen!«

Danach ist ein Mädchen gekommen und hat gefragt: »Katze, warum miaust du immerzu?« Da hat die Katze geantwortet: »Gevatter Mäusl ist gestorben, und der Gevatter Leberwürstl hat eine große Traurigkeit. Und das Stubenbankerl springt in der Kammer umher. Und die Magd muß eine Henne erschlagen. Der Hahn muß immerzu krähen. Der Misthaufen muß deswegen rauchen. Und ich muß deshalb immerzu miauen.« Da sagte das Mädchen: »Wenn das so ist, da nehme ich meine beiden Krüglein, gehe zum Brunnen und hau sie dort entzwei.«

Da ist ein Mann hinzugekommen, der hat das Mädchen gefragt: »Warum haust du denn deine Krüglein zusammen?« Da hat das Mädchen ihm geantwortet: »Gevatter Mäusl ist gestorben, und der Gevatter Leberwürstl hat eine große Traurigkeit. Und das Stubenbankerl springt in der Kammer umher vor Aufregung. Und die Magd kann das nicht mitansehen und will eine Henne erschlagen. Und der Hahn muß immerzu krähen. Und die Katze muß immerzu miauen. Und das kann ich nicht mitanhören. Da muß ich meine Krüglein am Brunnen zusammenschlagen.« Da hat der Mann gesagt: »Wenn das Ding so ist, dann gehe ich hin und fresse den Gevatter Leberwürstl!«

Da ist der Mann hingegangen und hat den Gevatter Leberwürstl aufgegessen. Da hat das Stubenbankerl aufgehört, in der Kammer umherzuspringen. Nun hat die Magd die Henne nicht erschlagen. Da hat der Hahn nimmer gekräht. Und der Misthaufen hat aufgehört zu rauchen. Da hat auch die Katze nimmer miaut. Und das Mädchen hat die beiden Krüglein nicht am Brunnen zerschlagen. Und da läuft eine Maus, und die Geschichte ist aus.


## 19  DIE SPINNE UND DAS ZIPPERLEIN

Eine Spinne und das Zipperlein gingen miteinander auf die Wanderschaft. Als es Nacht wurde, ging das Zipperlein zu einem Bauern und die Spinne zum Pfarrer, um dort zu übernachten. Als der Bauer in der Früh aufstand, tat ihm der Fuß weh. »Das wird schon vergehen«, dachte er, ging zum Düngerhaufen und lud fest Mist auf. Da mußte das Zipperlein weichen. Als die Pfarrersköchin früh aufstand, sah sie die Spinnwebe. Sie nahm gleich den Besen und kehrte die Spinne heraus.
Abends trafen sich die Spinne und das Zipperlein wieder und sagten: »Heute werden wir tauschen! Vielleicht geht es uns dann besser.« Das Zipperlein ging nun zum Pfarrer und die Spinne zum Bauern. Als der Pfarrer früh wach wurde, spürte er Schmerzen im Fuße und blieb im Bette liegen. Das tat dem Zipperlein recht wohl. Als die Bäuerin in der Früh aufstand, hatte sie keine Zeit, nach der Spinne zu sehen. Und so blieb die Spinne beim Bauern und das Zipperlein beim Pfarrer.


## 20  DIE BELOHNTE ZIEGE

Ein Bauer war stark verschuldet. Eines Morgens sah er zum Fenster hinaus. Da flog der Haushahn auf den Gartenzaun und krähte: »Der Bauer ist viel schuldig!« Gleich darauf schnatterte die Gans, die daneben im Grase stand: »Kann nicht bezahlen! Kann nicht bezahlen!« Mitten im Gemüsegarten, in den sie sich hineingeschlichen und in dem sie schon großen Schaden angerichtet hatte, stand die Ziege und meckerte: »Mir geht's gut!«
Der Bauer hörte diese Reden, nahm einen Knüttel, lief hinaus und schlug den Hahn und die Gans tot. Die Ziege aber durfte die Gemüsebeete in aller Ruhe weiter abfressen.

## 21  DIE KATZE UND DAS MÄUSEL

Es war einmal eine Katze und ein Mäusel. Die mußten über eine schmale Brücke gehen. Da sagte das Mäusel: »Geh du voran!« Die Katze aber entgegnete: »Nein, geh du zuerst!« So mußte das Mäusel zuerst über den Steg, und da biß ihm die Katze das Schwänzchen ab. Das Mäusel wollte es wieder haben und bat die Katze, es ihm doch zurückzugeben. Doch die sagte: »Willst du's wieder haben, mußt du zuerst zum Keller gehen und ein Stück Käse für mich holen!«
So lief das Mäusel zum Keller. Der aber sagte: »Geh vorher zum Schmied um ein Messer!« Und das Mäusel lief zum Schmied und bat: »Gib mir ein Messer für den Keller, daß er mir ein Stück Käse für die Katze abschneidet!« »Ja, da mußt du zuerst zum Bock gehen um ein Horn, daß ich dir ein Heft ans Messer machen kann!« sagte der Schmied.
So lief das Mäusel zum Bock. Der aber sagte: »Ja, da mußt du vorher zur Wiese gehen um ein Heu!« Als das Mäusel zur Wiese kam, bat es wieder: »Wiese, gib mir ein bißchen Heu für den Bock, daß er mir ein Horn gibt, daß mir der Schmied ein Messer machen kann, daß ich zum Keller gehen kann und daß der mir ein Stück Käse für die Katze abschneidet!« Die Wiese aber sagte: »Geh erst zur Donau um Wasser!«
Und das Mäusel lief zur Donau und sprach: »Liebe Donau, gib mir ein bißchen Wasser für die Wiese!« Die Donau rauschte und sagte: »Ja, da mußt du mir vorher ein Brautkränzchen bringen!« Das Mäusel lief zur Braut und bat: »Liebe Braut, gib mir einen Kranz für die Donau, daß sie mir ein bißchen Wasser für die Wiese gibt, daß die Wiese mir ein bißchen Heu für den Bock gibt, daß er mir ein Horn gibt, daß mir der Schmied ein Messer machen kann, daß ich zum Keller gehen kann und daß der mir ein Stück Käse für die Katze abschneidet!« »Ja«, sprach die Braut, »ich will dir gern einen Kranz geben, aber ich habe keinen Zwirn.«
Da lief das Mäusel zu einem alten Weibchen um Zwirn. Das sagte: »Ich gebe dir einen Zwirn, aber du mußt mir auf das Fett aufpassen, daß es nicht verbrennt.« Damit ging das Weibchen um den Zwirn, Das Mäuschen setzte sich derweil auf den Pfannenstiel. Es war von dem vielen Laufen hungrig geworden und dachte: »Ein wenig näher könnte ich doch rücken, damit ich das gute Fett etwas besser rieche!«

Und es lief auf dem Stiel zum Rande der Pfanne. Aber o weh! Da rutschte es aus, und plumps fiel es in das heiße Fett und war mausetot.

## 22 DER STAR UND DAS SCHWEIN

Es geschah im Vierzehner Krieg. Da lebte in Eger ein Bäckermeister, der besaß einen Star, der konnte reden wie ein Mensch. Und der Bäcker ließ heimlich Brot in seinen Keller tragen, um es ohne Kontrolle zu verkaufen. Die Kommission, die überall in der Stadt nachforschte, durfte dies nicht wissen.
Doch eines Tages kam die Kommission auch in seine Backstube, um dort nach nicht gemeldeten Beständen von Mehl und Brot zu suchen. In der Backstube und in der Wohnung des Meisters wurde nichts gefunden. Schließlich sagte ein Mitglied der Suchkommission: »Lieber Mann, versuchen Sie uns doch nicht einzureden, daß Sie kein Brot irgendwo versteckt haben.« Da schnarrte der Star: »Im Köller drunten is a Broud versteckt!« Da begab sich der Suchtrupp in den Keller und fand dort viele Laibe Brot.
Als nun die Kommission das Anwesen verlassen hatte, nahm der Bäckermeister voller Zorn den Star in seine Fäuste, schüttelte ihn kräftig und schleuderte ihn auf den Misthaufen. Dort wühlte ein Schweindl emsig im Dreck. Als dies der Star gesehen hatte, rief er laut: »Suchst du etwa auch nach Brot oder hast du gesagt, daß im Keller drunten Brot ist?«

## 23 WIE KATZE UND HUND ZU FEINDEN WURDEN UND WAS DIE KATZE ANRICHTETE

Einmal kamen die Tiere von fern und nah zusammen, um in einer Versammlung wichtige Dinge zu beraten. Es fehlte kein Tier, nur das Kamel hatte den Tag vergessen und war noch nicht erschienen. Jetzt wurde der Hund fortgeschickt, das Kamel zu holen. Der aber hatte noch nie ein Kamel gesehen und konnte sich nur schlecht vorstellen, wie so ein Tier aussieht. Unterwegs traf er die Katze. Diese reckte im warmen Sonnenschein einen großen, runden Buckel und schnurrte behaglich. Der Hund fragte das fremde Tier: »San sie ebba das Kamel?« Und die Katze antwortete spitz: »Naaaa!« Seit dieser Zeit ist jede Katze sofort beleidigt, wenn sie einen Hund erblickt.

In alten Zeiten teilten die Bauern jedem Tier seinen Anteil Fleisch zu. Das war feierlich beschlossen worden und als geheiligtes Recht auf einer großen Pergamentrolle niedergeschrieben worden. Die Katze nahm ihren Brief, schlüpfte unter das Dach und verbarg ihn unter einer Dachlatte.
Nach einigen Jahren erhielten die Tiere von den Bauern jedoch nur noch Knochen und Abfälle. Da wurden die Tiere unzufrieden, grollten und befahlen der Katze, sie möge die Pergamentrolle holen, um den Bauern ihre Rechte erneut vorlesen zu können. Die Katze schlüpfte unter das Dach und zog die Rolle unter der Dachlatte hervor. Aber oh Graus! – Da hatten die Mäuse die Pergamentrolle zernagt und fast völlig aufgefressen. Nichts war mehr zu lesen. Die Bauern lachten die Tiere aus und sagten: »Wer seine Rechte nicht durch Urkunden beweisen kann, hat sie verloren.« Seit dieser Zeit bekommen die meisten Haustiere nur Abfälle und Knochen. Die Menschen sind jedoch trotz dieser Tat den Mäusen feindlich gesinnt. Die Katze aber wird seit dieser Zeit von vielen Tieren verfolgt.

## 24 DA SCHAUST, SCHUSTER!

Dou woarn amol a Moa und a Wei, de$^i$ hobn koa Kinner ghobt. Un dou hobn sie sich a Papagei gholtn. Und gegenieber hout a Schouster gwohnt. Und morgens, wenn der Schouster amol vom Fenster nausgschaut hout, hout der Papagei olleweil groufn: »Dou schaust Schouster, dou schaust Schouster!« Un des hout der Papagei jeden Morgen gsogt, und der Schouster hout sich jeden Morgen gärgert un hout sich nimmer om Fenster zeigt. Amol hout der Moa un sei Wei a Reise gmocht. Dou hobn sie den Papagei zum Schouster brocht, er soll den Papagei versorgen in derer Zeit. Un glei hout der Papagei wieder gsogt: »Dou schaust, Schouster, dou schaust, Schouster!« »Wort«, hout der Schouster denkt, »Brei$^i$derle, e$^i$tzer krei$^i$ch i di unter mei Finger!«
Un dou hout er den Papagei pockt und hout den in den Hiehnerstoll

gschmissen, daß die Federn nue sue gflodert hobn, un hout gsogt: »Dou schaust, Papagei, dou schaust Papagei!« un hout die Dier zougspiert. Und der Schouster hout denkt, t Hiehner werdn ihn scho derhockn.

Dou, in der nechsten Frei̯h, wei̯ der Schouster das Dierl afmocht, hout er sei Hiehner nimmer kennt. Hout der Papagei den Hiehnern olle Federn asgrupft ghobt. Un dou sogt er zum Schouster: »Dou schaust, Schouster, dou schaust, Schouster!«

## 25   DER WOLF UND DIE ZIEHHARMONIKA

Ein Wolf hatte schon drei Tage nichts gefressen. Mit knurrendem Magen rannte er eine verschneite Landstraße entlang und kam in die Nähe eines Dorfes. »Wo Schlote rauchen, gibt es auch etwas zu fressen«, sagte er, da lag auch schon etwas Rundes, Schwarzes im Schnee. Einem Musikanten war die Ziehharmonika vom Schlitten gefallen. Der Wolf zerrte das Instrument hin und her. Dann biß er in den Balg. Und weil noch Luft in dem Balg war, gab die Ziehharmonika einen dumpfen, klagenden Ton von sich. »Ah, das ist eine Mahlzeit mit Musik«, sagte der Wolf und fraß den Balg der Ziehharmonika.

## 26   DER VORWITZIGE PAPAGEI

Es war einmal ein Bauer, der besaß einen klugen Papagei. Im Dienst des Bauern standen ein Knecht und eine Magd. Diese Magd hatte zu oft und zu gern genascht. Aber immer, wenn sie an die Rahmtöpfe gegangen war, schrie der Papagei bei der Heimkehr der Bäuerin: »Gnascht! Gnascht!« Dann fragte die Bäuerin: »Wos is gnoscht? Wos is gnoscht?« Darauf war das Gekreisch des Papageis zu hören: »Moahd! Moahd! Mülchplotz oagnoscht! Mülchplotz oagnoscht!« »Und wos hout der Knei̯t gmocht?« fragte die Bäuerin. »Gstuoln! Gstuoln!« schrie der Papagei.

Eines Tages mußte die Bäuerin verreisen. Da dachten der Knecht und die Magd, sie hätten freie Bahn, gingen in die Milchkammer und naschten Rahm. Danach sagten sie zueinander: »Dem Vei̯ch werdn

mir wos oadoun. Den Papagei ramer mir beiseite.« Sie fingen den Vogel ein und nähten ihm den Hintern zu.
Als die Bäuerin heimkam, fragte sie den Papagei: »Nun, mein Lieber, was gibt es Neues zu berichten?« Der Papagei antwortete kläglich: »Knejt und Moahd, Nodeln und Zwirn, gnaht, gnaht!« Bauer und Bäuerin konnten nicht deuten, was diese Rede zu bedeuten hätte. Und nach drei Tagen mußte der Papagei jämmerlich sterben. Nun fand man heraus, weshalb das Tier verendet war. Der Knecht und die Magd wurden vom Hof gejagt.

## 27 UNDANK IST DER WELT LOHN

Da war einmal ein alter Wolf, der hatte keine Zähne mehr. Als er nach einem langen Schlaf in der Sonne erwachte, war ihm bewußt, daß er einen herrlichen Traum gehabt hatte. Es hatte ihm geträumt, daß er an diesem Tag etwas Besonderes, etwas Gutes essen sollte. So ging er die Straße entlang, da sah das hungrige Tier einen Laib Brot liegen. »Des koa doch niet mei Middagsbroud san.« Er beroch verächtlich das duftende Brot und zog weiter.
Nach einiger Zeit fand er ein großes Stück Käse, das ein Kaufmann verloren hatte. »Des koa a niet mei Middagsmohl san. Mir hout dramt, daß i heint no wos gonz Bsunderes zum Fressen kreig«, sagte der Wolf, beschnupperte den stark riechenden Käse und zog weiter.
Nach einiger Zeit fand er ein kleines Stück Schinken auf der Straße, das ebenfalls der Kaufmann verloren hatte. »Der Schinken is vül zou kloan«, knurrte der Wolf, »I hob dramt, daß i heint no wos Bsunderes essen werd!« Er hob die Nase in den Wind und trottete weiter. Aber nun fand er nichts Eßbares mehr. Schnell erinnerte er sich an den Schinken und lief den Weg zurück. Aber der Schinken lag nicht mehr an seinem Platz. »Käse gibt a a goude Mohlzeit«, sagte er und lief weiter die Straße zurück, aber auch der Käse war längst von den Vögeln gefressen worden, und so erging es ihm auch mit dem Laib Brot.
Als der Wolf so hungrig daherschlich, begegnete ihm der Fuchs, der hinkte auf einem Hinterlauf. »Guten Morgen, Herr Wolf«, sagte er, »Sie sind doch das stärkste Tier im Wald. Wie schlecht geht es doch mir armen, kranken Tier!« Sogleich begann der Wolf zu prahlen: »Na

kumm nue her und setz dich af meinen storken Rücken.« Das ließ sich der Fuchs nicht zweimal sagen und sprang auf den Wolfsrücken und ließ sich tragen. Als er nun droben gewesen ist, fing der Wolf vor Schwäche an zu wackeln. Da hat der Fuchs von oben herabgerufen: »Dou trogt der Kronke den Gsunden!« Da sagte der Wolf: »Jo, du bist halt sehr krank, Bruder Fuchs, du fieberst schon.« Dann kamen sie über eine Brücke. Der Fuchs sprang vom Rücken des Wolfes, weil er ein Stück Fleisch erspäht hatte und verschwand damit im Wald, ohne seinem hungrigen Reisegefährten etwas davon abzugeben. Da sagte der Wolf: »Undank is der Wölt Lohn. Ower i mou weitergeihn, bis ich einen jungen, saftigen Braten zwischen mei Hauer kreig.«
Nun gelangte er auf eine Waldlichtung. Dort waren zwei Ziegen an einen Baum gebunden, die fraßen das saftige Gras. »Dei san mir wei gerufen«, sagte der Wolf, »des is a gouder Fraß, von dem hout mir dramt.« Die Ziegen waren erschrocken. Zitternd sagten sie: »Guten Morgen, Herr Wolf, guten Morgen, Herr Wolf. Unser Herr hout uns hier oabunden, mir sollen hier fressn. Mir wissen ower niet, wou die Grenze longlaft. Sans doch sue goud und messens uns die Grenze as.« Der Wolf biß ihnen das Seil durch, mit dem sie an den Baum gebunden waren und sagte:« Eitzer stöllt enk Rückn an Rückn af. Du rennst doudo rechts und du rennst noch links. Wer von eich zerscht wieder hier is, bekommt mehr Wiese zum Ofressn.« Die beiden Ziegen taten, was ihnen der Wolf aufgetragen hatte. Sie rannten nach rechts und nach links, kehrten um und rammten dem Wolf in vollem Lauf ihre Hörner in die Rippen, daß es nur so krachte. Der Wolf schleppte sich in den Wald und rief kläglich: »Undank is der Wölt Lohn! Dou hob ich den Ziegn den Grundmesser gmocht, und wieder amol is Undank der Wölt Lohn!«
So schleppte sich der Wolf weiter, bis er an eine zweite Wiese gelangte, auf der eine Stute mit ihrem Fohlen graste. »Ah, des is es, wos mir heint zougdocht is«, sprach der Wolf und nahm gierig das Fohlen in Augenschein. Die Stute trabte auf den Wolf zu und sprach: »Einen schönen Morgen wünsch ich, Herr Wolf.« »Guten Morgen Frau Stute, guten Morgen, Frau Stute.« »Ja, Herr Wolf, dou bin i do in a großen Verlegenheit. Zu gern würde i heint mein Fohlen taufn loer. Sie kommen mir grod als Pate glegn. Nu hob i ower den Namen vom Kindl vergessen. Der steiht ower af meinem Hinterhuf gschriebn. Sans doch sue goad und lesns ihn mir vor, domit wir das Kindl in der

rechten Weise taufen kinner.« Die Stute hob den Huf, der Wolf versuchte, den Namen zu entziffern, da schlug die Stute zu und traf den Wolf auf den Kopf, daß er weit durch die Luft flog. Mühsam erhob sich dieser und wankte davon. Jammernd rief er aus: »Undank is der Wölt Lohn. Dem Fuchs hob i den Samaritan gmocht, den Ziechn den Londmesser und der Stutn den Taufpotn. Undank is der Wölt Lohn!«

Inzwischen brannte die Mittagssonne vom Himmel, und der Wolf gelangte zu einer Mühle. Bei der Mühle rauschte ein Fluß vorbei, und über den Fluß führte ein schmaler Holzsteg. Am Ufer wühlte eine Sau mit ihren Ferkeln im Boden. Als sie den Wolf erblickte, war sie ratlos. Schnell grunzte sie: »Guten Tag, Herr Wolf, guten Tag, Herr Wolf. Ich mecht gern, daß meine Fahrn tauft werdn. I werd Ihnen eins noch dem onneren in das Mal legn.« Da dachte der Wolf: »E<sup>i</sup>tzer erfüllt sich mein Tram. E<sup>i</sup>tzer fällt mir der Brotn direkt ins Mal eine.« Er setzte sich auf den Steg und wartete auf die Sau mit dem ersten Ferkel. Die Sau kam herbeigerannt, daß der Holzsteg wackelte und stieß den Wolf mit voller Wucht in das Wasser. Dann brachte sie ihre Ferkel in Sicherheit.

Weit unten, ganz weit unten wurde der Wolf an das Ufer geschwemmt. Frierend stieg er aus dem Wasser und legte sich unter eine Birke am Ufer und ließ sich von der Sonne bescheinen. Laut jammernd beklagte er sein Schicksal: »So geschiehts an ormen Wulf, wenn man olt wird. Undank ist der Wölt Lohn. Dem Fuchsn woar i san Samaritan, den zwoien Goißen hob i den Grundmesser obgegeben, von der Stutn hob i den Taufpotn gmocht, und von dem Schwein hob i den Pforrer gmocht. E<sup>i</sup>tzer bleib i liegn, bis mir der Brotn ins Mal einefle<sup>i</sup>gt. Mi hot tramt, daß i heint wos gonz Feines zum Fressn kre<sup>i</sup>g.«

Auf dem Baum aber saß ein Bauer, der wollte gerade Birkenreiser abschneiden. Der hatte das Klagelied des alten Wolfes gehört. Als er gesagt hatte »bis der Brotn mir ins Mal fle<sup>i</sup>gt ...« hat er ausgeholt und dem Wolf einen großen Prügel auf den Kopf geschmissen. Da fiel der Wolf um und war hin.

## 27a DES WOLFES TRAUM
### Eine Variante aus Graz (Oberplan)

Is amol a Wulf gwen, der hot gschloffen in sann Gschlüft und hot recht an schönn Traum ghot. Si hot eahm traumt, er wird recht a guadi Mohlzeit holdn; und wiar er afkimt, freut er si schon af dos, wos er hiaz findten wird. Er mocht si afn Weg, und daurht nit lang, so findt er an groißen Loab Brod. Er schautn an, drahtn um und schmeckt dazua. s' Brod war recht guat, ober er laßts denerst liegn und geht furht, denn er moant, er muaß wos Bessers findten, weil eahm von a guaden Mohlzeit traumt hot. Nochera Weil findt er an groißen Loab Kas. »Dos is besser«, moant er, drahtn um, schmeckt dazua, loßtn ober liegn und geht weider; »si muaß noh besser kema.« Dosmol hots ober schon a weng lenger daurht, eh er wos gfunfdten hot, und hungri is er ah schon woon. Endli findt er a groißi, schöni Schunka. Do gfreut er si und mochts mit ihr wia midn Brod und midn Kas. Weil er ober ullweil eirder wos Bessers gfundten hot, laßt er ah d' Hamer liegn und geht wieder weider. Oft wanert er langmächt furht, suacht kreuz und zwergs, kann aber nix findten, und der Hunger plogtn schon mentisch. Und so bleibt er stehn und kehrt um, daß er wenigstens d' gween.
Schunka fressen kann. Wiar er ober hinkimt, wo s' glegn is, is s' nimer do. Do moant er: »Is doch der Kas ah guat«, und rennt noh weider zruck. Hiaz is ober der Kas ah weg gween und midn Brod is's eahm wieder so ganga. Er hofft ober noh ulliweil san Traum wird eahm ausgehn, und schleht hiaz an anern Weg ein. Inera Weil kimt er af a Wies, wo zween Goaßböck umlebentent. Dei gwohhrnt in Wulf erscht, wiar er schon ban ihnn hiebei steht. »Oaner van enk muaß dran glaubn«, soat er, »mi plogt der Hunger und mir hot traumt, ih wir heint a guadi Mohlzeit kriagn.« In Goaßböcken is angst und bang woon, ober zerscht sullt er ihnn an Streit schlichten. Ihr Voder hät ihnn dej Wies vermocht, z'gleichertoal, und sej kinnten nit oani ween. Der Wulf sullt sih mittlers Wies herstülln, und oft möhten sej, der von den Oirht, der von anern Oirht, af eahm zua rena. Wer zerscht ankimt, hot gwunga und den anern sull der Wulf fressen. In Wulfen is's recht gween. D' Böck stüllnt si an und hebnt's Renar an. Und af oamol hant s' do und prüllnt z'gleiher Zeit afn Wulf rechterhand – tenkerhand, und z'müllntn so, daß er sih nimer verwoaß. Und wiar er

sih wieder derhuldint hot, ham d' Goaßböck verschwundten Des hotn recht gruit und hungri is er weider gschlicha. Nit lang, siagt er a Sturn af der Woid mit ihrn Füll. »Hiaz«, denkt er eahm, »grats mer doch endlich mit der Mohlzeit.« Er geht af d' Sturn lois, derzühlt ihr sann Traum und wüll's Füll von ihr hobn. Sie sagt, er kan's hobn, ober er müaßt ihr ah an Gfolln toan. Sie war übern Zaun gsprunga und hät ihr an Spreil inn Fuaß grennt und den sullt er ihr zerscht außer zuiha. »Wegn meiner«, soat der Wulf, »heb nur af.« Ober wiar er sann Kopf hinreckt, feurht s' aus, daß er überuntüber kugelt und ganz dülmisch liegn bleibt. Und d' Sturn und s' Füll hant hulaus.

Wie si der Wulf wieder bsunna hot, klaubt er si zsamm und gaugelt weider. Do kimt er z'anera Mühl. Inn Gros geht a Sau mit zwüllaf Farln. Dej redt er an und derzühlt ihr sann Traum und bitt s' um a Farl, san Hunger z'stilln. »Mej denn nit«, soat draf d'Zudl, »ih verginn enk schon oans ober zerscht müaßmer s' doh zwoha, weil s' gor so drecki hant ulli: so tadn s' enk nit schmecka. Stüllts enk af d' Reann, und ih lang enk s' hin.« Wia der Wulf af der Reann steht, gat eahm d' Sau an Stoiß, er follt eini und s' Wosser reißtn fuht übers Mühlrod. Ban an Haarl Hoor war er dertrunka.

Ganz fintler und siri schleicht er oft ban Boh ohi und kimt zan an Man, der tuat fischen. »Gehts, schenkts mer a Fischl«, soat der Wulf, »ih han so an Hunger.« »Umasist gib ih nix her«, soat der Man, »hilf mer fischen.« Der Wulf muaß i's Wosser steign und der Fischer bindt eahm an Kor ban Schwoaf an. »Du zuigst und ih wir strotten«, soat er. Der Kor is ober ullweil schwarer woon, nit vann Fischen, ober vann Stoanan, dej eahm der Man eini gstrott hot. Und wia der Wulf gor nimer weider kann, heft der Man s' Schelden an. D' Hengerleut renant zuher, segnt in Wulfen und woschen eahm brav in Pilz mit ihrn Rechelstangeln. Af d' Leßt kim er ihnen do aus.

Hinter a Staudn hot er grost't, ober der Hunger treibtn bold wieder af. Do siagt er an Man af an Bam, der Hulzapfel brockt. Za den geht er hin, hot af san Traum ganz vergessen, reckt bittend sani Protzen i d' Höh und möcht nur an Hulzapfel habn. Der Man ober moant, der Wulf will afn Bam steign zan eahm, und wirft eahm s' Hackl afs Hirn. Und so is der Wulf hungri gstorbn und verdorbn.

## 28  DER KATZE DIE SCHELLE UMBINDEN

Im Böhmerwald litten die Mäuse große Not. Fast alle Bauern hatten sich drei oder mehr Katzen angeschafft. Diese würgten und fraßen die Mäuse, daß sich ihre Zahl immer mehr verringerte. Viele Mäuse zogen in die Wälder, aber auch hier streiften die vielen Katzen umher und trachteten ihnen nach dem Leben.
Zuletzt ließ der König der Mäuse seine Untertanen zusammenkommen. Bewegt wurde von den alten Mäusen Klage darüber geführt, daß die Zeiten so unsicher geworden waren. Da forderte der König die weisesten Mäuseräte auf, zu dem Mausevolk zu sprechen und Vorschläge zu unterbreiten, wie man dem Übel abhelfen könne. Aber keiner der alten Räte wußte eine tröstliche Antwort zu geben. Zuletzt bat ein junger, tapferer Mäuserich um das Wort. Er sprach: »Liebe Freunde, die Not ist groß. Nur kühne Taten können uns retten. Wir müssen den Katzen, wenn sie schlafen, Schellen umhängen. Wenn sie dann auf Mäusejagd gehen, hört man sie schon von weitem und wir können uns rechtzeitig verstecken.« Der Vorschlag wurde mit lautem Pfeifen begrüßt. Dann forderte der König die jüngsten und flinksten Mäuse auf, sich freiwillig für die Tat zu melden. Da aber verstummten alle Mäuse. Keine von ihnen wagte, ihr Leben zu wagen. Und so laufen noch heute die Katzen im Böhmerwald ohne Schellen umher und fangen Mäuse, wie es ihnen beliebt.


## 29  MIT LIST DEN FEIND BESIEGEN

Es war einmal ein Fuchs, der schnürte oft, wenn er sich auf einem Beutezug befand, an einem hohen Baum vorbei, auf dem sich das Nest eines Raben befand. Eines Tages krächzten die jungen Raben besonders laut aus ihrem Nest heraus. So blieb der Fuchs stehen und rief hinauf: »Ihr schmutzigen Schreihälse, haltet eure häßlichen Schnäbel, ihr verjagt mir meine Jagdbeute. Wenn ihr nicht auf mich hört, werde ich euch alle fressen!« Danach verschwand der Fuchs im hohen Gras und unter den Büschen.
Als die Rabenmutter zu ihrem Nest zurückkehrte, erzählten ihre Kinder aufgeregt, was ihnen der Fuchs zugerufen und gedroht hatte. Die Rabenmutter beschloß, den Fuchs für seine bösen Reden zu stra-

fen. Bald hatte sie ihn auf einem Acker erspäht und flog ihn im rasenden Flug an. Ein Schnabelhieb traf sein Hinterteil und laut schrie er vor Schmerz auf. Aber schon hatte ihn ein zweiter Schnabelhieb getroffen. Jetzt schlug der Fuchs Haken um Haken, aber seine Geschicklichkeit ließ ihn im Stich. Hieb auf Hieb traf seinen Balg. Immer wieder versuchte der Fuchs zuzuschnappen, aber der Vogel war sehr schnell und wich jedesmal aus. Da hatte der Fuchs die rettende Idee. Mühsam taumelte er über das Feld, und die Rabenmutter dachte: »Gleich wird der Bösewicht genug Schläge eingesteckt haben.« Und da lag auch schon der Fuchs in einer Furche und streckte alle Viere von sich. Nun glaubte der Rabe, der Fuchs sei tot. »Da habe ich mit meinen Jungen einen Festbraten für viele Tage!« krächzte die Rabenmutter und kam näher an den Fuchs heran. Laut beschimpfte sie ihn als Räuber und Lumpenvieh. Gerade wollte sie mit ihrem spitzen Schnabel seinen Balg aufhacken, da schnappte der Fuchs zu und biß ihr die Kehle durch.

## 30 MORGEN GEHT DIE WELT UNTER

An einem schönen Tag saß einst ein Huhn unter einem Nußbaum und gackerte fröhlich in den Morgen hinein. Da fiel plötzlich eine Nuß vom Baum direkt auf den Kopf des Huhnes.
»Gagagagack! Gagagagack!« rief das Huhn, »das überlebe ich nicht, morgen geht die Welt unter!« Und das Huhn wurde immer lauter. Da kam das Hähnchen dahergerannt und fragte aufgeregt; »Wos hout denn dei Lomentiern dou do zou bedeitn?« »Dou is wos vom Himmel gfolln, und morgen, dou geiht t'Wölt unter.« »Jo, wenn des sue is, des is wos onneres!« rief der Hahn, und er fing laut an zu krähen:
»Kikerikie, Kikerrikiiii,
Des gilt a für miiii!«
»Kikeriki, Kikerikiiii,
Des gilt a für miiii!«
Nicht lange danach, hörte der Esel das Geschrei. Neugierig wie er war, rannte er sogleich herbei, um zu erfahren, was da Schreckliches geschehen sei. »Wos is possiert, wos hobts dirts?« fragte er voller Angst. »Dou is wos vom Himmel gfolln, und morgen, do mein mir olle starbn.« Als der Esel die Kunde vernommen hatte, reckte er seinen Kopf in die Höhe und blökte jämmerlich mit im Chor:

»Iaa, iaa,
Un starbn mou i aa!«
»Iaa, iaa,
Un starbn mou i aa!«
Das hörte auch der Hund. Mit einigen Sätzen war er schon herbeigesprungen und bellte: »Wos be¡gts denn dirts we¡t Zohnbrecher! Wos is denn mit eich los?« »Dem Hennerl is wos om Kuopf gfolln, un morgen, dou me¡n mir olle starbn!« »Ollermaletta, des gibts niet«, rief der Hofhund, aber zuletzt mußte er doch die Geschichte glauben. Seine Kameraden schrien doch zu jämmerlich. Da reckte auch er seinen Kopf in die Höhe und fing jämmerlich an zu bellen und zu jaulen:
»Wawauuh, Wawauuh,
Wos wird as den Kinnern und meiner Fraauuh!«
»Wos wird as den Kinnern und meiner Fraauuh?«
Das Konzert war immer schauriger anzuhören. Die Schweine brachen aus dem Pferch und sprangen auf ihren kurzen Beinen herbei. Sie quiekten angstvoll und fragten: »Wer hot denn enk gschlogn? Eich hot wohl der Deiwel bissn!« »Na, dem Henner un dem Hohner is wos vom Himmel gfolln, un dou me¡n mir olle morgen in der Fre¡h starbn. 'T Wölt ge¡ht unter!« Da wußten sich die Schweine kaum zu fassen vor Herzeleid. Sie setzten sich alle im Kreis herum und fingen an, gräulich zu quieken und zu schreien, daß die Blätter auf den Bäumen zu zittern begannen. Sie jammerten:
»Uii, Uii,
Dos ich des noch siehh!«
»Uii, uii,
Dos ich des noch siehh!«
Längst waren die Kühe und der Ochse herbeigestampft. Sie hörten ebenfalls mit Entsetzen, daß am nächsten Morgen ihr letzter Tag anbrechen sollte. Sie stellten sich hinter die Schweine und begannen, mit voller Kraft zu muhen. Das dröhnte nur so über den Hof und die Felder:
»Mir ormen Ke¡h, Mir ormen Ke¡h!
Me¡n starbn in der Fre¡h!«
»Mir ormen, ormen Ke¡h
Me¡n starbn in der Fre¡h!«
Zuletzt kam auch noch die Katze, die hatte auf einem Schupfendach

in der warmen Sonne geschlafen. Auch sie miaute jämmerlich, als sie erfahren mußte, was ihr am nächsten Morgen bevorstehen sollte. Mit ihr waren auch die Schafe gekommen, die ohne lange zu fragen, was denn geschehen sei, einfach mitblökten.

Von diesem Geschrei erwachten natürlich der Bauer und sein Sohn, die gerade einen handfesten Rausch ausschliefen. Sie glaubten, Räuber und Diebe wären in den Hof eingedrungen. Die Bauersleute schrien Mordio, packten Dreschflegel und Stecken und rannten auf die Tiere zu. Nun wurde das Geschrei der Tiere immer lauter. »Seid ihr goar verruckt wordn? Wos is mit eich?« »T Wölt ge$^i$ht unter morgen in der Fre$^i$h!« schrien die Tiere im Chor mit kläglicher Stimme. »Des sollt ihr gwoahr werdn!« Schrien der Bauer und sein Sohn, und sie prügelten heftig auf die Tiere ein. Dabei riefen sie immerfort: »Do hobt ihr eiren Wöltuntergang! Do hobt ihr eiren Wöltuntergang!«

## 31  WOLF UND FUCHS IM BRUNNEN

Der Wolf und der Fuchs wanderten als zwei gute Kameraden durch den Böhmerwald. Auf ihrem Weg kamen sie auch nach St. Katharina. Der Hunger plagte beide Reisegefährten so sehr, daß die Vögel auf den Bäumen vor dem Knurren ihrer Mägen zusammenschraken. Aber was sahen sie da plötzlich im Gras am Straßenrand liegen? – Ein großes, herrlich duftendes Stück Fleisch. Das hatte der Fleischhauer Hüttl aus Roßhaupt von seinem Wagen verloren, als er am Morgen mit seinem Lehrbuben dahergefahren war.

Jetzt wurde der Wolf falsch, er schrie den Fuchs heftig an: »Des Trum Fleisch hob i zerscht gsehn, dorum is des das mei'. Des bekommt dir a niet. Offer kre$^i$gst noch t' Würmer!« »Is scho re$^i$t« antwortete der Fuchs,« ower woißt, des Fleisch me$^i$n mir zerscht scheen woschn un wässern, offer doust es fressn. I woiß do einen scheenen Brunnen in Roßhaupt beim Salfer Beppi, der hot a besunderes scheenes Wosser. Wennst des drinkst, ge$^i$hts dir nuemol sue goud.« Und bei sich dachte der Fuchs: »Wort nue, bis dohin dout mir scho wos eifolln.«

Als der Wolf und der Fuchs beim Brunnen ankamen, waren der Salfer Beppi, die Salfer Anna und die alte Wawer (Großmutter) auf dem Feld. Keine Menschenseele war da, auch der Hund war mitgetrabt. »Des is re$^i$t«, sagte der Fuchs, »e$^i$tzer werd i dei Fleisch scheen

woschn, und dano doust du olles fressn, denn du bis jo immer mein bester Komerod gwest. Dir dou i olles!« Der Wolf schmatzte zufrieden und ließ den Fuchs gewähren. Er hätte den Fuchs sofort zerrissen, wenn dieser das Fleisch auch nur angerührt hätte. Der Fuchs aber warf flugs das Fleisch in den Brunnen und sprang mit einem Satz hinein und in die Tiefe hinunter. Hier schlang er gierig den saftigen Bissen herunter und ließ den Wolf oben ratlos zurück. Geduldig wartete er auf die ersten Worte des Wolfes. Der glaubte zuerst, der Fuchs habe sich zu Tode gestürzt. Er selbst war ein Feigling und wagte es nicht nachzuspringen. Nach einger Zeit hörte er den Fuchs unten im Brunnen rumoren. Jetzt rief er hinab: »Kumm nue affe, Breiderle, i wort scho af dich!« Der Fuchs aber rief nach oben: »Woißt, i kumm nimmer affe. I hob do einen riesigen Schotz gfunner. Is olles Gold und vül Göld! Des is olles das meinige!« »Wos host gsogt, das dei? Glei kumm i un do beiß i dir die Holsschlogoder durch!« rief der Wolf voller Gier. »Naa, des wor jo nur a Spaß. Kumm nue orer. Mir werdn wie immer briederlich olles teilen. Kumm nue orer!« »Jo, wei soll i des anstellen?« »No do doust di holt in den Oimer setzn, und do fohrst holt orer«, sagte der Fuchs.
Da war der Wolf gleich mit bei der Partie. Flugs sprang er in den Eimer. Inzwischen hatte der Fuchs den Eimer unten im Brunnen ausgegossen und war flink hineingesprungen. Und weil der Wolf viel schwerer als der Fuchs war, fuhr er im Eimer hinab und der Fuchs in seinem Eimer dem Tageslicht entgegen. Unterwegs begegneten sich beide Reisekameraden. »Siekst den Schotz blinken«, rief der Fuchs dem Wolf zu und deutete auf die Waserfläche tief im Brunnen, die bei dem schwachen Licht der Sonne funkelte. »Jo, ower warum fohrst denn du wieder affe?« fragte ahnungsvoll der Wolf. »Woißt, du bist und bleibst sue a gouder Komerod, dir gönn i olles!« Und schon war er oben angelangt. Da sprang der Fuchs hurtig aus dem Eimer und setzte sich auf den Brunnenrand. Jetzt wußte der Wolf, daß er unten festsaß, und nun fing er jämmerlich zu heulen an. Der Fuchs sah den Bauer Salfer kommen und entsprang. Bald barg ihn der Wald auf dem Hohenbirkenberg. Der Bauer Salfer aber erkannte den Räuber im Brunnen: Er schleppte große Steine herbei und zerschmetterte damit den Wolf.

## 32  VOM KRANKEN PUTTERLE UND DEM KOKSCHERLE

Ein Putterle (Henne) und ein Kokscherle (Hahn) lebten zusammen und hatten sich sehr lieb. Da wurde einmal das Putterle krank und hatte viel Durst. Da sagte es zum Kokscherle: »Du könntest mir wohl Wasser zum Trinken bringen.« Und das Kokscherle nahm ein Krügerle und ging damit zum Brünnel um Wasser.
Als es zum Brünnel kam sprach es: »Brünnel, Brünnel, gib mir Wasser!« Und das Brünnel antwortete: »Ich gebe dir kein Wasser; du mußt mir zuvor vom Baum Laub bringen.« Da ging das Kokscherle zum Baum und sagte: »Baum, Baum, gib mir Laub.« Und der Baum sprach: »Ich gebe dir kein Laub. Du mußt mir zuvor ein Tüchel bringen.« Und es ging zur Näherin und sagte: »Näherin, Näherin, gib mir ein Tüchel.« Die Näherin erwiderte: »Ich gebe dir kein Tüchel. Du mußt mir zuvor ein Paar Schuhe bringen.« Da ging es zum Schuster und sprach: »Schuster, Schuster, gib mir ein Paar Schuhe.« Und der Schuster antwortete:« »Ich gebe dir keine Schuhe. Du mußt mir zuvor Borsten bringen.« Es ging daher zum Schwein und sagte: »Schwein, Schwein, gib mir Borsten.« Und das Schwein sprach:« Ich gebe dir keine Borsten. Du mußt mir zuvor Körner bringen.« Nun ging das Kokscherle zu den Dreschern in die Scheune und sagte: »Drescher, Drescher, gibt mir Körner.« Und die Drescher erwiderten: »Wir geben dir keine Körner. Du mußt uns zuvor Milch bringen.« Da ging es zur Kuh und sprach: »Kuh, Kuh, gib mir Milch.« Und die Kuh sagte: »Ich gebe dir keine Milch. Du mußt mir zuvor Gras bringen.« Und es ging auf die Wiese und sprach: »Wiese, Wiese, gib mir Gras.« Und die Wiese antwortete: »Ich gebe dir kein Gras. Du mußt mir zuvor vom Himmel Tau geben.«
Da ist das Kokscherle niedergekniet und hat zum Himmelvater gebetet um Tau, und dieser ließ auf die Wiese Tau fallen. Da gab ihm die Wiese Gras, das brachte es der Kuh. Diese gab ihm Milch. Die Milch hat es den Dreschern gegeben. Die Drescher haben ihm Körner gegeben. Die Körner hat es dem Schwein gegeben. Das Schwein gab ihm Borsten. Die Borsten gab es dem Schuster. Der Schuster gab ihm Schuhe. Die Schuhe brachte es der Näherin. Die Näherin gab ihm ein Tüchel. Das Tüchel gab es dem Baum. Der Baum gab ihm Laub. Das Laub gab es dem Brünnel, und das Brünnel gab ihm Wasser. Das

Wasser tat es in sein Krügerle und ging damit nach Hause zu seinem kranken Putterle. Aber o Jammer, als es nach Hause kam, war das Putterle schon tot. Es hatte ihm zu lange gedauert, bis es das Wasser bekam und ist mittlerweile verschmachtet vor Durst. Da weinte das Kokscherle um das Putterle, und die Kinder im Hause gruben im Garten ein kleines Grab und begruben darin das tote Putterle.

## 33  S HENNERL UND S HOHNERL

S Hennerl unds Hohnerl san miteinonner afn Nußbarch gonger. E¹tzer hobns gsogt, wer erer oinen Nußkarl findet, der mou mit dem onnern dahln. E¹tzer houts Hohnerl an Nußkarl gfunner un hout mit dem Hennerl dahlt. Offer houts Hennerl an Nußkarl gfunner. Und des houts niet dahlt mit dem Hohnerl, und houtn alloin gschluckt.
Af amol sogts zum Hohnerl: »Hohnerl, Hohnerl, ge¹h gschwind zum Brünnerle um a Wosser, sonst mou i dersticken un derstarbn!«
S Hohnerl is glei glafn zum Brünnerle um a Wosser und hout gsogt: »Brünnerle, gie mir a Wosser. S Hennerle hout an Nußkarl gschluckt, gie mir a Wosser, sonst mou das Hennerl dersticken und derstarbn.«
S Brünnerle hout gsogt: »Mußt zum Schouster ge¹hn um a Poar Schouch, denn kre¹gst a Wosser.«
S Hohnerl is zum Schouster gonger und hout gsogt zum Schouster: »Schouster, gie mir die Schouch fiers Brünnerl. S Brünnerl mou mir a Wosser gebn. S Hennerl hout an Nußkarl verschluckt. Dem Hennerl mou i das Wosser gebn, sinst mous dersticken und derstarbn!«
Hout der Schouster gsogt: »Ge¹h erscht zur Sau um a Borschten, denn kre¹gst a die Schouch.«
Dou is das Hohnerl zur Sau kummer. Houts gsogt zur Sau: »Sau, gie mir a Borschten. Die Borschten mou i dem Schouster gebn. Der Schouster mou mir a Poar Schouch gebn. Die Schouch mou i dem Brünnerl gebn. Das Brünnerl mou mir a Wosser gebn. Das Wosser mou i dem Hennerl gebn. Das Hennerl hout an Nußkarl verschluckt. Dem Hennerl mou i das Wosser gebn, sinst mous dersticken und derstarbn!« Dou hout die Sau gsogt: »Mußt zerscht zum Müllner um a Klei ge¹hn. Offer kre¹gst a Borschten.«
Dou is das Hohnerl gonger zum Müllner. Hout das Hohnerl gsogt zum Müllner: »Müllner, gie mir a Klei. Die Klei mou i der Sau gebn.

Die Sau mou mir a Borschten gebn. Die Borschten mou i dem Schouster bringer. Der Schouster gibt mir a Poar Schouch. Die Schouch mou i dem Brünnerle bringer. S Brünnerle mou mir a Wosser gebn. S Wosser mou i dem Hennerle afm Nußbarch bringer. S Hennerl hout an Nußkarl verschluckt. Wenn i dem Hennerl koa Wosser gie, mou das Hennerl dersticken und derstarbn!«
Dou hout der Müller a Klei hergebn. T Klei hout der Sau ghört. Die Sau hout a Borschten hergebn. Die Borschten hout der Schouster krei̯gt. Der Schouster hout die Schouch hergebn. Die Schouch hobn dem Brünnerle ghört. Wei̯s Hohnerl wieder zum Nußbarch kummer is, dou woars Hennerl om Karl derstickt und derstarbn. Des is das Gschichtl vom geizigen Hennerl.

## 34 DIE KATZE WÄSCHT SICH VOR DEM ESSEN

Einst streunte eine Katze durch die Gassen. Da sah sie eine Ratte in einer Fensternische hocken. Die Katze sprang hinzu und hatte sie schon gepackt. Gerade wollte sie kräftig zubeißen, da fiepte die Ratte: »Was sind denn das für Manieren? Das habe ich noch bei keiner Katze gesehen. Eine vornehme Katze wäscht sich vor jeder Mahlzeit.« »Wenn das so ist, so will ich auch nicht zurückstehen«, sagte die Katze und begann damit, sich eifrig die Pfoten zu lecken. Da war auch schon die Ratte entwichen und in ein enges Abflußrohr gekrochen. Da hatte die Katze das Nachsehen. Sie schwor, sich nie wieder vor dem Essen zu putzen. Aber hat sie ihr Versprechen gehalten? Ich glaube das nicht. Auch heute noch putzen sich die Katzen oft und gern und belecken dabei bei jeder Gelegenheit ihre Pfoten.

## 35 HUND UND KATZE TAUSCHEN IHRE NAHRUNG

Früher aßen die Katzen Äpfel, und die Hunde fraßen Fische. Zuletzt aber waren die Tiere unzufrieden, jedes wollte die Nahrung des anderen haben. So tauschten nun Hund und Katze die Nahrung: Der

Hund wollte nunmehr Äpfel fressen, die Katze hinfort Fische verspeisen.
Beide Tiere mußten jedoch erkennen, daß sie einen schlechten Tausch gemacht hatten. Der Hund konnte nicht auf den Baum nach den Äpfeln steigen, und die Katze konnte nicht in das Wasser springen und die Fische jagen.

## 36  HÄHNCHEN UND HÜHNCHEN

Es war einmal ein Hühnel und ein Hahnel, die sind miteinander scharren gegangen. Das Hühnel hat ein Diesla (Dose) Butter ausgescharrt und das Hahnel eine Erbse. Das Hahnel hat seine Erbse gleich gefressen. Das Hühnel hat das Diesla Butter auf dem Boden aufgehoben. Da ist das Hahnel naufgekrochen und hat die Butter gefressen.
Das Hühnel wollte einmal in die Kirche gehen und hat sich an einem Stein ein Zehlein angestoßen. Da rennt es auf den Boden und wollte sich das Zehlein mit Butter einschmieren. Da war aber die ganze Butter ausgefressen. Da sagt das Hühnel zum Hahnel: »Hast du mir die Butter ausgefressen? Da soll dich doch der Häher (Stößer) holen!« Da ist der Häher geflogen kommen und hat das Hahnel genommen. Da war aber dem Hühnel allein bange; da hat es sich von einem Papierchen ein Wägelchen gemacht, zwei Mäusel eingespannt und ist ums Hahnel gefahren.
Wie es ein Stückel gefahren war, begegnete es einer Natter. Sagt die Natter: »Wohin Hühnel?« – »Ich fahr zum Häher naus, ich werd mir holen mein Hähnel raus.« – »Nimm mich mit, ich werde dir helfen.« »Tschihie, Mäusel, Tschihie!« –
Ein Stück weiter begegnet es einer Nadel: »Wohin Hühnel?« – »Ich fahr zum Häher naus, ich werd mir holen mein Hahnel raus.« – »Nimm mich mit, ich werde dir helfen.« – »Setz dich hinten auf und reiß mir ja kein Rädel raus. Tschihie, Mäusel, Tschihie!« –
Wie es wieder ein Stückel weiter kommt, begegnet es einem Mühlstein. »Wohin Hühnel?« – »Ich fahr zum Häher naus und werde mir holen mein Hähnel raus.« – »Nimm mich mit, ich werde dir auch helfen.« – »Setz dich hinten auf, aber reiß mir nicht ein Rädel rauß. Tschihie, Mäusel, tschihie!«
Wie es zum Häher herausgekommen ist, sagt das Hühnel: »Ach, Hä-

her, gib mir ock mein Hähnel, mir ist zu bange.« – Da sagt der Häher: »Heut ist es schon zu spät zum Wegfahren; bleib doch über Nacht da; morgen werde ich euch schon das Hähnel geben.« Da hat sich das Hühnel aufs Ofenstängl gesetzt, die Natter kriecht in den Ofentopf, die Nadel steckt sich ins Handtuch, und der Mühlstein legt sich über die Ofentür.
Am andern Tag wollte der Häher geschwind Feuer machen und wollte das Hühnel braten, wollte sich aber zuvor waschen . . Er greift in den Ofentopf, da hat die Natter ihm die ganze Hand zerstochen. Da wollte er aber schnell zur Türe naus, ist die Mühlstein runtergefallen und hat den Häher totgeschlagen. Da hat das Hühnel sich ock das Hahnel genommen, und sie sind mitsammen heimgefahren.
So leben das Hühnel und das Hahnel bis heut noch immer beisammen.

## 37 WOLF UND FUCHS AUF DER HOCHZEIT

Der Wolf und der Fuchs kamen auf ihrer Wanderschaft auch nach Pfraumberg. Sie hatten in der Burgruine geschlafen, aber jetzt plagte sie der Hunger. Da hörten sie Musik am Stadtrand aus einem großen Garten erklingen. Da sprach der Wolf: »Wos blousn dout und a Musik spült, dou wird a gfeiert. E̊tzer ge̊hts orer, und dou wird gfressn und gsoffn!« Der Fuchs war sogleich einverstanden, und so näherten sich die beiden Wandersleute vorsichtig dem Hochzeitshaus.
Die Hunde von Pfraumberg lagen alle vollgefressen und betrunken in der Sonne und dösten. Da schlichen sich der Fuchs und der Wolf in den Keller ein. Hier standen ganze Fässer mit Fleisch, und auf langen Brettern standen die besten Kuchen. In seiner Gier verschlag der Wolf alles, was er erreichen konnte. Der Fuchs jedoch sprang hin und wieder aus dem Kellerfenster heraus, er wollte nur probieren, ob er seinen Balg auch nicht zu vollgefressen hatte. Da fragte ihn der Wolf: »Fichserl, gie doch a Rouh! Wos rennst denn olleweil aße?« »Woißt, i moch den Wachter, domit du rouhig fressen konnst,« antwortete der Fuchs. In seinen tiefsten Gedanken aber hatte er schon lange nach einem Weg gesucht, den gefräßigen Reisekameraden loszuwerden.
Als der Wolf sich so vollgefressen hatte, daß er sich kaum noch rühren konnte, begann er, nachdem er ein dickes Faß angezapft hatte, in vol-

len Zügen Bier zu trinken. Dabei wurde er immer fröhlicher. Zuletzt fing er an zu singen: »Heint scheint der Mound sue scheen, mou i zie mein Moidl ge^ihn . . . . und danach: Mir san die Moundscheinbre^i-der . . .« Der Fuchs sagte ängstlich: »Holts Maal un he^ir af mit dem Singer. Sinst kummers dohergrennt und derschlogn uns.« Aber der Wolf war schon so betrunken, daß er nicht mehr auf den Fuchs hören wollte. Der Fuchs beschmierte schnell seinen Kopf mit Gänseschmalz, das im Keller in einer Schüssel stand und sprang aus dem Kellerfenster, denn er hörte bereits die Hochzeitsgesellschaft die Treppe herunterstürzen. Die Männer glaubten, daß Diebe im Keller säßen, sie hatten sich mit Stecken und Dreschflegeln bewaffnet. Der Wolf wollte auch durch das Kellerfenster entweichen, aber er hatte sich so vollgefressen, daß er in dem engen Fensterrahmen hängenblieb. Die Männer schlugen unbarmherzig auf ihn ein. Und der Fuchs rief höhnisch nach unten: »E^itzer doust donzn, und t Manner schlogn den Tokt. Offer koast mit der Braut donzn.« Endlich konnte sich der Wolf befreien, aber ein schönes Stück von seinem Fell blieb am Fenster hängen. Blutend und halb totgeschlagen schleppte er sich an den Waldrand. Dort fand er im Gebüsch den Fuchs liegen. Der stöhnte und jammerte, als wenn seine letzte Stunde herangebrochen wäre. Der Wolf aber war zornig, er hatte wohl erkannt, daß sein Kamerad ihn im Stich gelassen und verraten hatte. »E^itzer ge^ihts dir om Krogn. Du bist der größte Lump im Behmerwold! E^itzer wirst ogniegelt!« »Och dou mir doch dees niet on«, klagte der Fuchs, »schau nur, wost Manner mit mir gmocht hobn. S holbe Hirn hobns mir as dem Kuopf gschlogn. Do schau nur, we^iß aßehängt. Wos wird nur as meinem Wei un as meinen Kinnern!«
Da hatte der Wolf Mitleid mit seinem armen Kameraden, denn er sah es weiß an seinem Kopf hängen, und er sprach: »Do steigst holt af meinen Buckel, i trog di hoam.« Das tat der Fuchs, und der Wolf schleppte ihn durch den Wald. Als sie am Ströbl bei Roßhaupt angekommen waren, sagte der Fuchts: »Do trägt der Kronke den Gsunden.« »Wos host gsogt?« fragte der Wolf, »Wos hob i dou ghe^irt?« »Och woißt, lieber Wulf, i glaub, i hob mei Ghirn unnerwegs verlorn, un dou bin i gonz dramhappert und spinnert wordn. Woiß i doch sölber niet, wos i doherriedt.«
Nach einiger Zeit, als beide Tiere beim Grenzbach angelangt waren, konnte es sich der Fuchs schon wieder nicht verkneifen, er mußte den

Wolf reizen und etwas Ungehöriges sagen: »Dou trogt des olte Mehei den Schlauen!» «Wos? A Mehei bin i! Dou moch i dir den Samaritan, un du verspottest meiner!« »Och naa, lieber Komerod, wos dou i dou wieder doherriedn. I glaub, i mou starbn, i riedt immer irrer doher. I bin scho holber hie!« Da bekam der Wolf wieder Mitleid mit seinem unglücklichen Gefährten. Ächzend und mit letzter Kraft schleppte er den todkranken Fuchs vor seinen Bau und lud ihn ab. Da sprang der Fuchs flink vom Rücken des Wolfes in seinen Bau hinein und rief hinaus: »Wulf, e¹tzer bin i dout, und du siehst mie nimmer wieder. Im Behmerwold, dou pfeift der Wind sue kolt!« Da mußte sich der Wolf, nachdem er noch lange vor dem Fuchsbau gewartet hatte, mit letzter Kraft, krank und blutend nach Hause schleppen.

## 38  GEVATTER FUCHS, GEVATTER WOLF UND GEVATTER KATZENKÖNIG

Gevatter Fuchs, Gevatter Wolf und Gevatter Katzenkönig sind einmal in einer mondhellen Nacht in den Fichten zusammengekommen. Und dort im Plan war damals noch ein Ziehbrunnen mit Eimer und Rad. Sie waren gute Kameraden, sie haben sich ihr Elend geklagt: Wieviel Kummer und Elend und Durst sie leiden müssen. Von dem vielen Klagen sind sie noch durstiger geworden und sind also zu dem Ziehbrunnen gegangen, um sich wenigstens einen anzutrinken.
Wie sie also dort in jenen Brunnen hineinsehen, da schwimmt dort drinnen ein Käsel, und jenes hat sie gereizt. Jenes war aber der Mond, was sich dort unten gespiegelt hat. Wie also jetzt zu jenem Käsel kommen? Sie haben zuerst losen gewollt, jetzt aber hat sich Gevatter Fuchs angetragen, daß er in den Brunnen steigt und jenes Käsel heraufholt. Jene zwei Gevatter, der Wolf und der Katzenkönig waren damit einverstanden und haben ihn im Eimer hinuntergelassen. Als er schon ganz unter war, da hat er schon vor dem Wasser Prie (Angst) gehabt, denn das ganze Wasser austrinken und so zu jenem Käsel kommen, das hat er nicht schaffen können. Aber jene haben nur hinuntergeschrien: »Lapper, nur lapper, du wirst schon kommen zum Käsel!« Er hat sich also dann darüber hergemacht, hat nur gelappert und gelappert, bis seine Wampe voll von Wasser war, hat aber das Kä-

sel nicht erwischen können, und so hat man ihn herausgezogen, und er hat sich bald nicht mehr rühren können.
Jetzt haben sie den Gevatter Wolf hinunter geschickt und haben gemeint, daß er mehr wird anrichten können. Wie er dann im Eimer dort unten angelangt war, da ist er vor jenem Wasser noch mehr erschrocken gewesen als vorher der Gevatter Fuchs. Und er hat sich schon hinaufziehen lassen wollen, denn auch er hatte eine große Prie davor gehabt. Aber da haben auch schon jene zwei dort oben heruntergeschrien: »Lapper, nur lapper, du wirst schon zum Käsel kommen!« Auch dieser hat dann gelappert und immer nur gelappert. Aber auch er ist nicht zum Käsel gekommen. Und wie seine Wampe voll war, da hat er sich hinaufziehen lassen. Und dort angelangt, hat er gesagt: »Für dich, Gevatter, hab ich noch etwas gelassen«, und damit hat er nur dem Gevatter Lust machen wollen.
Also haben jetzt diese zwei den Gevatter Katzenkönig hinunter gelassen in den Brunnen und wie vorher geschrien: »Lapper nur, lapper, du wirst schon zum Käsel kommen!« Und als er zu lappern anfängt, so ist auch schon das Käsel im Brunnen verschwunden. Und so hat er sich dann mit einer leeren Wampe hinausziehen lassen, und seine zwei Gevattern waren ihm neidisch. Sie haben geglaubt, er wäre schon bis zum Scheitel satt und haben ihn schon am Kragen nehmen wollen. Aber ein Glöcklein aus Fundstollen hat sie gestört. Und da ist es ihnen in den Sinn gekommen, daß dort heute Hochzeit ist.
So haben sie sich also dorthin aufgemacht. Derweilen die Hochzeitsleute unten in der Kapelle waren, haben sie nach Herzenslust gegessen und getrunken. Wie man sie dann so überrascht hat, sind jenen zweien die Stöpsel herausgesprungen, und sie haben die Brautleute bespritzt, so daß sie hinausgepeitscht worden sind aus dem Dorfe, aus Flur und Wald. Nur der Gevatter Katzenkönig hat seinen Platz auf der Hölle gefunden. Das ist der Raum zwischen dem Backofen und der Wand.

# Legendenartige Märchen, Legenden und Ursprungssagen

## 39  HARL UND WAWA IM HIMMEL

Der Harl und die Wawa hobn a Schwein gschlocht. No, hobns holt des Schweinl zommgessen. Hobns holt sue grouße Boiner ghobt. Hot d'Wawa gsogt: »Wos solln mir denn doun mit den Boinern?« No hot der Harl gsogt: »Dou werdn mir long umdoun. Dou mochn mir a Loitern as den Boinern und steign mir in den Himmel, dou brauchn mir niet erscht zi starbn.« Des hobns holt gmocht und san in den Himmel afstiegn.
Af amol is der Petrus kummer. »No«, sogt er, »wos wollts denn dirts dou? Ich hob enk doch niet verlongt.« No hot der Harl gsogt: »Hobn mir Boiner ghobt, hobn mir a Loiter gmocht, san mir affergstiegn.« No, eitzer woars gnouch. Hot er gsogt, weis Nocht woarn is, hot er koin Plotz ghobt. Hot er noch a Kammerl ghobt. Und dou woar nix drinn gstondn ols a olter Bockkübel. Hot er gsogt zi der Wawa: »Derfst mir gor niet eischauer in den Bockkübel. Derfst mer den stehn loer.« Doch t'Wawa hout denkt: »Wort nue, bis der Harl schlaft, des koa i niet iewers Herz bringer, dou mou i eischauer.« No, hot der Harl gschnarcht, ist Wawa afgstondn, stad zin Bockkübel dor. Hout holt a weng eigschaut. Af amol is der gonze Sauerteig on zi renner oagfongt, is assergrennt, und der Harl und die Wawa woarn lauter Sauerteig.
Eitzer, freih, wei der Petrus kummer is, afmochen, hot er gsogt: »I hob jo gwißt, daß dirts niet rouher kinnts, daß dirts eischauer müßts.« T'Wawa hot gsogt: »Maletter moch ich nix meiner, wos ich niet mochen soll.«
No, die onnere Nocht hot der Petrus denkt: »Wou leg ich denn die Leit heint zou.« Eitzer hot ers unter ein Epfelbam glegt. Hot er gsogt: »Daß dirts mir von den Bam kei Epfel orereißn douts!« »O na, mein lieber Herr Petrus, i reir maletter nix meiner oa!« No, wei der Harl holt gschnarcht hot, hot d'Wawa denkt: »I mou doch afsteihn und die Epfel nehmer.« Is holt schon longsom afgstondn und hout sich oin ogrissen. Af amol san holt olle Epfel oigfolln von dem Bam, und t'

71

Wawa und der Harl san holt glegn in den Epfeln. No, weⁱ der Petrus freⁱh kummer is, no des Elend. – Hot er gsogt;« Wou dou ich denn eich aft Noat zou, ich woiß doch kein Plotz meⁱner!« »Och Herr, gebns uns nur a Platzl, i reⁱr mi nimmer und nimmer!«
No, eⁱtzer hot er gschaut, weⁱd' Nocht kummer is, offer: »Dou is a olter Schupfn, dou geⁱhts eine, i hob koan Plotz meⁱner.« Weⁱs einkummer san, int Schupfn, hout Wawa scho links und rechts gschaut. No, eⁱtzer houts nix mehr gsehn ols an oltn Schubkarrn. Houts denkt: »Wenn nue der Harl scho schlofn tät. – I mou doch prowiern, ob der Schubkorrn goud fohrn geⁱht domit.« No, endlich is der Harl eigschlofn. No, weⁱ er im besten Schlofn woar, ist Wawa scho stad af. Hout denkt: »Mou doch prowiern, ob der goud zin Fohrn geⁱht.« T' Wawa hout den Schubkorrn gnummer und is im Himmel umgfohrn. Und der Schubkorrn hot zin renner oagfongt. Hot Wawa niet mehr asloer. Und der Harl is munter woarn und is nooch hinter ihr. Sans vom Himmel bis aft Erdn gfohrn. Und heint mou d'Wawa noch den Schubkorrn scheⁱbn.

## 40  GOTT HAT EINE HÖHERE EINSICHT

Als der Herr Christus noch auf Erden weilte, da wollte er mit dem Herrn Petrus nach Jericho wandeln. Und nun, sie waren noch fremd im Land und wußten nicht den Weg, da sagt der Peter: »Dort unter dem Baum, da liegt ein Bursche, der kann uns sicher sagen, wo es nach Jericho geht.« Er trat zu dem Burschen und fragte: »Heh, du, wo gehts nach Jericho?« Der Kerl aber hebt nur das Bein und sagt: »Do!« »Is des ower a Faulpelz!« sagt da der Petrus. Nun sind sie weitergegangen.
Nun haben sie aber bald wieder nicht den Weg gewußt. Aber da arbeitete eine Jungfrau mit der Sichel auf dem Felde. Gleich ist Sankt Peter zu ihr gegangen und hat sie gefragt: »Na, liebes Mädchen, geht es hier nach Jericho?« Die Jungfrau ist gleich aufgesprungen, hat den beiden sofort den Weg gezeigt und ist noch ein Stück des Weges mit ihnen gegangen. Als sie sich entfernt hatte, sprach der heilige Petrus zum Herrn: »Dieses Mädchen sollte von uns belohnt werden.« Der Herr antwortete: »Sie ist bereits belohnt worden.« Darauf fragte der Begleiter des Herrn: »Wie kann denn dieses Mädchen eine Belohnung

empfangen für ihren guten Willen?« Darauf sagte der Herr Jesus: »Sie muß diesen Faulpelz heiraten.« Da jammerte der Peter: »Das ist aber eine himmelschreiende Ungerechtigkeit! So ein fleißiges Mädchen muß einen solchen Faulpelz heiraten!« Ruhig sprach der Meister: »Du mußt das einsehen. Wenn dieses Mädchen einen Mann bekommt, der so fleißig und tüchtig wie sie ist, dann hetzen sie sich einander in ihrer Arbeitswut zu Tode. Und wenn er so eine bekommt, wie er ist, verfaulen sie beide miteinander.«
(Am Ende dieser Geschichte sagte mein Vater immer zu uns Kindern: »Schaut euch in der Welt um! Ist es nicht so? Müssen nicht ein solches und ein solches zusammenkommen?«)

## 41 NUR GOTT KENNT DAS ZIEL ALLER WEGE

Der Herrgott und Sankt Peter wandelten auf der Erde. Und da sind sie an einem Haus vorbei gekommen, und aus dem Haus erscholl jämmerliches Wehgeschrei und Weinen. Da sagte Sankt Peter zum Herrn: »Komm, Meister, gehen wir doch einmal ins Haus, fragen wir doch einmal nach, was da geschehen ist.« Als sie nun in das Haus getreten waren, sahen sie einen Mann im Sarg liegen, und die Frau und sieben Kinder standen um den Sarg und weinten bitterlich. Da sagte Peter aus seinem mitleidigen Herzen heraus: »Ach Meister, erwecke ihn doch wieder zum Leben!« Aber der Herr war nicht bereit, dies zu tun. Er sprach: »Die Kinder werden nicht verhungern, laß den Vater nur ruhen.« Aber der Peter hat nicht geruht, er hat immer wieder den Herrn angefleht, den Mann vom Tode aufzuwecken. Zuletzt ist der Herrgott an den Toten herangetreten und hat gesagt: »Steh auf!« Und der Tote hat sich erhoben und war gesund und munter. Der Weg führte sie weiter an einen Fluß. Am Ufer angekommen, griff der Herr in das Wasser und zog drei Fische heraus. Die tat er unter einen schweren Stein. Wortlos wandte sich der Herr zum Gehen, und Petrus folgte ihm.
Im nächsten Jahr kamen der Herr und Sankt Peter wieder an diesem Häuschen vorbei. Da wurde wieder laut drinnen geweint. Der Meister und Peter gingen hinein, da sahen sie, daß sich der Hausherr aufgehängt hatte. »Nun siehst du es, lieber Peter, wir hätten ihn besser

im vorigen Jahr tot liegenlassen sollen. Jetzt hat er das ewige Leben verloren.« Dann sind sie hinunter an den Fluß gegangen. Der Herr hob den Stein. Da waren die drei Fische noch am Leben und zappelten fröhlich. »Siehst du, so wie durch meine Gnade die Fische ohne Wasser gelebt haben, so wären durch meine Gnade auch die sieben Kinder ohne Vater am Leben geblieben.«

## 42   WAS GOTT TUT, DAS IST WOHLGETAN

Der Heilige Petrus begleitete den Herrgott auf seinem Weg durch die Welt. Sie gingen an einem Bauernhof vorbei. Da hat eine Bäuerin Kirschen gepflückt. Sankt Peter hätte gern einige gehabt, und Petrus ersuchte sie um einige. Die Bäuerin fragte ihn: »Können Sie Kirschen abpflücken?« Sie taten so viele Kirschen herunter, bis sie satt waren. Dann sind der Herrgott und Petrus weitergegangen. Vor dem Abschied hatte die Bäuerin ihnen noch erzählt, daß sie schöne Weizen- und Maisfelder besitzen würde. »Den Mais wollen wir essen, den Weizen verkaufen«, hatte die Frau gesagt.« Wir haben einen Studenten. Das Geld soll für den Studenten sein. Unser Herrgott hat seinen Segen auf das Feld ausgeschüttet.« Sie hat nicht gewußt, daß der Herrgott selber vor ihr gestanden hatte. Dann sagte der Herrgott: »Wir müssen uns eilen, dort kommt ein Wetter auf.« Und die Frau drängte sie, sie sollten sich beeilen, über den Berg zu kommen. Als sie auf der Bergkuppe standen, da war das Wetter über den Weizenfeldern, und der Hagel hat die ganze Ernte zusammengeschlagen.
Der Heilige Petrus war sehr empört, daß der Herrgott dies zugelassen hatte. Es wäre doch eine so gute Frau gewesen. Nun könne der Sohn nicht mehr studieren, alles wäre zerstört.
Sie sind weitergezogen in einen Wald hinein. In ihm lebte ein Einsiedler, der war sehr fromm. Aber er war zugleich stolz. Er besaß noch einen goldenen Becher, den wollte er nimmer hergeben. Der Herrgott kam und sagte zu ihm, daß er Durst habe. Da hat der Einsiedler den Becher hergenommen und hat ihn mit Wasser gefüllt und dem Herrgott gereicht. Dann sind der Herrgott und Sankt Peter weitergezogen in einen anderen Wald. Und der Herrgott und der Petrus haben wieder Durst gehabt. Da war ein tiefes Wasser und der Apostel wollte daraus trinken. Da sagte der Herrgott: »Das geht hier nicht«, und hat

aus seiner Tasche den Goldbecher des Einsiedlers herausgezogen. Petrus war ganz erschrocken, als er das sehen mußte, daß der Herrgott dem Einsiedler den Pokal fortgenommen hatte: »So etwas, nimmt dem guten und frommen Einsiedler den letzten Besitz weg.« Dann gingen sie weiter, einen Berg hinunter.

Da waren Seeräuber. Einer von ihnen war gerade aus der Kirche gekommen, er hatte dort gebeichtet. Der Herrgott ist zu seinem Boot hingegangen und hat ein Loch in den Boden des Bootes gebohrt. Der Seeräuber hatte das Boot bestiegen und ist losgefahren. Das Boot ist gesunken, und der Seeräuber mußte ertrinken. Das war dem Peter wieder nicht recht.

Da hat der Herrgott dem Sankt Peter alles erklärt: »Der Student wäre an der Universität ein schlechter Mensch geworden. Jetzt hat er kein Geld mehr gehabt, aber er ist ein guter Bauernbursche geworden. Der Einsiedler hatte durch den Verlust des Pokals jeden Stolz verloren, nun war ihm der Weg in das Himmelreich geebnet worden. Der Seeräuber ertrank, nachdem er alle seine Sünden bekannt hatte. Wäre er nicht ertrunken, hätte er fortgefahren, Böses zu tun und wäre in die Hölle gekommen. Da hat Petrus zugeben müssen, daß der Herrgott recht getan hatte.

## 43  DER HEILAND UND PETRUS IN DER SCHEUNE

Der Herrgott und Petrus waren auf der Wanderschaft durch den Böhmerwald. Als der Abend angebrochen war, kamen sie zu einem Bauern. Den baten sie um ein Nachtquartier. Am Morgen sagte der Bauer zu ihnen: »Für das Nachtquartier müßt ihr natürlich zahlen.« Dann forderte er sie auf, beim Dreschen zu helfen. Der Herrgott antwortete ihm: »Das werden wir nicht tun!« Er nahm ein Streichholz und steckte das Stroh an, daß die ganze Scheune brannte. Da war das Korn ausgedroschen, und die Scheune war unversehrt geblieben. Danach zogen der Herrgott und der Heilige Petrus weiter.

Als die Gäste fort waren, sagte der Bauer zu seinem Eheweib: »Wos dei kinner, kinner mir a, dou brauchn mir nimmer dreschn.« Er zündete das Getreide an der anderen Seite der Scheune an. Da brannten der ganze Stall und die Scheune völlig ab. Nun hatten die Bauersleute ausgedroschen.

## 44  DIE MENSCHEN WISSEN IHREN STERBETAG

Einmal gingen der Herrgott und der Heilige Petrus durch das Land. Da kamen sie zu einem Haus. Vor diesem war ein Mann bei der Arbeit. Er flocht aus Schmellergras einen leichten Zaun. Zu jener alten Zeit kannte jeder Mensch seinen Sterbetag. Der Heilige Petrus sprach zum Herrgott: »Nun schau einmal, da ist ein Mensch fleißig bei der Arbeit.« Der Herrgott wandte sich dem Manne zu und sagte: »Also, das wird nicht lange halten, was du da baust.« Darauf erwiderte der Mann: »So lange, wie ich nur zu leben habe, wird dies hier halten.« Nun blickte der Herrgott den Heiligen Petrus an und sprach: »Siehst du, das ist nicht richtig, wie wir die Menschen handeln und denken lassen. Von heute an wird niemand mehr wissen, wie lange er lebt.« Und dabei blieb es bis zum heutigen Tage.

## 45  DIE HEILIGEN DREI KÖNIGE

Einem jungen König, der über drei Reiche herrschte, befahl die Mutter, sich eine Braut zu suchen. Er zog deshalb mit einem glänzenden Gefolge fort, indem er erklärte, er werde diejenige heiraten, die er im nächsten Wald zuerst antreffe. Nach einigen Tagen kam er zu einer einsamen Waldhütte. In dieser wohnte ein Vater mit seinen zwei Töchtern. Die jüngere von ihnen war die schönere, hatte jedoch keine Finger, trotzdem nahm sie der junge König zur Frau.
Darüber war seine Mutter höchst aufgebracht, auch viele angrenzende Könige kündigten ihm den Krieg an. Während er gegen diese zu Felde zog, trug die ränkevolle Mutter drei Männern auf, die junge Königin in den Wald zu führen und sie dort zu ermorden. Diese jedoch ließen sich durch das Flehen derselben erweichen und schenkten ihr das Leben. Der alten Königin aber brachten sie Augen und Zunge nicht von der jungen Königin, wie sie verlangt hatte, sondern von einem Eber. Die Verstoßene aber kam zu einer einsamen Hütte und gebar dort drei Söhne, welche gemäß einer vom Himmel vernommenen Stimme die Namen Kaspar, Melchior und Balthasar erhielten.
Als der König seine Feinde überwunden hatte, kehrte er nach Hause zurück. Er fand seine Frau nicht mehr und wurde von seiner Mutter

aufgefordert, sich eine andere Gemahlin zu suchen. Das aber tat er nicht. Einmal nun zog er auf die Jagd in den Wald und lagerte sich dort auf einer Wiese, bei welcher sich eine kleine Hütte befand, hier schlief er ein. Während er so dalag, ging seine Gemahlin mit den drei Söhnen vorüber und sprach zu ihnen: »Seht, das ist euer Vater.« Als der König erwachte, sagte er, es habe ihm geträumt, er sehe seine frühere Gemahlin; man möge daher die nächste Umgebung genau durchsuchen.

Und in der Tat fand man bald die Königin mit ihren drei Söhnen, worauf sie der König im festlichen Zuge nach Hause zurückführte. Als man nun bei Tische saß, fragte er seine Mutter: »Was soll mit derjenigen geschehen, welche einer anderen einen unverdienten Tod zugedacht?« Diese antwortete: »Sie soll von vier Ochsen zerrissen werden.« Damit hatte sie sich selbst das Urteil gesprochen, welches alsbald vollstreckt wurde.

Bald darauf aber starb dem König die Gemahlin, der König aber überlebte sie aus Trauer über den Verlust nicht lange. Nach seinem Tode übernahmen die drei Söhne die Regierung der drei Reiche.

Da kam nun die Zeit heran, wo Christus der Herr geboren wird, und ein jeder machte sich für sich auf den Weg nach Bethlehem. Nicht weit von der Geburtsstätte des Heilandes trafen sie sich.

Nachdem sie gegenseitig den Zweck der Reise erfahren hatten, zogen sie vereinigt weiter und brachten dem göttlichen Kinde ihre Huldigung dar. Als dies geschehen war, kehrten sie in ihre Reiche zurück und starben dort in nicht langer Zeit. Sie liegen, wie das Volk erzählt, alle drei in derselben Höhle begraben, in welcher nachmals der größte Kaiser begraben wurde, der am jüngsten Tage den Kampf für Christus fortführen wird. Dieser hat ein großes Schwert umgegürtet, und wenn er aufstehen und sagen wird: »Schwert, rühr dich!« so werden allen Menschen die Köpfe vom Rumpfe fliegen.

## 46 DIE HIMMELSKÖNIGIN UND DAS UNGEHORSAME KIND

Es war einmal ein Mädchen, das hatte sehr früh seine Eltern verloren. Eines Tages ging es hinaus auf das Feld, dort begegnete ihr die Himmelskönigin, und sie nahm das Kind mit in den Himmel hinauf. Die

Himmelskönigin reichte dem Mädchen alle Schlüssel und ein Ei. Es durfte in alle Zimmer hineingehen, nur in das dreizehnte nicht.
Die Himmelskönigin ging einmal fort. Da war das Kind sehr neugierig und steckte den dreizehnten Schlüssel in das dreizehnte Türschloß und sperrte die Tür auf. In diesem Zimmer befand sich die heilige Dreifaltigkeit, und ein Blutschaffel stand daneben. Das Mädchen steckte ihren Finger hinein, und dieser wurde voll Gold. Schnell lief es fort und schloß die Tür wieder ab.
Als die Himmelskönigin nach Hause kam, fragte sie das Mädchen, ob es die verbotene Tür aufgemacht hatte. Es sagte: »Nein, ich hab's nicht aufgemacht.« Jetzt ging die Himmelskönigin wieder fort, und als sie heimkam, stellte sie dieselbe Frage, und das Kind antwortete: »Nein, ich hab's nicht aufgemacht.« Zum Drittenmal fragte die Himmelskönigin das Mädchen, ob es die dreizehnte Tür öffnete, und es wiederholte: »Nein.« Da fiel das Kind vom Himmel auf die Erde hinunter in eine Staude hinein und wurde blind.
Nach langer Zeit kam die Himmelskönigin wieder und fragte das Kind, ob es die verbotene Tür aufsperrte. Da gab das Kind zur Antwort: »Himmelskönigin, ich sag's, ich habe die verbotene Tür aufgemacht.« Danach nahm sie das Kind wieder in den Himmel hinauf, und es wurde wieder sehend und durfte für immer oben bleiben.

## 47 WARUM DIE BIENEN DEN ROTEN KLEE MEIDEN

Die Bienen saugen ihren Honig aus allen Blüten, nur nicht aus dem roten Klee. Nach dem Volksglauben ist der Grund hierfür folgender: Als der Herr die Bienen erschaffen hatte, fragte er sie, ob sie auch am Sonntag arbeiten wollten. »Auf jeden Fall«, sagten die fleißigsten. »Wollt ihr das, so müßt ihr den roten Klee meiden.« Die Bienen waren damit zufrieden und flogen von da an den verschiedenartigsten Blumen zu, nur den roten Klee ließen sie stets beiseite liegen.

## 48  WIE EIN DIEB IN DEN MOND VERSETZT WURDE.

Im Böhmerwald lebte ein alter Bauer, der konnte nie genug kriegen. Nachts ging er um und bestahl die andern Bauern im Dorf.
Einmal schlich er sich in den Garten eines Nachbarn hinein, um Äpfel zu stehlen. Einen großen Sack hatte er mitgebracht. Er hatte den Sack schon halb vollgestopft, da ging der Mond auf. Die Hunde wurden munter und fingen zu bellen und zu jaulen an.
Da wurde der Bauer zornig. Er reckte seine Faust zum Himmel und sagte leise: »Olwerner Mound, wenn du niet wärst, hätt i den gonzen Sook vull Epfel gstuoln. Wegen deiner mou i geⁱhn.« Da ist der Mond niedergekommen und hat den Mann gepackt und hochgezogen. Da steht der Apfeldieb noch heute mit dem halben Sack voll Äpfeln auf dem Rücken. Das war die Strafe, daß er den Mond beleidigt hat.

## 49  DIE FAULE SPINNERIN

Ein Weib hatte eine faule Tochter, die nicht gern spann. Da verwünschte sie die Mutter in den Mond, wo sie nun ewig spinnen muß. Weil sie aber das Garn nicht zum Weber bringen kann, so läßt sie es in die Luft hinausfliegen. Diese Fäden zeigen sich zur Zeit des Altweibersommers und kommen von der Spinnerin im Mond. Mit dem Anlegen und Abspinnen des Rockens hängt der Mondwechsel zusammen; doch wird der Flachs nie ganz abgesponnen. Wird die Spinnerin matt und senkt sie das müde Haupt auf den Rocken, dann entsteht eine Finsternis.

## 50  WIE DIE WESPEN ERSCHAFFEN WURDEN

Amol is der Herrgott mit dem Petrus af der Erdn umgonger. Der Herrgott hout ollerhond Veⁱcher gschoffn und Heilkräuter und Bleⁱmeln. Des olles hout dem Petrus sehr gfolln. Und dou hobns a Broutzeit gmocht und grostet. Dem Petrus hobn't Wepsen om bestn gfolln, wals sue fleißih gwest san, und wals ihm sue gfolln hobn, hout er gsogt zum Herrgottn: »Woißt, Moister, doun mir nue mehr Wepsen mochn.« Und der Herrgott hot gsogt: »Um Middog.« Ower der Petrus hout niet afghurcht, hot verstondn: »In der Mittn oo.« Dou hot er a Wepsen gnummer und houts wölln in der Mittn aseinonnerreißn. Hot denkt, »do hob i glei zwoa Wepsen afamoal.« Dou hot der Herrgott grod hiegroffn. Seit derrer Zeit hängts Loabl von der Wepsen grod sua wegn dron.

## 51 WARUM DIE WILDTAUBE SO SCHREIT

Eine alte Frau besaß nichts weiter als ihr Häusl, einen Buben und eine Kuh. Der Junge mußte jeden Tag die Kuh dort hinführen, wo es das beste Futter gab. Von der Milch ernährte sie sich und ihr Kind. Einmal hatte der Sohn nicht aufgepaßt, die Kuh war ihm entlaufen, er machte sich sofort auf die Suche; aber all sein Rufen und Klagen waren umsonst. Er mußte zuletzt ohne die Kuh nach Hause gehen.
Als die arme Frau erfahren hatte, daß die Kuh verloren gegangen war, geriet sie in heftigen Zorn. Sie rief: »Ich wollte, du würdest zu einer Taube!« Kaum hatte sie die Worte ausgesprochen, da verwandelte sich der Junge in eine Taube und flog klagend und schreiend davon.
Die Kuh kehrte jedoch am nächsten Tag von selbst wieder zu ihrem Stall zurück. Neben ihr lief ein Kälbchen, das am Tag zuvor zur Welt gekommen war. Da half kein Jammern der bösen Mutter. Ihr Junge muß für alle Ewigkeit als Wildtaube durch Wald und Flur fliegen und laut schreiend nach der Kuh suchen.

# Schreckmärchen

## 52 BEI DER HEXENMUHME

Es lebte ein alter, armer Holzhauer in Eisenstein, dem ist im Frühjahr das Weib gestorben. Jetzt hatte er nichts mehr als sein kleines Dirndl und eine leere Brotschüssel. Nicht lange dauerte es, da hat auch er das Sterben verspürt. Er hat sein Dirndl gerufen und hat gesagt: »Wenn ich tot bin, gehst du den Eisenbach hinunter in den Wald. Dort wirst du deine Ahnl treffen. Der sagst du, daß ich gestorben bin.«
Als der Vater tot war, lief das Kind in den Wald. Der wuchs wild und schwarz, daß das Kind den Himmel nicht mehr sah. Da es Nacht wurde, legte es sich unter einen Baum. Schon zwei Tage war das Kind im finstern Wald. Und am dritten Tag fand es zu einem Bach und hat wieder den Himmel gesehen.
Auf einmal war eine große, schwarze Katze da. Die murzte und miauzte und sprang immer vor dem Dirndl her. Als es ihr nachlief, kam es zu einer großen Grube. Die war bis oben mit Blut angefüllt. Das Kind erschrak und lief, bis es nimmer konnte. Da war aber eine noch tiefere Grube, in dieser waren Menschenknochen. Und wie das Kind weiterlief, wäre es bald in ein großes Loch gefallen; in dem lagen viele Totenschädel. Jetzt fürchtete sich das Kind, daß es die Füße nicht mehr heben konnte. Auf einmal stand es vor drei dürren Bäumen. Die hatten weite Äste und da waren Därme aufgewickelt. Die Kleine wollte sich vor Grausen im wilden Dickicht verkriechen, da war aber wieder die schwarze Katze da und schrie ganz laut und setzte sich auf und hob eine Pfote wie einen Wegzeiger. Das Dirndl sah eine alte Hütte, und wie es hinkam, stand die Ahnl vor der Tür. Die war alt und häßlich und hatte einen Bart über einem großen Zahn. Das Kind fragte ganz ängstlich: »Bist du die Ahnl?« Da lachte das Weib und nickte mit dem Kopfe. »Komm nur herein, Täuberl, ich weiß schon, der Vater ist gestorben!«
Die Alte führte das Kind in die Stube und stellte ihm eine Schüssel hin. »Iß, Täuberl, du hast drei Tage nichts gegessen!« Die Kleine sagte: »Ahnl, ich kann nichts essen! Ich hab' im Wald eine Grube voll Blut gesehen!« »Iß, das war ja nur meine Herbstmilch!«
»Ich kann nichts essen! Ich hab' im Wald eine Grube voll Beiner gesehen!« »Iß nur, das waren meine Krautstengel!«

»Ich kann nicht essen, da war ein Loch voller Totenköpfe!« »Iß«, das waren meine Krauthäuptel!«
»Ahnl, ich kann nichts essen, auf den Bäumen da draußen hängen lauter Därm!« »Iß«, das ist nur mein Garn!«
Jetzt konnte sich das Kind vor Angst nicht mehr rühren und weinte: »Ahnl, bist du vielleicht eine Hex?« Da fuhr die schwarze Katze auf das Kind und biß es tot, und die Alte lachte: »Ja, ich bin schon die Hex!« und fraß das Kind.

## 53  DIE HEXENWIRTSCHAFT

Es waren einmal zwei Schwestern, die eine war reich und die andere war arm. Die Arme ging immer zu der reichen Schwester, und diese gab ihr immer Brot für einen Tag.
Einmal ging sie wieder. Da begegnete ihr ein altes, graues Männlein. Das fragte: »Wohin gehst du?« »Nun, zu meiner Schwester nach Brot.« Das Männlein sagte: »Gehe heute nicht.« »Ich muß doch gehen, sonst habe ich nichts zu essen«, antwortete sie. Sie ging weiter, da begegnete ihr ein altes Mütterchen, das ebenfalls fragte, wohin sie ginge. »Nun, zu meiner Schwester um Brot«, sagte sie wieder. »Nein, geh nicht hin, das gibt ein Unglück!« Sie ging aber immer weiter, bis sie in den Hof kam. Dort hatten sechs Esel mit den Flegeln gedroschen. Dann ging sie beim Pferdestall vorbei, dort hatte der Hund ausgemistet. Wie sie beim Kuhstall vorbeikam, hatte die Katze ausgemistet. Und wie sie in das Haus kam, da hatte ihre Schwester ein Faß mit Blut dort stehen, darin waren Menschenhaare. Und in der Küche stand ein Hackstock mit einem Beil darauf, und das war voll Blut. Jetzt fragte die Schwester: »Was bedeuten da unten die sechs Esel«? Und die Schwester antwortete: »Das sind meine Drescher!« »Und was ist mit dem Hund, der den Pferdestall ausmistet?« »Das ist mein Knecht!« »Nun, und was ist das, daß die Katze den Kuhstall ausmistet?« »Das ist meine Magd.« »Was ist denn das im Vorhaus, da steht ein Faß mit Menschenhaaren, eingelegt in Blut?« »Das ist das Kraut für die Drescher.« »Nun, was soll denn der Hackstock hier und das Beil darauf?« »Damit will ich dir den Kopf abhacken!« Da nahm sie ihren Kopf und drückte ihn auf den Hackstock und hackte ihn ab.
(Da fragten wir unserem Vater immer: »Warum denn, wieso denn?« »Nun, ja«, sagte er: »Das war eben eine Hexe.«)

## 54 DAS HEXENHAUS IM WALD

Da war einmal eine Frau, die hatte zwei Mädchen. Die Frau hatte ein Häuschen, das stand im dichten Wald. Alle Tage sagte die Frau zu den Mädchen, sie sollen nicht zu tief in den Wald gehen, dort ist es gefährlich. Aber einmal sind die Mädchen doch tief in den Wald gegangen, und dort hatten sie sich verirrt. Sie sind immer tiefer in den Wald gekommen, und sie kamen zu einem Haus. Um das Haus war ein Gartenzaun, darauf steckten Totenschädel. Sie gingen in das Vorhaus, dort stand ein Faß mit Blut. In einer Kammer lagen viele Tote. Dann kamen sie in ein Zimmer, dort hingen nur Arme, und diese klatschten mit den Händen. In einem anderen Raum standen Beine, die auf dem Fußboden trampelten. Als sie in die Küche kamen, sahen sie die Hexe mit großen, schielenden, grellen Augen dort sitzen. Sie schrie: »Nun, schöne Mädchen, was wollt ihr denn hier?« »Ihr könnt mir helfen beim Schlachten!« Dort stand ein Haustock mit einem blutigen Beil darauf, daneben lag ein Menschenfleisch. Da nahm das eine Mädchen das Beil und ihre Schwester und die Hexe hielten das Fleisch. Auf einmal hat das Mädchen der Hexe die Hand abgeschlagen, und sie rannten aus dem Haus. Die Hexe schrie und lief den beiden Mädchen nach und warf nach ihnen Arme und Beine, die sich zusammenfügten und auch nachliefen. Aber die Mädchen kamen bald aus dem Wald raus und liefen schnell nach Hause in ihr Haus und verriegelten es. So konnte die Hexe nichts mehr machen, und sie rief ihre Arme und Beine in den Wald zurück. Die Frau mit ihren zwei Töchtern zog bald darauf fort.

## 55 DIE HEXE MIT DEM PFERDEKOPF

In einem Dorf lebte eine Bäuerin, dieser geriet alles. Im Stall mehrte sich das Vieh, und ihre Äcker trugen reiche Frucht. Einst begegnete ihr eine Nachbarin, die sagte zu ihr: »Komm doch einmal zum Rokken zu mir.«
Die Bäuerin war einverstanden und ging eines Abends auf den Nachbarhof. Und weil ihr einiges so seltsam vorkam, schaute sie durch das Schlüsselloch, bevor sie in das Haus der Nachbarin hineinging. Da sah sie die Nachbarin gerade beim Spinnrocken sitzen. Aber statt ei-

nes Menschenkopfes hatte sie einen Pferdekopf auf dem Körper. Als sie dies gesehen hatte, lief sie schnell vom Hof der Nachbarin nach Hause.
Als nun die Nachbarin einmal vorbeikam und sie wiederum zum Rocken einlud, sagte sie: »War schon dort! Ich sah Euch durch das Schlüsselloch mit einem Pferdekopf beim Rocken sitzen. Da ging ich schnell fort.« »Da hast du zu viel gesehen!« schrie die Nachbarin und biß ihr den Kopf ab. Jetzt nahm sie den Kopf bei den Haaren, hielt ihn hoch und sagte mit furchterregender Stimme: »Hättest du nicht durch das Schlüsselloch geschaut, würdest du jetzt noch leben.«

## Ein Kindermärchen

## 56  HUND UND KATZE IM WALDHAUS

Es war einmal ein Schneider, dem starb die Frau, und nun war er mit seinem fünfjährigen Mädchen allein. Dies ging aber nicht lange, er mußte sich wieder eine Frau suchen, die ihm den Haushalt führen und das Kind versorgen sollte. Er fand auch bald eine neue Frau, jedoch das Kind war ihr zuviel. Sie sinnierte, wie sie es loswerden könnte und dachte sich einen schlimmen Plan aus.

Eines Tages war der Hausvater fortgefahren, da schickte die Stiefmutter das Kind zu ihrer Schwester, die in einem anderen Dorf wohnte. Sie gab dem Kind ein Stück Brot auf den Weg mit, und folgsam ging das Kind fort.

Es dauerte nicht lange, da kam das Kind zu einem Wald, durch den es gehn mußte, wenn es zur Schwester der Stiefmutter kommen wollte. So wanderte das Mädchen immer weiter, jedoch der Wald wollte kein Ende nehmen. Es wurde schon dunkel, und das Kind bekam Angst. Es wurde nun auch sehr müde und setzte sich nieder. Als es vor Müdigkeit beinahe schon eingeschlafen war, da miaute ein Kätzchen neben ihr. Sie wollte es auf den Arm nehmen, aber es ließ sich nicht fangen, sondern lief ein Stückchen vor, schaute, ob das Mädchen nachkommen würde. Und als das Kind dem Kätzchen nachging, da lief das Kätzchen immer schneller, bis beide an ein Häuschen kamen, da bellte ein Hund.

Das Kind fürchtete sich vor dem Hund. Als es jedoch zur Tür kam, da hörte er zu bellen auf und wedelte freundlich mit dem Schwanz. Das Kind klopfte an die Tür, aber niemand rührte sich. Da ging es in die Stube, entfachte ein Feuer im Ofen und holte sein Brot hervor und teilte es mit den Tieren. Der Hund und die Katze ließen es sich gut schmecken. Dann legten sich alle drei beim warmen Ofen schlafen.

Früh am Morgen polterte es an die Tür. Das Kind wachte erschreckt auf und fragte die Tiere: »Hunderl und Katzerl, soll i afmochn oder niet? Hobts mit mir gessen, kinnts a mit mir roudn!« Das Hündchen und das Kätzchen sind unter den Ofen gekrochen und haben mit dem Kopf geschüttelt, das Kind soll nicht aufmachen. Das Mädchen hat sich nicht gerührt, und draußen hat es fortgepoltert.

Das Kind hat mit den Tieren gesprochen und nachgedacht, aber die haben ihm auch nicht sagen können, was das alles bedeutet. Inzwischen war es Tag geworden. Das Mädchen ist aufgestanden und hat geschaut, ob es nicht etwas zu essen findet, denn es hatte schon großen Hunger gehabt. Richtig, bald hat das Mädchen ein Brot gefunden, und das hat es mit der Katze und dem Hund geteilt.
Und wie sie alle so essen, da klopft es wieder an der Haustür. Das Mädchen hat wieder die Tiere gefragt: »Hunderl und Katzerl, soll i afmochn oder niet? Houbts mit mir gessen, kinnts a mit mir roudn!« Da haben die zwei mit dem Kopf genampt (genickt), als wenn sie ja sagen wollten. Schließlich hat sie die Tür geöffnet, da ist draußen ein feiner Herr gestanden. Der sagte, daß er sich verirrt habe, und daß er schließlich an das Häuschen gekommen sei. Dann fragte er nach der Mutter des Mädchens. So erzählte das Mädchen seine Geschichte, und der Herr hörte aufmerksam zu. Dann sagte er: »Ich glaube, daheim bist du nicht gern gesehen. Weißt du was? Komm mit mir, meine liebe Frau hätte sicherlich eine große Freude, wenn sie wieder ein kleines Mädchen hätte, denn unser Kind ist mit fünf Jahren gestorben, und jetzt ist sie immer so traurig.« Dem Mädchen ging der Tod des Kindes nahe, und es sagte: »Lieber Herr, ich würde gern mit Euch gehen und auch fleißig sein, aber ich darf diese beiden Tiere nicht im Stich lassen, sie verhungern sonst in dieser Wildnis. Was soll denn aus ihnen werden?« Da antwortete der Fremde: »Wenn es weiter nichts ist, da nimmst du deine Tiere halt mit dir mit!«
Da hatte das Mädchen eine große Freude. Es tanzte wie narrisch vor Freude in der Stube umher und sang: »Hunderl und Katzerl, kummts, mir genga furt von hier, dirts sollts goud hobn mit mir!« Aber wie erschrocken war sie! – Das Hündchen und das Kätzchen waren verschwunden. Dafür standen ein wunderschönes Mädchen und ein stattlicher Junge in der Kammer. Die umhalsten das Mädchen und sagten: »Dir verdanken wir unser Leben und unsere Erlösung. Du hast uns erlöst, weil du so gut zu uns Tieren warst und alles mit uns geteilt hast. Eine böse Hexe hat uns in diese Tiere verwandelt, aber jetzt hat sie keine Macht mehr über uns, weil ein gutes Kind gekommen ist und sein letztes Stück Brot mit uns geteilt hat.« Und der Fremde nahm das Mädchen auf den Arm und ging mit den beiden anderen Kindern aus dem Wald. Er ruhte nicht eher, bis er die Eltern der beiden Geschwister gefunden hatte.

# Zaubermärchen

## 57 DIE SCHÖNSTE BRAUT

Vor vielen Jahren lebte ein Vater, der hatte drei Söhne. Mit den zwei älteren war er recht zufrieden, denn sie waren tätig und halfen bei jeder Arbeit mit, so gut sie nur konnten. Aber der jüngste, der Hans hieß, war zu nichts zu brauchen. Den ganzen lieben Tag steckte er hinter dem Ofen. Niemand konnte ihn leiden, obwohl er keinem was zuleide tat. Alle hielten ihn für dumm. Er war vielleicht gar nicht so dumm, aber alles, was er angriff, war den Brüdern zu schlecht, und so machte er halt gar nichts.

Als der Vater alt wurde, wollte er seine Wirtschaft unter die Söhne teilen. Da war aber keinem was recht. Der wollte das, der andere jenes, der dritte jammerte und sagte, daß er dem Vater auf seine ganze Wirtschaft pfeife. »Wenn das so ist«, erklärte der Vater, »dann wollen wir die Sache anders anpacken. Wer mir die schönste und reichste Braut bringt, bekommt die ganze Wirtschaft, die andern Dickschädel aber kriegen gar nichts und damit basta!«

Als das der Hans hinter dem Ofen hörte, kroch er hervor, wusch sich sein schmutziges Gesicht und schnürte sein Bündel. Darüber lachten die anderen Brüder und meinten: »Du dummer, einfältiger Nesthokker, was fällt dir denn ein? Du willst auf Brautschau gehen? Bleib lieber daheim liegen und schlag die Schwaben hinter dem Ofen tot, damit sie deinen Faulpelz nicht auffressen!« Hans ließ sich jedoch nicht abschrecken, er wanderte mutig fort. In seinem Bündel hatte er ein Stück Schwarzbrot und Ziegenkäse, aber auch sein Sonntagsgewand. Auf dem Wege kam er in einen großen Wald, in dem allerlei schöne Blumen und Kräuter waren. Er setzte sich bei einer Quelle nieder und begann zu essen. Da stand plötzlich ein kleines Männlein mit einem langen grauen Rock und mit einem grünen Käppchen vor ihm und bat, mitessen zu dürfen. »Setz dich nur her«, sagte der gutmütige Hans, »wenn dir das Essen nicht zu schlecht ist!« Nach dem Essen fragte das graue Männlein Hans nach dem Ziel seiner Wanderung und erfuhr, daß er ausgezogen sei, um die schönste und reichste Braut heimzubringen. Da nahm das Männlein einen Kamm aus der Tasche und kämmte dem Hans die Haare, die dabei zu wunderschönen Lok-

ken wurden. Dann hieß es ihn sein Sonntagsgewand anziehen, und Hans war jetzt ein ganz hübscher Junge. Schließlich zeigte ihm das dankbare Männlein noch den Weg, den er gehen sollte, um sein Glück zu finden.
Auf diesem Weg wanderte Hans weiter, bis der Abend anbrach. Auf einmal hörte er einen lieblichen Gesang; er ging schneller und sah einen schönen Garten, dessen Tür angelweit offen stand. Er überlegte nicht lange und ging schnurstracks hinein. Aber wie staunte er, als er in einer Laube des Gartens ein wunderschönes Mädchen sah. Er näherte sich der Laube und guckte durch eine kleine Öffnung zwischen den Blättern hinein. Die Jungfrau jedoch hatte das Geräusch gehört. Sie hörte zu singen auf und sah nach, wer da sei. Als sie den schmukken Jungen erblickte, erschrak sie wohl sehr. Aber Hans ging auf sie zu und erzählte ihr, wie er hierhergekommen war. Bald eröffnete er ihr auch, daß sie ihm recht gut gefalle, und fragte, ob sie nicht seine Braut sein wolle. Über dem Reden wurden sie miteinander vertraut und plauschten noch lange fort.
Nach einer Weile kam die Mutter der Jungfrau, eine gar mächtige Fee, zur Gartenlaube. Als sie den fremden Burschen bei ihrer Tochter sah, war sie zuerst zornig. Der hübsche und aufrichtige Junge gefiel ihr jedoch, und sie willigte schließlich ein, daß er ihre Tochter heirate. Frischweg wurde Hochzeit gemacht. Die ganze Freundschaft wurde eingeladen, auch der Tod und die Todin waren zugegen. Da ließ sich Hans das Essen recht schmecken. So gute Wuchteln, wie er sie hier bekam, hatte selbst seine selige Mutter nicht backen können.
Dem jungen Ehepaare vergingen die ersten Tage und Wochen in ungetrübtem Glücke. Die junge Frau pflegte sich alle acht Tage in einer dunklen Kammer zu verschließen. Weshalb dies geschah, konnte Hans nicht erfahren. Der Neugierteufel plagte ihn so sehr, daß er seine Frau deswegen fortwährend bestürmte und aufforderte, sie möge ihm das Geheimnis enthüllen. Doch sie sagte ihm nichts und meinte, es würde ihre Glückseligkeit ein trauriges Ende haben, wenn er die Wahrheit erführe.
Hans ließ aber die Neugier keine Ruhe. Als sich seine junge Frau wieder einmal einschloß, schlich er zur Tür hin und schaute zum Schlüsselloch hinein. Aber was mußte er sehen! Sein Weib war vom Schenkel bis zu den Zehen mit Haaren bewachsen und hatte statt der Beine dürre Bocksfüße. Eiskalt lief es ihm über den Rücken, als er sah, daß

er ein solches Ungeheuer zur Frau habe. Doch tröstete er sich wieder bei dem Gedanken, daß dies nicht von langer Dauer sei und daß sie bei der Rückkehr wieder so schön wie früher sein werde. Aber diesmal wartete er umsonst. Sie verließ nicht zur gewohnten Stunde die Kammer. Und als er an der Tür horchte, hörte er sie jammern und schluchzen, daß es wohl einen Stein hätte erweichen können. Er konnte sich nicht länger halten und riß die Tür auf. »Ja, komm nur jetzt zu mir«, sprach sie zu ihm unter bitterem Weinen, »und schau, was du gemacht hast. Ich muß nun in dieser Gestalt verbleiben und mit unserem Glücke ist es aus, rein aus. Und das alles nur deshalb, weil du mich in dieser Gestalt gesehen hast. Jetzt mußt du fort von hier, und nur durch wahre Liebe und Treue kannst du deinen Fehler wieder gutmachen.« Verzweifelt wollte Hans seine Frau umarmen. Doch als er die Hände nach ihr ausstreckte, fühlte er sich zurückgestoßen und stürzte zu Boden.

Nach einer Weile blickte er auf. Alles war verschwunden, Schloß, Garten und Laube. Nun fing Hans an zu jammern und zu klagen. »Da hilft das Weinen nicht«, hörte er plötzlich eine Stimme und sah das graue Männlein vor sich stehen. Das sprach weiter: »Durch deine Neugier hast du dir eine schöne Geschichte auf den Hals gebunden. Aber ich will dir aus der Not helfen, nur wird es hübsch lange dauern. Du mußt vor allem trachten, den jetzigen Aufenthaltsort deiner Frau zu finden, und mußt durch Ausdauer in deinem Vorhaben deinen Fehler wieder gutmachen. Ich selbst darf dir den Weg zum Schlosse deines Weibes nicht zeigen, aber suche die Sonne auf, die kann dir vielleicht etwas darüber sagen.« Nach diesen Worten verschwand das Männlein, Hans war nun wieder froh und getröstet.

Er wanderte durch die weite Welt, bald dahin, bald dorthin, aber die Sonne konnte er nicht finden. So war er schon ein Jahr gewandert, ohne zu seinem Ziele zu gelangen. Eines Tages sprach er zu sich selbst: »Ei, Hans, das graue Männlein wird dich wohl zum Narren haben, die Sonne findest du wohl nimmermehr!« Wie er so redete, ward ihm auf einmal immer wärmer und wärmer, es flimmerte und blitzte durch den Wald, durch den er gerade ging, und je weiter er kam, desto heller und heißer wurde es. »Das kann wohl die Sonne sein«, dachte er. Und richtig, sie war es. In einem durchsichtigen Häuschen von reinstem Glase saß die Mutter Sonne und drehte ein Rädchen, mit dem sie die schönsten Goldfäden spann. Ihr Kopf glitzerte und brannte lichterloh, wie das größte Ofenfeuer, und sie tat doch nichts dergleichen. Sie hatte einen purpurroten seidenen Rock, der gegen unten immer dunkler wurde, und an den Füßen kohlschwarze Schuhe.

Hans hätte die Sonne gern gefragt, aber er konnte nicht hingehen, denn es war dort unerträglich heiß. Er stellte sich, so nahe er konnte, hinter einen Strauch und schrie zur Sonne hinüber, ob sie ihm nicht sagen könne, wo das Schloß seiner Frau sei und welcher Weg hinführe. Und er erzählte, wie es dort einen gar schönen Garten mit einer Laube gebe, wie dort auf den Bäumen silberne Blüten und goldene Äpfel wüchsen und daß das Dach des mitten in einem Walde gelegenen Schlosses aus purem Golde sei. Da sprach die gütige Sonne zu ihm: »Lege dich nur unter einen Baum schlafen, derweil werde ich überall hinscheinen und dir dann sagen, wo du hinzugehen hast.« Und gleich fing sie an zu sprühen und zu flammern, wie wenn man frisches Holz in einen Ofen wirft. Sie leuchtete in jeden Winkel, aber nirgends konnte sie das Schloß mit dem goldenen Dache entdecken. Als sie dies Hans mitteilte, war er sehr traurig und verzweifelte schier. »Laß nur den Mut nicht sinken!« sagte die Sonne, »Ich scheine nur bei Tag, mein Vetter, der Mond, scheint bei Nacht; vielleicht weiß es der. Geh nur auf dem Wege rechts immer fort, und du wirst schon hinkommen!«

Manche Woche verging und mancherlei Mühsal mußte Hans erdulden, bevor er zum Mond kam. Eines Abends bemerkte er ein weißes Silberlicht in der Ferne. Als er sich dem Licht näherte, sah er ein Glashäuschen, worin ein alter Mann saß. Der hatte silberweiße Haare und einen langen Bart von gleicher Farbe, einen grauen Rock mit silbernen Knöpfen und graue Schuhe mit silbernen Schnallen. In der kleinen Stube war eine Menge von silbernen Fliegen, die schöner als Johanniswürmchen leuchteten und dann und wann in die Luft hinausflatterten und flimmerten. Aber kalt war es, so kalt, daß Hans am ganzen Leibe klapperte wie eine leere Mühle. Als ihn der Graubart erblickte, war er verwundert und fragte nach seinem Begehren. Hans erzählte seine Geschichte und bat um Hilfe. Der freundliche Mond sprach: »Gern will ich dir helfen. Lege dich schlafen, ich will unterdessen nachsehen!« Nun flogen die silbernen Fliegen in alle Welt hinaus, und der Mond ließ überall sein Licht leuchten. Aber auch er konnte das Schloß mit dem goldenen Dache nicht entdecken. Als er

das dem armen Hans mitteilte, fing dieser bitterlich zu weinen an. »Sei nur still!« sagte der Mond, »ich will dir einen Rat geben. Geh zu meinem Gevatter, dem Winde, richte ihm einen Gruß aus und erzähle ihm deinen Kummer! Er pfeift durch alle Löcher, so wird er wohl auch schon bei jenem Schlosse geblasen haben. Geh nur immerzu dorthin, woher der Wind bläst, du wirst ihn schon antreffen!«
So mußte Hans abermals fortwandern. Er ging immer dem Winde entgegen, aber er brauchte viele Tage, bis er zur Behausung des Windes kam. Dies war ein Berg, welcher vier große Löcher hatte, eines oben, eines unten, eines rechts und eines links. Inwendig war der Wind, der bald aus diesem, bald aus jenem Loch blies. Hans wollte bei dem unteren Loche hineingehen, da blies der Wind gerade heraus und schleuderte ihn weit weg. Auf sein Geschrei guckte der Wind bei dem Loch heraus und fragte, was er denn da zu suchen habe. Hans richtete den Gruß vom Monde aus, worauf der Wind freundlicher wurde und ihn einlud, in die Stube zu kommen, damit er dort sein Anliegen vorbringe. Sie gingen miteinander durch einen finsteren Gang und kamen in eine Stube, in der ein Öllämpchen brannte. Jetzt konnte Hans den Herrn Gevatter erst näher betrachten. Er hatte ein grünes Mäntelchen, das ihm bis an die Fersen reichte und ein ebensolches Käppchen. Statt des Bauches hatte er einen Blasbalg, mit dem er bald bei diesem, bald bei jenem Loche herausblies. Hans erzählte dem Winde alles und bat ihn, er möchte sich doch seiner annehmen und ihm bald wieder zu seiner Frau verhelfen.
»Wenn sie wirklich auf der Welt ist«, sagte der Wind, »so werde ich sie schon zu finden wissen. Ich brauche nur meine Gesellen zu rufen, die blasen in allen Weltgegenden. Einer von ihnen wird sie doch schon gesehen haben.« Er pfiff nun zu einem Loche hinaus, daß dem Hans die Ohren gellten. Bald kam ein ganzer Schwarm von Kerlen in die Stube, aber keiner wollte was von einem goldgedeckten Schlosse wissen. Da sprach der Wind: »Jetzt habe ich nur noch einen einzigen buckligen Gesellen auf der Wanderschaft. Wenn es der nicht weiß, so kann ich dir nicht helfen.« Und noch einmal pfiff er bei allen Löchern hinaus. Nach einer Weile kam der Bucklige in die Stube. Der Meister fragte ihn, ob er ein mit Gold gedecktes und mit einem reizenden Garten umgebenes Schloß gesehen habe, in dem sich eine verzauberte Frau befinde. »Ich komme soeben daher«, berichtete der Bucklige, »und habe dort Wäsche getrocknet. Es war eine hübsche

Jungfrau im Garten, aber sie hatte greuliche Bocksfüße.« Da sprang Hans vor Freude in die Höhe und bat den Wind, er möge ihn durch seinen Gesellen hinführen lassen, damit er doch bald zu seiner Frau komme. Das geschah denn auch.

Der Geselle nahm Hans auf seinen breiten Buckel und ließ sich von seinem Meister fortblasen. Zwei Tage lang sausten sie durch die Lüfte, und erst am Abend des zweiten Tages ließen sie sich auf die Erde nieder. Hans erkannte gleich, daß er am richtigen Orte war. Er wollte sich bei dem Buckligen bedanken, aber der war verschwunden. Dafür stand seine junge Frau mit Tränen in den Augen vor ihm. Sie war wieder ganz so wie andere Menschen gewachsen und hatte keine Bocksfüße mehr. Liebevoll umarmte sie ihn und sprach: »Was du durch deine Neugierde verdorben hast, das hast du durch deine Liebe und Ausdauer wieder gutgemacht. Wir sind nun glücklich und werden wieder froh und selig leben.«

Nachdem sie einige schöne Tage in dem herrlichen Schlosse verbracht hatten, erinnerte sich Hans seines Vaters und seiner Brüder und des Grundes, warum er das Vaterhaus verlassen hatte. Er bat seine Frau, daß sie mit ihm seinen Vater besuchen möge, worein sie gerne willigte. Beide zogen ihre prächtigsten Kleider an. Die Mutter der jungen Frau versprach, einen prunkvollen und schnellen Wagen herbeizuschaffen. In wenigen Augenblicken kam auch einer durch die Luft geflogen. Er war ganz aus Gold und mit sechs milchweißen Schimmeln bespannt. Nachdem sie von der Mutter Abschied genommen hatten, fuhren sie im Galopp davon. Es dauerte nicht lange, bis sie in der Heimat Hansens waren. Da ließen sie den Wagen vor dem Hause seines Vaters halten. Die Leute schauten alle zu den Fenstern heraus und gafften sie an. Daß das der dumme Hans von ehedem sei, fiel niemanden ein. Auch der Vater und die Brüder schauten heraus und erschraken nicht wenig, als der schöne Wagen bei ihrem Hause hielt und sie Hans erkannten. Der alte Vater traute sich kaum, Hans anzureden. Dieser aber umarmte den Vater herzlich und zeigte ihm dann seine liebe Frau.

Jetzt hatte der dümmste Sohn wirklich die schönste und reichste Braut heimgebracht und sollte nun die ganze Wirtschaft bekommen. So glaubten die Brüder, die mittlerweile geheiratet hatten. Hans aber sagte: »Ihr habt zwar übel an mir gehandelt und mich beschimpft und verhöhnt, aber ich verzeihe es euch. Die Wirtschaft schenke ich euch ganz und gar, denn ich habe genug und bedarf dessen nicht.« Darüber freuten sich die Brüder und dankten ihm. Dann brachte Hansens Frau aus dem Prunkwagen schöne Kleider und allerlei Edelsteine und schenkte sie ihren Schwägerinnen. Seinen alten Vater nahm Hans mit, als er wieder wegfuhr. So hatte er sein Glück gefunden, und auch Vater und Brüder konnten mit ihrem Schicksal zufrieden sein.

>Aus ist das Liedel, aus ist der Tanz;
>Mädel, bring Blumen, wind mir 'nen Kranz!

## 58 HERR KLUCK

Einmal wanderten zwei Brüder durch die weite Welt. Sie kamen eines Tages hungrig und müde vor ein Schloß, das ganz verlassen dastand. Keiner der Brüder getraute sich, das unheimliche Schloß zu betreten. Endlich aber faßte der ältere Bruder, der Hans hieß, Mut und ging hinein. Nirgends war ein menschliches Wesen zu erblicken. Daher holte er seinen Bruder, und beide gingen im ganzen Schlosse umher und besahen sich alles. Zuletzt kamen sie in einen großen Saal, in dessen Mitte ein Tisch stand. In einer Ecke des Saales befand sich ein Kasten, dessen Lade offen war. Darin lagen allerlei Papiere.
Hans durchsuchte die Schriften und fand ein Blatt Papier, auf welchem die zwei Worte »Herr Kluck« geschrieben standen. Hans las sie laut. Sobald er diesen Namen ausgesprochen hatte, erschien ein schwarzgekleidetes Männchen und fragte: »Was ist dein Begehren?« Die zwei Brüder waren erschrocken und wollten zur Tür hinaus, aber das Männchen sagte: »Verlangt nur, was ihr wollt! Ich werde euch alles besorgen.« Da wünschten sie sich ein gutes Essen und Trinken. Und gleich standen die besten Speisen und Getränke auf dem Tische, und sie ließen es sich wohl schmecken.
Hernach wanderten sie weiter. Sie gingen querfeldein und kamen dabei auch über einen Acker, den eben ein Landmann bebaute. Weil sie rücksichtslos über die frischgestreute Saat schritten, eilte ihnen der erzürnte Bauer nach und prügelte sie so durch, daß sie ganz ermattet unter einem Baume niedersanken. Wie sie so dalagen, griff Hans in seine Tasche und zog ein Blatt Papier heraus. Es war dasselbe Blatt, auf welchem die Worte »Herr Kluck« geschrieben waren. Hans hatte

es im Schlosse, als plötzlich das schwarze Männchen erschien, in die Tasche gesteckt. Nun war er sich über die Bedeutung der geheimnisvollen Worte klar. Er las den Namen und gleich stand das schwarze Männchen vor ihm und fragte: »Was ist dein Begehren?« »Zunächst«, sagte Hans, »prügle einmal den Bauer dort, der uns so erbärmlich geschlagen hat, ordentlich durch!« Als dies das Männchen besorgt hatte, verlangte der jüngere Bruder von ihm einen Beutel voll Gold. Und als er ihn erhalten hatte, nahm er von Hans Abschied und reiste in die Heimat zurück.

Hans aber wanderte weiter und kam in eine große Stadt, welche von fremden Rittern wimmelte, so daß alle Gasthöfe und Herbergen besetzt waren. Nach vielem Suchen fand Hans endlich ein kleines Bodenzimmer in einem Gasthaus. Er fragte den Wirt, warum sich so viele Fremde in der Stadt aufhielten, und bekam die Auskunft, daß der alte König demjenigen seine Tochter zur Frau gebe, welcher ihm drei Aufgaben lösen könne, und zwar müsse er erstens einen goldenen Fingerring, der an einem Faden befestigt sei, im Vorüberreiten mit der Lanze auffangen, zweitens einen goldenen Apfel im Vorüberreiten mit der Lanze aufspießen und drittens einen Sklaven des Königs besiegen, welcher als der stärkste Mann im ganzen Lande bekannt sei, den noch keiner besiegt habe.

Hans beschloß, an diesem Wettkampf um die Hand der Königstochter teilzunehmen. Er rief das schwarze Männchen zu sich und fragte es um Rat. Herr Kluck versprach, ihm am nächsten Tage einen Rappen samt Rüstung an einen bestimmten Ort in den Wald zu bringen. Nach dem Kampfe sollte Hans alles wieder an dieselbe Stelle zurückbringen. Als er am andern Tage in den Wald kam, war schon alles in Bereitschaft. Hans legte die Rüstung an, setzte sich auf das Pferd und ritt dem Turnierplatze zu. Dort machten ihm alle fremden Ritter ehrerbietig Platz, denn er hatte das schönste Pferd und die schönste Rüstung. Hans wartete bis zum Schluß. Und erst als alle Ritter vergebens versucht hatten, den Ring mit der Lanze aufzufangen, sprengte er mit seinem feurigen Rosse auf das Ziel los und fing beim ersten Stoße den Ring auf. Die Anwesenden erhoben ein Jubelgeschrei und führten ihn vor die Königstochter, welche ihm den Ring an den Finger steckte. Dann ritten sie der Stadt zu. Als sie schon beim Stadttore angekommen waren, lenkte Hans sein Pferd seitwärts und ritt davon. Im Walde übergab er dem Männchen die Rüstung und das Pferd und befahl ihm, am folgenden Tage ein anderes Pferd und eine andere Rüstung zu bringen.

Als Hans am nächsten Morgen in den Wald kam, wartete bereits das Männchen mit einem braunen Pferd und einer silbernen Rüstung. Wie er auf den Turnierplatz ritt, wichen alle dem glänzenden Ritter ehrfurchtsvoll aus. Auch diesmal siegte er und spießte den goldenen Apfel im Vorüberreiten mit der Lanze auf. Dann ritt er wieder eiligst davon. Es wurden ihm zwar Reiter nachgeschickt, die ihn aber nicht mehr einholen konnten. Im Walde befahl er dem Männchen, am nächsten Tag ein noch schöneres Pferd und eine noch prächtigere Rüstung bereitzuhalten.

Und wirklich brachte ihn an diesem Tage Herr Kluck einen herrlichen Schimmel und eine goldene Rüstung. Damit erregte Hans auf dem Turnierplatze das größte Aufsehen. Mit Leichtigkeit besiegte er den starken Sklaven des Königs und ritt wieder davon. Diesmal aber stieß ihm einer der Reiter, die ihm nachjagten, die Lanze in die Ferse. Der König hatte nämlich befohlen, den unbekannten Ritter, der jeden Tag spurlos verschwand, lebend oder tot zu bringen. Hans erreichte jedoch den Wald und übergab dem Männlein Pferd und Rüstung. In der Herberge verband er sich die Wunde. Auf die Frage des Wirtes, was er am Fuße habe, antwortete er, es habe ihn der Schuh gedrückt.

Als die Reiter ohne den Fremden zum König kamen, wurde dieser zornig. Er ließ Boten durch die ganze Stadt schicken, um den verwundeten Ritter aufzusuchen. Man hatte bereits die ganze Stadt durchsucht und nichts gefunden. Endlich kamen die Boten auch in das letzte Haus der Stadt, in die Herberge, in der sich Hans befand. Sie wollten schon umkehren, denn sie dachten, daß in dieser Hütte kein so vornehmer Ritter einkehren würde. Einer jedoch ging in das Haus hinein und fragte den Wirt, ob er niemanden beherberge. Dieser sagte, er habe niemanden bei sich, bloß auf dem Bodenzimmer sei ein armer Reisender. Da gingen die Boten in das Zimmer und fragten, als sie Hans mit dem eingebundenen Fuße sahen, was er am Fuße habe. Hans gebrauchte dieselbe Ausrede wie gegenüber dem Wirt. Aber sie glaubten ihm nicht, und er mußte die Wunde sehen lassen, obwohl er sich dagegen sträubte. Sie erkannten gleich, daß die Wunde von der Lanze herrühre und führten ihn vor den König.

Hans erhielt nun die Hand der Königstochter. Gleich am andern Tag wurde die Hochzeit gefeiert. Am Abend rief er das Männchen zu sich und fragte, ob er ihm nicht einen neuen Palast bauen könnte. Herr Kluck versprach, dies noch im Laufe der Nacht zu tun. Und wirklich stand am nächsten Morgen vor dem Schlosse des alten Königs ein großer Palast, wie noch niemand einen solchen gesehen hatte. Die Leute standen umher und bewunderten die Schönheit des Gebäudes. Immer mehr Menschen liefen zusammen, so daß der ganze Platz voll war. Durch den Lärm erwachte der alte König und blickte zum Fenster hinaus. Auch er war sehr erstaunt. Schnell ließ er den Schwiegersohn holen und fragte ihn, woher der Palast so plötzlich komme. »Ich habe ihn in der vergangenen Nacht erbauen lassen«, sagte Hans. Noch denselben Tag bezogen der junge König Hans und seine Gemahlin die neue Burg. Am Abend kam Herr Kluck und bat um das Zettelchen mit seinem Namen. Hans gab es ihm und dachte, jetzt bedürfe er dessen nicht mehr. Herr Kluck verschwand, und das junge Ehepaar begab sich zur Ruhe. Als es am andern Morgen erwachte, lag es auf offener Straße, von dem neuen Palast war nichts mehr zu sehen. Mit jenem Zettel hatte Hans seine Macht aus der Hand gegeben. Als die Leute das königliche Ehepaar auf offener Straße schlafend fanden, erhoben sie ein so lautes Gelächter, daß der alte König erwachte und aus dem Fenster auf die Straße hinabsah. Ergrimmt über das, was er sah, ließ er sogleich den jungen König binden und in den Wald schaffen, wo man ihn in einen Ameisenhaufen warf. Während der arme Hans so dalag und die Ameisen ihn zu peinigen begannen, hörte er das Knallen einer Peitsche, das immer näher kam. Endlich erblickte er drei große Wagen, welche mit zerrissenen Schuhen beladen waren. Neben dem ersten Wagen schritt Herr Kluck stolz einher. Hans rief ihm zu, er möchte ihn doch aus dem Ameisenhaufen befreien. Aber Herr Kluck schüttelte den Kopf und sprach: »Ich habe dir schon viel getan und dich immer bedient, jetzt hilf dir selbst! Sieh, diese Schuhe, womit drei Wagen beladen sind, habe ich alle deinetwegen zerrissen.« Hans aber ließ nicht ab zu bitten und sagte endlich: »So laß mich wenigstens einmal noch das Zettelchen küssen, bevor ich sterbe!« »Diesen Wunsch kann ich dir schon erfüllen«, erwiderte Herr Kluck und reichte ihm das Zettelchen zum Munde. Hans aber, anstatt es zu küssen, faßte es mit den Zähnen und rief: »Herr Kluck!« Und von demselben Augenblicke an war das Männchen wieder in seiner Gewalt und mußte nach seiner Pfeife tanzen.

Hans befahl ihm nun, ihn zu befreien und ihm neue Kleider zu bringen. Dann mußte Herr Kluck ein Heer sammeln, mit welchem Hans auf die Stadt losmarschierte, die er belagerte und erstürmte. Der alte König wurde gefangen und mußte seine Tochter wieder ihrem jungen Gemahl übergeben. Dieser ließ sich an der Stelle, wo der frühere Palast gestanden war, einen noch schöneren erbauen. Als er fertig war, rief Hans das Männchen zu sich und übergab ihm freiwillig sein Zettelchen, aber unter der Bedingung, ihn nie wieder in seinem Glücke zu stören. Herr Kluck, der niemand anderer war als der Teufel, versprach es. Von da an lebte Hans mit seiner Frau glücklich und zufrieden.

## 59 DAS MÄRCHEN VOM WILDEN MANN

Es war einmal ein König, der wohnte in einem schönen, stolzen Schloß, und bei seinem Schloß hatte er einen wunderschönen Garten, den ließ er täglich sorgfältig von vielen Gärtnern bearbeiten und pflegen. Keine Summe Geld war dem König zu hoch, die er für seinen Garten ausgab, wenn er nur eine seltene und kostbare Blume oder Pflanze dafür kaufen konnte.

Als er wieder einmal am Morgen in seinen Garten trat, um in ihm spazieren zu gehen, mußte er zu seiner Bestürzung und großem Schrecken sehen, daß der Garten während der Nachtzeit umgewühlt und verwüstet worden war. Wutentbrannt ließ er seine Gärtner holen und fuhr sie an: »So liederlich bewacht ihr meinen Garten, ihr elenden Gesellen! Ich werde euch hart bestrafen!« Die Gärtner beteuerten, daß sie alle Sorgfalt aufgewandt hatten, den Garten zu pflegen und zu bewachen, daß keiner von ihnen wüßte, wie und von wem der Garten verwüstet worden war. Aber der König glaubte ihnen nicht. Tagelang ließ er nach dem Täter forschen, aber alle seine Bemühungen waren vergebens.

Da öffnete der König seine Schatzkammer. Seinen Dienern und Gärtnern ließ er viel Gold und Silber überreichen. Dann gab er ihnen den Auftrag, in die umliegenden Länder zu reisen, um die schönsten Blumen und Pflanzen zu erwerben, die überall zu kaufen waren. Die reiche Belohnung bewirkte es, daß die Diener und Gärtner eifrig ans Werk gingen, überall nach den seltensten Blumen suchten und in größter Eile mit ihren Schätzen zurückkehrten. Nun wurde emsig gehackt und gegraben, und nach kurzer Zeit war der königliche Garten wieder hergestellt, er blühte herrlicher als zuvor. Der König, der in ihm lustwandelte, war entzückt und glücklich, daß die größte Freude seines Lebens so vollkommen war.

Dieser König hatte drei Söhne, die mehr bei dem Burggesinde als unter seiner Obhut aufgewachsen waren. Zu sehr hatte der König sich seinem Garten zugewandt, als daß er Zeit für die Erziehung der Söhne aufwenden konnte. Die Mutter war eine zarte Frau, die allzuviel Nachsicht bei den Fehlern ihrer Kinder zeigte. Trotzdem betraute der König seinen ältesten Sohn mit der Aufgabe, den Garten zu bewachen. Der Sohn zeigte sich eifrig, er ließ nachts viele Gärtner auf den Mauern des königlichen Gartens sitzen und schärfte ihnen ein, den Garten nicht aus den Augen zu lassen. Aber wer kann den Schrecken der Gärtner und des Prinzen beschreiben, als am folgenden Morgen der herrliche Garten wieder umgewühlt und zerstört war.

Der junge Prinz, seiner Unschuld sich bewußt, faßte sich dennoch und beschloß, selbst dem Vater das Geschehene zu melden. Der Zorn des alten Königs war fürchterlich. Mochte sein Sohn auch hoch und teuer versichern, daß er und die Wächter die ganze Nacht hindurch kein Auge zugetan hatten, auch keinen Feind wahrgenommen hätten, der Vater legte dennoch die ganze Schuld den Wächtern zur Last. Er ließ die Gärtner und das Hofgesinde scharf strafen und verstieß seinen Sohn. Er mußte sofort das Schloß verlassen.

Abermals gingen Boten in alle Gegenden, und durch die harte Arbeit der Gärtner stand der Garten bald wieder in voller Schönheit. Der König rief seinen zweitgeborenen Sohn und übergab den Garten seiner Obhut. Dieser folgte dem Beispiel seines Bruders, stellte die Gärtner und Diener an den Mauern des schönen Gartens auf, und sie wachten treu die ganze Nacht, ohne die geringste Bewegung im Garten zu bemerken. Als aber der Morgen anbrach und das Licht über den Garten sich verbreitete, sah man den Boden völlig durchgewühlt. Alle Blumen und Gewächse waren vernichtet. Der erzürnte König war nicht zu besänftigen. Er ließ die Gärtner und Diener streng bestrafen, seinen zweitgeborenen Sohn aber verstieß er, weil er nicht treu genug den Garten bewacht habe.

Wieder forschte man nach dem Feinde, der den Garten verwüstet hatte, doch umsonst: man fand keine Spur. Dreimal war der Garten verwüstet worden. Der Stolz des Königs war tief gebeugt, weil er sich an dem Untäter nicht rächen konnte. Er beschloß jedoch, allen Hindernissen zum Trotz, seinen Garten in neuer Schönheit herstellen zu lassen.

Wieder flogen die Boten nach allen Weltgegenden. Und als sie zurückkamen, wurden die Gärtner angewiesen, dem Garten und seiner Neugestaltung allen Fleiß und alle Mühe zuzuwenden, damit er schöner und prachtvoller würde, als er je sich den Blicken aller Bewunderer dargeboten hatte. Den angestrengtesten Bemühungen der Gärtner gelang es, die ihnen übertragenen Arbeiten in kurzer Zeit zur Zufriedenheit des Königs zu Ende zu führen.

Nun rief der König seinen jüngsten Sohn und empfahl den Garten seiner Fürsorge. Der junge König tat nicht das, was seine Brüder getan hatten. Er besetzte nicht die Gartenmauern mit Wächtern, sondern rief sie bei Sonnenuntergang in den Garten zusammen, ließ hier in der Mitte ein großes Feuer entzünden, dessen Licht den ganzen Garten beleuchten sollte. Die Wächter mußten sich im Kreis um das Feuer stellen und auf die leiseste Bewegung im Garten achten.

Es nahte die Mitternachtsstunde. Da bewegten sich alle Blumenbeete, als wären es Wasserwellen, die vom Sturm aufgefurcht werden. An vielen Stellen flog die Gartenerde mit Blumen und Gewächsen, von unsichtbaren Händen geschleudert, in die Luft. Schrecken bemächtigte sich der Wächter, als sie dies alles sahen. Nachdem sie eine gewisse Lähmung überwunden hatten, ermannten sie sich und eilten zu der Stelle, an welcher die Verwüstung begonnen hatte. Da sahen sie einen mit Moos bewachsenen Mann von Riesengröße, der den Boden unterwühlte und in die Luft schleuderte. Bei solchem Anblick erschraken die Wächter abermals. Bald aber sammelten sie sich, drangen von allen Seiten gleichzeitig auf den wilden Mann ein, warfen ihn nach einem heftigen Kampf zu Boden und schleppten das Ungeheuer zum Wachtfeuer.

Kaum graute der Morgen, so eilte der alte König auf den Balkon um nachzusehen, ob sein Garten erhalten geblieben war. Wie erschrak er aber, als er, so weit seine Blicke reichten, den Garten verwühlt und keinen Wächter an den Gartenmauern sah.

Eilig begab sich der König in den Garten. Dann sah er den gefesselten wilden Mann am Feuer liegen. Seine Verwunderung ging in lauteste Freude über, als man ihm sagte, daß dies sein Feind, der Zerstörer seines Gartens sei. Er lobte den Sohn laut wegen seiner Wachsamkeit, beschenkte die Wächter königlich und befahl, den wilden Mann in die Burg zu führen, wo er in einen wohlverwahrten Turm gesperrt wurde.

Das Gerücht von der Gefangennahme des wilden Mannes verbreitete sich mit Windeseile, und viele Bewohner des Landes strömten herbei, um das Ungeheuer in Augenschein zu nehmen. Dies versetzte den König in heitere Laune. Er sandte Boten zu allen Edelleuten, um sie zu einem Gastmahl zu laden, bei welchem der wilde Mann zur Schau gestellt werden sollte. Die Geladenen folgten dem an sie ergangenen Ruf sehr gern, denn alle waren begierig, das Ungeheuer zu sehen.

Während des Gastmahles ritt der junge Prinz an den Turm, worin sein Gefangener verwahrt war. Hochmütig lächelnd blickte er auf den Gefangenen und nahm endlich seinen Bogen und hölzerne Pfeile, um zum Zeitvertreib nach diesem zu schießen. Mancher Pfeil prallte von dem Eisengitter ab und fiel zur Erde, die meisten aber trafen den wilden Mann und blieben in dem Moose, mit dem er bedeckt war, stekken.

Als er auf diese Art alle Pfeile verschossen hatte, befahl er dem Gegangenen mit herrischer Stimme, daß er sie abwerfe und zurückgebe. Aber dieser achtete nicht auf den Befehl, sondern blickte gleichgültig in den Schloßhof hinab. Nun versuchte der junge Herr es mit Bitten, um zu seinem Ziel zu gelangen. Auch Bitten wollten nichts fruchten; der wilde Mann stand ungerührt am Fenster und achtete nicht auf die Worte des Jünglings.

»Gib mir meine Pfeile zurück, und ich will dir Brot und Honig bringen«, sagte der junge Fürst weinend zum wilden Manne. Als auch dies nicht die gewünschte Wirkung brachte, fragte er: »So sprich doch, was du für die Pfeile verlangst.«

»Öffne mein Gefängnis!« antwortete der wilde Mann, und seine Stimme klang wie das Rollen eines entfernten Donners. »Wie kann ich deinen Wunsch erfüllen, wenn ich die Schlüssel nicht habe?« klagte der Jüngling. »Deine Mutter trägt den Schlüssel zum Gefängnisturm am Leibgurt. Gehe hin und schmeichle mit ihr, dann wird sich ein Gelegenheit finden.« Bei diesen Worten vergaß der Junge die traurigen Folgen seines Vorhabens, und eilte in den Speisesaal, wo seine Mutter sich befand.

Der jüngste Sohn war der Liebling der Mutter, und darum empfing sie ihn sehr freundlich, als er zu ihr kam und sich zärtlich an sie schmiegte. Dabei ließ er natürlich den Schlüssel nicht außer Acht. Er konnte ihn nehmen, weil die Königin nichts Böses ahnte. Kaum hielt er ihn fest in der Hand, eilte er zum Gefängnis und öffnete die Tür, aus welcher der wilde Mann sogleich heraustrat. Er reichte ihm eine Pfeife und sprach: »Benutze die Pfeife, wenn du in der größten Not bist. Ich werde dir helfen.« Darauf verschwand er. Mit beklommenem Herzen schlich der Prinz unbemerkt in das Schloß zurück und steckte den Schlüssel wieder heimlich der Mutter zu. Mittlerweile hatten die Gäste viel von dem wilden Mann gesprochen. Und als das Gastmahl beendet war, ging die gesamte Gästeschar zum Turm, wo der Gefangene in Ketten lag. Hier sollte der Gefangene in den Hofraum zur Schau geführt werden. Als aber die Diener in das Gefängnis traten, fanden sie es leer. Man suchte ihn im ganzen Schlosse und in der Umgebung, aber von dem wilden Mann fand sich keine Spur. Die Gäste verspotteten den König und reisten ärgerlich fort. Der zornige König aber schwur dem den Tod, der den Gefangenen befreit hätte.

Der junge König zitterte vor dem Grimm seines Vaters. In seiner Herzensangst ging er zur Mutter und gestand ihr alles. Diese erschrak heftig. Um ihn dem Zorn des Königs zu entziehen, gab sie ihm Geld, führte ihn insgeheim aus der Burg und schickte ihn in die weite Welt mit der Mahnung, ja nicht früher zurückzukehren, als bis sich der Zorn des Königs gelegt hätte.

Traurig wanderte der junge König aus seinem Vaterhause. Nach einiger Zeit kam er zu einem hohen Berge, von welchem er das väterliche Schloß übersehen konnte, dann führte ihn der Weg in fremde Länder, in denen er lange umherirrte. Bald war das Geld, das ihm seine Mutter gegeben hatte, aufgezehrt. Nun litt er Hunger und Durst, denn er hatte nicht gelernt zu arbeiten. Wenn er unterwegs um eine milde Gabe bat, wies man ihn spöttisch ab und zeigte auf seine kostbare Kleidung. So kam der junge König auf den Gedanken, seine Kleidung in einen einfachen Bauernanzug zu tauschen. Bald hatte er einen jungen Hirten bei seiner Herde entdeckt, der ungefähr seine Gestalt besaß. Der Hirte war mit Freuden zu dem Tausch bereit, und schnell wurde die Kleidung gewechselt. Jetzt wurde der bettelnde Prinz nicht mehr höhnisch abgewiesen, wenn er um eine milde Gabe bat.

Eines Tages kam er zur Abendzeit zu einem Jäger, den er um ein Nachtlager ansprach. Dieser nahm ihn auf und bot ihm auch ein

Nachtmahl an. Nach dem Nachtessen fragte der Jäger den müden Wanderer, ob er in einen Dienst treten wolle. Der Prinz antwortete: »Oh ja, mit Freuden, wenn ich nur einen Dienst finden würde.« Da sprach der Jäger: »Nun gut, ich nehme dich in meinen Dienst. Deine Aufgabe wird es sein, meine Hirsche zu hüten. Und weil du morgen in aller Herrgottsfrühe aufstehen mußt, werde ich dir jetzt deine Schlafstelle zeigen«. Der Prinz ging froh mit ihm und war bald fest eingeschlafen.

Bei Anbruch des Tages wurde er von dem Jäger geweckt, erhielt sein Frühstück und wurde in den Hof geführt, wo eine große Herde Hirsche auf ihn wartete. Der Jäger sagte: »Hier übergebe ich dir meine Hirsche, treibe sie in den Wald. Erst bei Sonnenuntergang sammle die Herde und treibe sie wieder nach Hause. Gib jedoch acht, daß sich kein Tier verläuft, sonst jage ich dich aus dem Dienst, wie es so vielen Vorgängern von dir geschehen ist. Wenn du sorgfältig deine Pflicht erfüllst, wird es dir in meinem Dienst wohlergehn.« Nach diesen Worten öffnete der Jäger das Hoftor, und die Hirsche verließen mit ihrem Hirten das Gehöft.

Weil die Hirsche den Weg kannten, gingen sie ruhig dem Walde entgegen. Als sie ihn jedoch erreicht hatten, wurden sie unruhig und verliefen sich in alle Richtungen. Der Prinz gab sich alle Mühe, die Herde zusammenzuhalten. Er lief hierhin und dorthin, aber seine Mühe war vergebens. Als es Mittag geworden war, sah er keinen einzigen Hirsch mehr in seiner Nähe. Ermüdet und erschöpft warf er sich auf das weiche Moos unter einer hohen Tanne und klagte bitter über sein Mißgeschick. Da berührte ihn jemand an der Schulter. Als sich der Prinz umwandte, sah er den wilden Mann hinter sich stehen. Zornig rief er dem wilden Mann zu: »Genügt dir mein Elend noch nicht, in das du mich gestürzt hast! Willst du mir etwas antun?« Der wilde Mann besänftigte den Prinzen mit den Worten: »Was du erduldest hast, weiß ich. Ich bin gekommen, dich in meine Wohnung zu führen, folge mir.« Die Furcht wich von dem Jüngling, und er schloß sich vertrauensvoll seinem Führer an.

Der wilde Mann führte ihn durch dichtes Gehölz an einen hohen Felsen. Der wilde Mann berührte ihn mit seiner Hand, der Felsen wich, und sie traten durch ein Öffnung, die sich hoch wie ein weites Tor wölbte. Dort stand in einem Zaubergarten ein wunderschönes Schloß. Seine Mauern waren von schneeweißem Marmor, das Dach mit Silberplatten belegt, der Turm hatte eine goldene Kuppel. Um das Schloß erstreckte sich ein Silbersee, der so herrlich glänzte, daß man ihn kaum ansehen konnte. Der wilde Mann geleitete seinen Begleiter in das Schloß, wo ihm ein Mittagessen vorgesetzt wurde. Als dieses eingenommen worden war, führte ihn der wilde Mann in eine schöne Ebene, wo er ihm viele seltsame Dinge zeigte. Dann bedeutete ihm der wilde Mann, daß sich die Sonne schon zum Untergang geneigt hatte. Der Prinz erschrak, er dachte an den Jäger, der auf seine Herde wartete. Der wilde Mann führte ihn an den Ort zurück, wo er ihn gefunden hatte. Hier wartete eine große Freude auf den Prinzen. Seine Hirsche standen bereit, um heimgetrieben zu werden. Ja, die Anzahl der Tiere war bedeutend größer geworden. »Du wunderst dich, daß die Herde sich vergrößert hat?« fragte der wilde Mann. »Nun, schon lange habe ich deinem Herrn jeden Tag zwei Tiere genommen, weil er hartherzig und übermütig war. Aber er hat sich gebessert, und er hat dich in seinen Dienst genommen. Deshalb gebe ich ihm heute seine Tiere zurück«. Hierauf verschwand er.

Bei Sonnenuntergang saß er Jäger in seiner Wohnung am Fenster und blickte zum Walde, um sein Wild schon in weiter Entfernung zählen zu können. Wie groß war nun sein Erstaunen, als die Herde in schönster Ordnung und größer, als sie am Morgen gewesen war, im Hofraum ankam. Der Prinz erzählte ihm sein Abenteuer, und der Jäger bat ihn freundlich zu Tisch.

Am folgenden Tag trieb der Prinz seine Hirsche wieder an den Ort, wo er den wilden Mann getroffen hatte. Dieser wartete bereits auf ihn und führte ihn sogleich in sein Schloß. Nach einem kräftigen Frühstück zeigte er ihm die vielen herrlichen Zimmer des Schlosses. Jedes Zimmer war kostbarer als das andere eingerichtet, der Prinz konnte sich nicht sattsehen daran. Am Abend fand er seine Hirsche wartend am gewohnten Ort und trieb sie heim. So geschah es auch am dritten Tag. Der Prinz lernte vom wilden Mann, wie man die verschiedenen Waffen gebraucht, was in klugen Büchern zu finden ist und viele andere Dinge mehr.

Bald waren drei Jahre verstrichen. Der Prinz war ein kluger und gewandter Jäger geworden. Er hatte viel aus den Büchern des wilden Mannes gelernt und mit ihm die Ebenen durchstreift und mit einem Kahn den silbernen See befahren. Er war stark geworden und konnte alle Feinde mit den verschiedenen Waffen bezwingen. Als er wieder

einmal die Hirsche zum Jägerhaus treiben wollte, sprach der wilde Mann: »Prinz, es sind nun drei Jahre verstrichen. Länger kannst du hier nicht bleiben. Du mußt dich in der Welt umsehen und dein Glück versuchen. Wenn du heute nach Hause kommst, kündige deinem Dienstherrn den Dienst, und morgen mache dich mit der Sonne auf den Weg. Über drei hohe Berge und durch drei breite und tiefe Ströme wirst du auf eine große Ebene gelangen, auf welcher du schon von weitem ein großes und prächtiges Schloß sehen wirst, das ringsherum von einem Garten eingeschlossen wird. Bitte den Gärtner, daß er dir einen Dienst gibt. Er wird dir das nicht abschlagen.«
Nach diesen Worten reichte er ihm drei Ringe, einen mit einem blauen, den zweiten mit einem roten, den dritten mit einem weißen Stein und fuhr fort: »Nimm diese Ringe und bewahre sie wohl, sie werden dich zu Glück und Ehren führen. Wenn du als Gärtner Wasser schöpfen wirst, wird die jüngste Tochter des Königs aus einem Fenster des Palastes auf den Garten hinabsehen. Dann stecke den Ring mit dem blauen Stein schnell auf deinen Finger. Bemerkt ihn die Königstocher und fragt nach dem Preis, so sprich: »Der Ring ist so viel wert wie ein Viertel aller Schätze auf dieser Welt. Ich möchte jedoch nur das Blümlein dafür haben, das du unter deinem Gürtel trägst.« Zum zweiten Male nimm den Ring mit dem roten Stein und antworte, wenn sie nach dem Preis fragt: »Der Preis wären die Schätze der halben Welt. Ich will ihn dir geben, wenn du mir dein Armband schenkst.« Beim dritten Male nimm den Ring mit dem weißen Stein und sage ihr, daß er die Schätze der ganzen Welt wert sei. Sie möge ihn mit dem unbedeutendsten Ring an ihrem Finger eintauschen. Die Prinzessin wird jedesmal deinen Wunsch erfüllen. Verwahre ihre Gaben gut. Für alles Weitere werde ich sorgen.«
Der Prinz wollte dem wilden Mann für die vielen von ihm empfangenen Wohltaten danken, doch der war plötzlich verschwunden. Er mußte mit den Hirschen den Rückweg zum Jägerhaus antreten. Hier kündigte er seinen Dienst auf. Nur ungern ließ ihn der Jäger ziehen, er hatte ihn liebgewonnen. So zahlte er ihm seinen Lohn aus, und der Prinz verließ bei Sonnenaufgang mit den Segenswünschen seines Herrn das Haus.
Über drei Berge führte ihn der Weg durch drei Ströme, die er durchschwamm, zu dem königlichen Schloß, das mit einem großen Garten umgeben war. Er meldete sich bei dem Gärtner und erhielt den

Dienst, um den er bat. Alle Arbeiten wurden von ihm geschickt und gewandt ausgeführt. Zur Zufriedenheit des Gärtners, der ihn wie einen Sohn liebgewann.

Dies erweckte den Neid zweier anderer Gesellen, die neben ihm im königlichen Garten arbeiteten. Sie boten alles auf, ihm die Zuneigung des Gärtners zu entziehen. Als alle ihre Pläne fehlgeschlagen hatten, schlichen sie in ihrer Bosheit abends heimlich in den Garten und zerstörten alles, was der Prinz den Tag über mühsam geordnet und gearbeitet hatte. Aber auch dieser Anschlag mißlang. Der wilde Mann hatte in der Nacht alles Zerstörte schöner und kunstfertiger wieder hergestellt, als es zuvor gewesen war. Die boshaften Gesellen verzweifelten und beschlossen, eine bessere Gelegenheit abzuwarten, um desto nachhaltiger ihrem Mitgesellen schaden zu können.

Der König, dessen Eigentum der Garten war, besaß drei Töchter. Der Ruf ihrer Schönheit hatte sich im Umkreis des Reiches und in den benachbarten Ländern überall verbreitet. Unter den Prinzessinnen war die jüngste die schönste, jeder lobte ihre Güte und Freundlichkeit.

Eines Tages schöpfte der Prinz Wasser im Garten, als die Prinzessin gerade aus dem Fenster ihrer Wohnung in den Garten blickte. Sogleich dachte er an die Worte des wilden Mannes und zog den Ring mit dem blauen Stein hervor und steckte ihn an seinen Finger. Der Stein erglänzte in dem Licht der untergehenden Sonne. Dies erregte die Aufmerksamkeit der Prinzessin. Sie eilte in den Garten und fragte den Gärtner, um welchen Preis der Ring zu kaufen wäre. Der Gärtner gab zur Antwort: »Der vierte Teil aller Schätze der Welt ist kein allzu großer Preis für den kostbaren Ring. Ich aber werde dir den Ring geben, wenn du mir das Blümchen gibst, das du unterm Gürtel trägst.« Durch einen Diener schickte die Prinzessin die Blume und erhielt dafür den Ring, den sie so sehr begehrte.

Am folgenden Tage sah die Prinzessin wieder aus dem Fenster, als der Prinz Wasser schöpfen wollte. Sogleich steckte er den Ring mit dem roten Stein an den Finger. Das rote Licht, das dem Stein entströmte, war nicht zu übersehen. Die Prinzessin schickte einen Diener hinab, der nach dem Preis des Ringes fragen mußte.

Der Diener brachte die folgende Antwort: »Der Preis des Ringes sind die Schätze der halben Welt. Die Prinzessin aber erhält ihn, wenn sie mir ihr Armband schickt.« Die Prinzessin nahm ihr Armband von der

Hand, schickte es dem Gärtnergesellen und erhielt den Ring mit dem roten Stein.

Als der Gärtner am dritten Tage Wasser schöpfte, und die Prinzessin wieder aus dem Fenster in den Garten hinabsah, steckte er den Ring mit dem weißen Stein auf den Finger. Und sogleich verbreitete sich eine solche Helle ringsum, daß die Prinzessin den Stein bemerken mußte. Sie sandte abermals einen Diener, um den Preis des Ringes zu erfahren, und sie erhielt die Antwort: »Mit den Schätzen der ganzen Welt kann der Ring nicht bezahlt werden. Will sie ihn aber haben, so mag sie ihn eintauschen gegen den unbedeutendsten Ring von den vielen, die sie an ihren Fingern trägt.« Die Prinzessin war mit dem Tausch einverstanden und erhielt so den Ring mit dem weißen Stein.

Der Gärtnergeselle bewahrte die Gaben der Prinzessin. Oft dachte er an sie, aber die Königstochter blieb unerreichbar für ihn. Dann kam der Namenstag der ältesten Prinzessin. Der älteste Gärtnergehilfe hatte die schönsten Blumen im Garten zu suchen, sie kunstvoll zu binden und der Prinzessin zu überreichen. Er wurde von ihr empfangen, gelobt und reichlich belohnt. Zum Namensfest der zweiten Prinzessin hatte der zweite Gärtnergehilfe die Arbeit zu verrichten. Und weil sein Strauß Blumen noch schöner war, wurde er noch besser belohnt als der erste Gehilfe.

Jetzt war der Prinz an der Reihe. Er wählte im voraus die schönsten Blumen aus. Als das Namensfest kam, eilte er bei Sonnenaufgang in den Garten, um die Blumen zu pflücken und zu binden. Wie groß aber war sein Entsetzen, als er die Blumen, die er so sorgsam und so lange bis zum heutigen Tage gepflegt hatte, zerrissen, zerstreut, verwelkt umherliegen sah! Als er sich vom ersten Schrecken erholt hatte, eilte er zu den andern Beeten, denn er hoffte, in dem großen Garten dennoch so viele Blumen sammeln zu können, wie er zu einem Strauße brauchte. Umsonst, er fand nirgends ein Blümchen, das schön genug gewesen wäre, um der Prinzessin dargebracht zu werden. Betrübt schlich er in seine Schlafkammer und wartete auf den alten Gärtner, der kommen würde, um den Strauß anzusehen. Es verdroß ihn, daß ihn seine Mitgesellen ausspotten würden, denn er kannte ihre Bosheit sehr wohl. Je näher die Stunde heranrückte, in der er den Strauß übergeben sollte, desto betrübter wurde er. Da öffnete sich langsam die Tür, und der wilde Mann stand vor ihm. Rasch

sprang er auf und wollte seinem Wohltäter das Mißgeschick klagen. Aber dieser winkte ab und sprach: »Laß die Klagen. Ich weiß, was geschehen ist und kenne die Bosheit deiner Mitgesellen. Sie sollen dir nicht schaden. Nun aber folge mir.«
Der wilde Mann verließ den Raum und schritt mit dem Prinzen zu einem Gartenhäuschen. Dort überreichte er ihm einen großen Blumenstrauß mit wundersamen herrlichen Blumen, wie sie der Jüngling noch nie in seinem Leben gesehen hatte. Ein zarter Duft entströmte den Blumen, der Strauß war mit so hoher Kunst gebunden, wie sie kein Gärtnermeister beherrschte. Frohen Mutes eilte der Prinz zum Gärtner, der vor Erstaunen das Blumenkunstwerk betrachtete und den Gehilfen über alle Maßen lobte.
Schnell war die Zeit verstrichen und die Stunde gekommen, zu welcher der Blumenstrauß übergeben werden sollte. Daher begab sich der Gärtnergehilfe in das Schloß. Auf dem Wege begegneten ihm seine zwei Mitgesellen, die ihm verwundert nachstarrten. Sie konnten es nicht begreifen, wie er zu diesem herrlichen Blumenstrauß gekommen war, da sie doch alle seine Blumen vernichtet hatten.
Die Prinzessin freute sich sehr über das Angebinde. Sogleich zeigte sie den Strauß ihren Schwestern, die es recht verdroß, daß ihre jüngere Schwester einen schöneren Strauß als sie erhalten hatte. Jetzt kam die Prinzessin häufiger in den Garten, und der Gärtnergehilfe war sehr glücklich darüber. Er war jedoch traurig, daß der wilde Mann ihn immer noch als Gehilfen im Garten arbeiten ließ.
Da kam die Kunde, daß ein zahlreiches feindliches Heer den König mit Krieg überzog. Bald wimmelte es im Schloß von Soldaten. Endlich war das Heer versammelt und trat mit dem König an der Spitze den Marsch gegen den Feind an. Den Gehilfen schmerzte es, daß er untätig daheim bleiben mußte. Wie gerufen erschien am folgenden Tag der wilde Mann. Er führte ihn in einen nahen Wald, wo er dem Prinzen die Rüstung eines Ritters überreichte und ein feuriges Pferd vorführte. Schnell legte der Jüngling die Rüstung an, bestieg das Roß und ritt in jene Richtung, die ihm der wilde Mann angab, dem Feind entgegen. Als am nächsten Tag die Sonne im höchsten Glanz stand, sah er, wie sich in der Ferne dunkle Staubwolken erhoben, durch welche die Waffen blitzten.
Der Prinz gab seinem Pferd die Sporen und ritt in den Kampf. Da sah er den König, von zahlreichen Feinden ringsum bedrängt, die auf ihn

einhieben. Der Prinz jagte auf die Feinde zu, drang auf sie ein und befreite den König. Dann setzte er sich an die Spitze des verzagten Heeres und warf sich auf den Feind, den er nach einer langen Schlacht schlagen konnte, bis er in wilder Flucht das Reich verließ. Der Prinz trug eine blutende Wunde davon. Als dies der König sah, reichte er ihm sein Seidentuch und ließ den Helden verbinden. Als er sich jedoch bei ihm bedanken wollte, war er bereits mit seinem Roß davongesprengt.

Da ließ der König im ganzen Heer nach seinem Retter fragen. Niemand wußte jedoch, wo er hingeritten war. Der Prinz hatte schnell seine Kleider gewechselt und lag verwundet in seiner Gärtnerwohnung.

Als der König mit seinem siegreichen Heer heimgekehrt war, befahl er, Vorbereitungen für ein großes Fest zu treffen. Noch einmal ließ er überall seinen Retter suchen, und auch in den benachbarten Ländern wurde ausgerufen, der Retter des Königs möchte sich melden. Auf dem Festplaz sollten Turniere veranstaltet werden. Die Königstöchter sollten die Ritter heiraten, die mit den Lanzenspitzen die von ihnen in die Menge hinabgeworfenen Äpfel auffangen würden. Der Ruhm von der Schönheit der Prinzessinnen hatte viele Könige und Ritter angelockt, die in hellen Scharen dem Schloß zustrebten und als Gäste empfangen wurden.

Auch der Gärtnergehilfe dachte an das Turnier. Seine Wunde war verheilt, er wartete auf den wilden Mann. Dieser erschien in der tiefen Nacht, als alles im Schloß fest schlief. Er führte den Prinzen in den Wald. Dort stand ein Goldfuchs. Sein Geschirr und eine Rüstung strotzten von Gold, Silber und Edelsteinen. Der Gärtner schnallte sich die Rüstung an, dann befahl ihm der wilde Mann, in das Schloß zu reiten und den Preis zu erringen.

Wie der Blitz flog der Goldfuchs dem Schloß zu, und der Prinz kam zur rechten Zeit, um sich dicht vor dem Balkon unter die anderen Ritter zu mischen. Gleich darauf trat die älteste Prinzessin, von dem König und ihren Schwestern begleitet, heraus, und warf den Apfel unter die versammelten Ritter. Der Goldfuchs brach seinem Reiter blitzschnell die Bahn, und dieser verstand die Lanze so geschickt zu führen, daß alle Blicke angezogen wurden, denn auf seiner Lanzenspitze steckte der Apfel der Königstochter. Aber im nächsten Augenblick drängte sich der Sieger aus der Menge und war verschwunden. Wäh-

rend man im Schlosse immer noch nach dem Sieger forschte, saß dieser in seiner Gartenkammer, nachdem er seine Rüstung im Walde abgelegt hatte.
Am folgenden Tag sollte die jüngere Prinzessin den Apfel vom Balkon werfen. In großer Spannung wartete man auf die Stunde, sie kam, und die Prinzessin traf in Begleitung ihres Vaters und ihrer Schwestern auf dem Balkon ein und warf den Apfel aus ihrer Hand unter die Ritter. Da brauste wie auf Windesflügeln ein Ritter auf einem schneeweißen, stattlichen Roß im himmelblauen, silbergestickten Gewand durch die Menge, fing mit seiner Lanze den Apfel auf und war im Galopp ebenso schnell verschwunden, wie er gekommen war. Wohl setzten ihm einige Ritter nach, kehrten aber bald zurück, ohne den Fremden erreicht zu haben.
Am dritten Tage sollte das Turnier abgehalten und nach dessen Beendigung von der jüngsten Prinzessin der Apfel geworfen werden. Damit aber der Sieger wie an früheren Tagen nicht entkommen könne, befahl der König, jedem Ritter nachzuschießen, der es versuchen sollte, mit dem Apfel zu entfliehen.
Bei Sonnenaufgang eilte der Prinz in den Wald, denn er sollte nach dem Willen des wilden Mannes nicht nur an dem Turnier, sondern auch an dem Wettkampf um den Apfel der jüngsten Prinzessin teilnehmen. Sein Erstaunen war jedoch groß, als ihm der wilde Mann ein kleines, unansehnliches Roß, das obendrein mit seinen kranken Hufen schlecht fortkommen konnte, vorführte und ihm eine abgetragene und rostige Rüstung brachte. So sah der Prinz einem armen Ritter gleich. Dies verdroß den jungen Fürsten und er äußerte unverhohlen seinen Unmut, indem er zu dem wilden Mann sprach: »Soll ich auf diesem Rosse, in dieser Rüstung auf dem Kampfplatz erscheinen und mich dem Gelächter des anwesenden Volkes preisgeben?« »Laß sie lachen«, sprach der wilde Mann mit ernster Stimme. »Du aber nimm jetzt diese Rüstung und besteige dein Roß, das dich zu deinem Glück führen wird.«
Die letzten Worte besänftigten den Unwillen des Prinzen, und so ritt er dem Königsschloß zu. Im Schloßhofe angekommen, wurde er gar nicht beachtet, denn der Kampf hatte soeben begonnen, und die Blicke der Zuschauer hatten sich nach dem Kampfplatz gewandt. Mühsam drängte er sich bis zu den Schranken nach vorn. Hier hatte ein Ritter bereits viele Gegner in den Sand gestreckt und sollte gerade

zum Sieger des Tages erklärt werden, als der Prinz ihn zum Kampf herausforderte. Als er mit seinem lahmen Gaul auf den Platz ritt, wollte das Gelächter des Volkes nicht enden. Sein Gegner ritt auf ihn zu und sprach: »Herr Ritter, nehmt ein anderes Roß, wenn ihr mit mir kämpfen wollt. Mit diesem Pferd könnt ihr unmöglich einen Kampf wagen.« »Nicht mein gutes Roß, sondern ich werde kämpfen!« erwiderte scharf der Prinz. Der Kampf entbrannte, und bald wurde der Ritter, durch einen Lanzenstich in das Visier betäubt, vom Kampfplatz getragen. Andere Gegner ließen nicht lange auf sich warten. Sie alle wurden von dem Prinz besiegt. Zuletzt wollte niemand mehr gegen den Prinzen zum Kampf antreten. Somit wurde er als Sieger ausgerufen und erhielt von der jüngsten Königstochter eine Schärpe als Preis mit den Farben rot, weiß, blau. Jedermann fragte, wie der Sieger heiße, aber niemand konnte Auskunft geben. Dann trat die schönste Königstochter mit ihrem Vater und ihren Schwestern auf den Balkon, um mit Hilfe des Apfels den künftigen Lebensgefährten zu wählen. Jetzt fiel der Apfel in die Menge, und schon sah man ihn auf der Lanzenspitze des unbekannten Ritters, den man bei seinem Erscheinen ausgelacht hatte. Ein neues Staunen überfiel die Menge, als der Ritter mit seinem Preis durch die Volksmenge drängte, im Galopp davonritt und bald verschwunden war. Auf den Befehl setzten ihm einige Ritter nach, ein sicherer Bogenschütze legte an und sandte ihm einen Pfeil nach, der ihn an der Hand verletzte, aber dann nahm ihn der Wald auf.

Das Fest war zu Ende. Jede der drei Königstöchter hatte durch den Apfelwurf einen Gemahl erhalten, doch, ohne ihn zu kennen, gleich wieder verloren. Alle Mühe wendete man an, die Namen der Ritter auszukundschaften, die mit den Äpfeln entwichen waren. Alle Versuche erwiesen sich als fruchtlos. Der König empfahl schließlich seinen Töchtern, einen Ritter nach ihrer freien Wahl zu heiraten. Das ließen sich die beiden älteren Töchter nicht zweimal sagen. Als man nun die jüngste Königstochter fragte, wen sie zu ihrem Gemahl auserkoren habe, antwortete sie: »Mein Gemahl soll der jüngste Geselle des königlichen Gärtners sein.« Eine solche Antwort hatte man nicht erwartet, deshalb war das Befremden allgemein. Der König zürnte, konnte aber sein gegebenes Wort nicht brechen. Er ließ den Gärtnergesellen holen. Dieser kam, er trug seinen verwundeten Arm in das Tuch gebunden, mit dem der König ihm auf dem Schlachtfeld das

Blut gestillt hatte. Kaum hatte ihn der König erblickt, da verließ er eilig den Balkon, eilte dem Ankommenden entgegen und stellte ihn als seinen Befreier und Retter dem Volke vor. Groß war der Jubel, und er wurde noch lauter, als der Prinz die erkämpften Äpfel aufzeigte. Nur die beiden älteren Prinzessinnen stimmten nicht in den Jubel ein, sie wandten sich, geringschätzige Blicke auf ihn werfend, ab und verließen den Festplatz. Als sich jedoch herausgestellt hatte, daß der Gärtner selber ein Prinz war, beneideten sie ihre jüngste Schwester.
Der Prinz bat den alten König, zur Vermählungsfeier seine Eltern herbeiholen zu dürfen, was ihm der König sogleich gewährte. Schon am nächsten Tag machte er sich auf die Reise.
Als er sein Heimatland erreichte, fand er es verwüstet und zerstört vor. Seine Eltern lebten in größter Armut. Die benachbarten Fürsten waren in das Land eingefallen und hatten Dörfer und Städte niedergebrannt. Mit der Not hatte sich sein Vater gewandelt. Wie groß war die Freude, als das Königspaar ihren totgeglaubten jüngsten Sohn wieder in die Arme schließen konnte. Bald hatte er seine Abenteuer erzählt und die Eltern zur Vermählung geladen.
Als am Abend der Prinz in den Schloßgarten blickte, sah er in ihm den wilden Mann stehen, der ihm winkte, sogleich herabzukommen. Der wilde Mann führte ihn noch einmal in den Wald. Hier war ein Scheiterhaufen aufgeschichtet, und vor dem Holz stand ein Richtblock. Der junge König erschrak, als er diese Vorbereitungen erblickt hatte. Der wilde Mann aber sprach zu ihm: »Nimm diese Axt und trenne damit meinen Kopf vom Rumpf und wirf beide auf den Scheiterhaufen.« »Nein!« rief der König entsetzt, »auf eine so entsetzliche Weise will ich die vielen Wohltaten, die ich von dir empfangen habe, nicht entgelten.« Der wilde Mann entgegnete mit ernster Stimme: »Du mußt, sonst werde ich dir tun, was du mir nicht tun willst.«
Obwohl ungern, nahm der Prinz die Axt, der wilde Mann legte seinen Kopf auf den Holzblock, und mit einem Schlag war der Kopf vom Rumpf getrennt. Dann wälzte er den blutenden Riesenleichnam auf den Scheiterhaufen und warf den Kopf dazu. Sogleich verwandelte sich das Blut, das aus der Wunde floß, in Feuerflammen, die den Holzstoß ergriffen, daß er bald lichterloh brannte. Eine Weile prasselte das Feuer, die Flamme erhob sich, und aus derselben sprang ein wildes Roß, welches dreimal wiehernd um den Holzstoß rannte und

dann wieder in die Flammen sprang. Das Feuer fiel zusammen, und aus der Asche erhob sich eine weiße Taube, die emporflog und in den Wolken verschwand. Eine Stimme hallte im Wald: »Ich habe schwere Schuld auf mich geladen. Nun bin ich erlöst.«
Der junge König kehrte bald zu seiner Prinzessin zurück. Die Heirat wurde vollzogen, und bald übergab der alte König ihm die Krone. So regierte er mit seiner Königin mit großer Weisheit beide Länder bis an ihr seliges Ende.

## 60 TISCHLEIN, HENNDLGATZ UND RANZEN

In einem Dorf lebte einst eine arme Familie. Der Vater hatte vielen Kindern die Mäuler zu stopfen, jedoch der Bruder dieses Mannes war wohlhabend. Eines Tages sah der Arme zu, wie der Bruder eine Sau schlachtete. Jetzt sagte der Mann zum Bruder: »Gib mir eine Hälfte von der Sau. Meine Kinder und meine Frau leiden große Not.« Sein Bruder blickte ihn erstaunt und mit Unmut an: »Du bist aber ein rechter Nimmersatt, du verlangst von mir gleich die halbe Sau, das kann nun doch nicht angehen. Ich werde dir aber ein schönes, großes Stück von der Sau geben.« Der Mann hat sich aber nicht von seinem Vorhaben abbringen lassen, er wollte unbedingt die halbe Sau und drängte den Bruder: »Schau einmal, du hast keine Kinder, und ich habe daheim so viele Kinder zu ernähren. Da kannst du dich doch einmal mit einer halben Sau begnügen.« Zu guterletzt verlor der Bruder die Geduld. Er warf ihm die halbe Sau in die Arme und rief aus: »Genug der Bettelei! Da hast du die halbe Sau, geh zum Teufel in die Hölle damit!« Der arme Mann schulterte sofort die Sau und ging damit aus dem Dorf hinaus.
Er hatte einen langen Weg hinter sich gebracht, als er vor dem Höllentor stand und nach dem Teufel rief. Der Posten vor dem Tor fragte ihn: »Was willst du denn hier? Du bist doch gar nicht angemeldet.« Da sprach der Mann: »Führe mich zum Oberteufel, dem will ich dieses Fleisch hier geben.« Jetzt führte ihn der Posten zum Oberteufel. Als der ihn gesehen hatte, fragte er ihn: »Was bringst denn du mir da in die Hölle?« Der arme Mann antwortete treuherzig: »Das hier ist eine halbe Sau, die hat mir mein Bruder gegeben und hat dabei ge-

sagt, ich soll mich zum Teufel in die Hölle damit scheren. Und da hast du jetzt die Sau.« Der Oberteufel hat eine Mordsfreude darüber gehabt, und er sprach: »Das ist aber schön von dir, daß du mir die Sau gebracht hast. Komm nur her, du sollst dafür auch etwas von mir haben.« Der Teufel verschwand in einer Kammer, und nach einer Weile trug er ein Tischlein heraus, übergab es dem Armen und sagte: »So, da habe ich dir ein Tischlein gebracht. Wenn du das auf den Boden stellst und dabei sagst: »Tischlein, deck dich!« – Dann steht alles Gute drauf, was du dir nur wünschen kannst.«

Der arme Mann freute sich sehr über die Gabe des Teufels, schulterte das Tischlein und ging heim damit. Unterwegs wurde er halt müde und hungrig und durstig. Schließlich gelangte er zu einem Wirtshaus. Er dachte: »Nun, wenn da schon ein Wirtshaus an der Straße steht, dann geh ich auch hinein und esse und trinke tüchtig.«

Als er in die Gaststube trat, sah er da einige Gäste an den Tischen sitzen. Gleich kam der Wirt und fragte ihn, was er auftragen solle. Der Mann sah dem Wirt ruhig ins Gesicht und sprach: »Wirt, mir brauchst du nichts auftragen, heute darfst du mit mir essen und trinken, was und wieviel du nur magst. Und deine Gäste sind auch alle eingeladen.« Der Wirt war erstaunt und wartete gespannt, was aus den unsinnigen Worten des Fremden werden würde. Die Gäste schmunzelten nur. Da packt der Fremde auf einmal sein Tischlein, stellt es in die Mitte der Stube und sagt: »Tischlein, deck dich!« Im Nu standen auf dem Tisch: Gebratenes Fleisch, Knödel und Kraut, ein Gugelhupf, Küchel und Flaschen voll herrlichen Weines. Der Wirt und die Gäste langten tüchtig zu und aßen sich dick und satt. Bis in die Nacht hinein wurde geschlemmt und gepraßt, bis sich niemand mehr rühren konnte.

Inzwischen war die Nacht hereingebrochen, der Fremde konnte nicht weiterziehen. Er beschloß, in dem Wirtshaus zu übernachten. Der Wirt erbot sich eifrig, das kostbare Tischlein in Verwahrung zu nehmen. Der Fremde ließ ihn gewähren und legte sich nieder und war bald eingeschlummert. Der unredliche Lumpenwirt tauschte jedoch das Tischlein aus und übergab am Morgen seinem Gast ein ganz gewöhnliches Tischchen. Dieses unterschied sich äußerlich nicht vom Tischleindeckdich. Ahnungslos schulterte der Arme den Tisch und zog seinem Heimatdorf entgegen.

Als er zu Hause angelangt war, zwängte er sich mit dem Tischlein

durch die Tür und rief: »Frau, hau den Ofen zusammen, den brauchen wir nicht mehr!« Sie schrie zurück: »No, e¹tzer, narrischer Ding, bist doch niet bsuffer!« »Hau den Ofen ein!« hat er wieder gerufen, »wir brauchen keinen mehr!« »Jesses, Jesses!« rief sein Eheweib abermals, aber tat nicht das, was ihr Mann von ihr verlangte. Jetzt ist er selber hergegangen und hat eine Hacke geholt und hat den Ofen zusammengehauen. Dann hat er sein Tischlein genommen, hat es in die Mitte der Stube gestellt und hat gesagt: »Kinnerla, jetzt gehts ummer, jetzt werden wir gleich etwas Feines zum Essen hobn, e¹tzer is die Nout draßn! Dischl, deck di!« Das Tischlein hat sich aber nicht gerührt. Er sagte ein zweites Mal: »Tischlein, deck dich!« Das Tischlein hat sich wieder nicht gerührt. Er hat es noch einmal probiert, das Tischlein hat sich wieder nicht gerührt. Er hat es noch einmal probiert, das Tischlein rührt und rührt sich nicht. Die Kinder hatten schon großen Hunger. Der Ofen war entzwei, Geld haben sie nicht gehabt. – Das Geschrei war groß. Der Mann packte wieder sein Tischlein und rannte fort und ließ seine Frau und die Kinder allein.
Jetzt ist er direkt zum Teufel in die Hölle marschiert, hat ihm das Tischlein vor die Füße geschmissen und gesagt: »Da, Teufel, hast du deinen Tisch wieder, der taugt zu nichts!« Darauf sagte der Teufel: »Warum? Das gibt es doch nicht. Das Tischlein hat doch immer gehalten, was es versprochen hat!«
»Nein!« sagte der Mann, »probier es doch selber aus! Schau doch selber, ob es ein Essen hergibt!« Da sprach der Teufel: »Das brauch ich gar nicht probieren, das ist das Tischlein nicht, das ich dir gegeben habe. Jetzt werde ich dir etwas anderes geben. Hier hast du ein Henndl. Wenn du dem Henndl über den Rücken streichst und sagst: Henndl gatz! Dann hat das Henndl schon einen Dukaten gelegt.« Da hat sich der arme Mann immer wieder beim Teufel bedankt und ist wieder heimgewandert.
Bald kam er zurück in das Wirtshaus am Straßenrand. Dort hat er wieder dem Wirt und den Gästen das Henndlgatz gezeigt. Wieder hat er alle freigehalten. Als die Nacht hereingebrochen war, hatte der Wirt schon sein Zimmer gerichtet, und der Arme war froh, daß er ein Dach über dem Kopf hatte. Als alles im Haus schlief, tauschte der niederträchtige Wirt das Henndl aus, und der Gast brach in der Frühe auf und konnte kaum erwarten, zu Hause anzukommen.
Er stürzte zur Tür hinein und rief: »Kommt alle her, jetzt hat die Not

ein Ende! Jetzt haben wir Geld, mehr als wir brauchen!« Nun gab er das Henndl auf den Tisch, strich mit der Hand über seinen Rücken und sagte: »Henndl gatz!« – Da hat das Henndl keinen Dukaten gelegt, sondern ein ganz gewöhnliches Häuferl Dreck auf den Tisch gesetzt. Jetzt war wieder der Hunger da. Die Kinder weinten. Und der Mann richtete seine Sachen und marschierte zurück zum Teufel.
Er stellte sich vor den Teufel und schmiß das Henndl ihm vor die Füße und rief: »Da hast du auch dein Henndl wieder zurück! Das taugt überhaupt nichts!« Darauf sagte der Teufel: »Das geht doch nicht mit rechten Dingen zu! Da steckt doch der Wirt dahinter. Du bist doch bei einem Wirt auf dem Heimweg eingekehrt, woh? Der Wirt hat dich zweimal ganz schön angeschmiert. Der hat das Tischlein und das Henndl ausgetauscht. Geh her, da werde ich dir etwas geben, das wird dir bestimmt helfen. Da hast du ein Ranzel. Wenn du an das Ranzel klopfst und sagst: Hundert Mann Soldaten heraus! so sind sie im Moment da mit Gewehr und Säbel. Da kannst du nach und nach hunderttausend Mann herausklopfen!«
Das Geschenk hat dem Mann gefallen. Er wanderte sofort mit dem Ranzel nach dem Wirtshaus. Er trat hinein und sagte zum Wirt mit barscher Stimme: »Sofort mein Tischlein her und mein Henndlgatz!« Der Wirt hat gelärmt, er sei unschuldig, er wisse von nichts. Darauf sagte der Mann: »Gibst du's freiwillig her oder nicht?« Nun wurde der Wirt grob und sagte, er möge schauen, daß er rauskäme, er habe sein Tischlein und sein Henndl nicht. Da klopfte der Mann auf sein Ranzel und rief: »Zehn Mann heraus!« – Und die zehn Soldaten standen schon da. »So«, sagte der Mann: »Soldaten, prügelt mir den Wirt so lange, bis er den Tisch und das Henndl herausgibt!« Da prügelten ihn die Soldaten durch. Und es dauerte nicht lange, da gab er mit Jammern und Schreien die Wunderdinge zurück.
Als der Mann sein Eigentum zurückerlangt hatte, befahl er: »Alle zehn Mann in meinen Ranzen zurück!« Und schon waren die zehn Soldaten wieder im Ranzen verschwunden. Danach packte der Mann sein Tischlein und sein Henndlgatz und wanderte fröhlich heim.
Der Wirt gab sich aber noch nicht zufrieden. Das wollte er sich nicht gefallen lassen! Er ging zur Gendarmeriestation. Dort zeigte er den Mann an, und sogleich wurden ein paar Gendarmen hinter ihm hergeschickt. Als der Mann die gesehen hatte, klopfte er auf seinen Ranzen und rief: »Zehn Mann heraus!« Dann gab er den Befehl, die Gen-

darmen zurückzuwerfen. Als diese geschlagen in ihr Quartier zurückgekehrt waren, wurde ein großes Aufgebot von fünfzig Mann hinter dem Mann hergesandt. Als er die vielen Soldaten heranmarschieren sah, rief er: »Hundert Mann heraus!« Diese hundert Soldaten schlugen die Verfolger zurück. Jetzt wurde eine ganze Kompagnie Soldaten alarmiert, die versuchten, im Eilmarsch den Mann zu erreichen. Der Mann ließ jedoch ein ganzes Bataillon aus dem Ranzen marschieren, das vernichtete den Feind. Jetzt wurde eine ganze Armee mobilisiert und dem Ranzenträger hinterhergeschickt. Jetzt hat der Mann so lange den Ranzen geklopft, bis hunderttausend Mann zum Kampf bereitstanden. Nach kurzem Kampf war die feindliche Armee geschlagen. Nun mußte das Volk den armen Mann zum König erklären, weil er mit seinen hunderttausend Soldaten das ganze Land beherrschte.

In der Familie war großer Jubel und große Freude. Sie hatten jetzt das Tischldeckdich und das Henndlgatz. Und wenn sie nicht gestorben sind, dann leben sie heute noch.

## 61 DIE PRINZESSIN MIT DEM PFERDEKOPF

Es war einmal ein König, der hatte eine verwünschte Tochter. Die Prinzessin hatte einen Pferdekopf und war in einer Kirche in einer Gruft. Alle Tage mußte sie einen Mann zu fressen kriegen. Der König hatte schon gar keine Soldaten mehr, denn die Königstochter hatte schon alle aufgefressen. Da war noch ein ganz alter Tambour. Den hatte der König gebeten, er möchte doch in die Kirche gehen; er gebe ihm zu essen und zu trinken, so viel er wolle. Der Tambour war einverstanden und geht in der Nacht um zwölf in die Kirche. Wie er zum Tor reinkommt, begegnet er einem grauen Männlein. Das sagt zum Tambour: »Wo gehst du denn hien, du olter besoffner Off?« »Dos geht dich gornischt o, kemmr dich em dich!« – »No, no«, sagt das Männlein, »ich kon dir vielleicht an Rot gebn.« »Dos hast du nie notwendig.« »Wenn du wirscht ei de Kirch kumma, stell dich hinter de Orgel, durt werd sie dich nie suchn.« Der Tambour stellt sich wirklich hinter die Orgel; es dauert nicht lange und die Königstochter kommt rausgefahren. Sie macht einen solchen Lärm, daß man denkt, die Kirche fällt ein. Aber hinter die Orgel geht sie nicht nachsehen.

Als es eins schlägt, muß sie aber wieder in die Gruft. Der Tambour legt sich gemütlich in eine Bank und schläft bis zum Morgen.

Als am andern Tag der Kirchvater aufmachen kommt, sieht er den Tambour schlafen. Er rennt geschwind zum König und erzählt ihm das Wunder. Der ganze Hof kommt zusammen und bittet den Tambour, er möchte noch einmal gehen. Der Tambour will aber nichts mehr wissen. Da verspricht ihm der König das halbe Königreich. Der Tambour läßt sich überreden und geht am anderen Abend noch einmal. Als er wieder zur Kirche kommt, sieht er das graue Männlein wieder. »Aber heut stell dich hintern Altar, und wann de Prinzessin wird aus der Gruft rauskomma, do spring du noch geschwind nei; obr geh och nie raus, sonst fraßt sa dich gleich auf.«

Der Tambour machts ganz genau. Um zwölf in der Nacht kommt die Prinzessin wieder raus. Hat sie gestern schon eine Zucht (großen Lärm) gemacht, so macht sie heute noch einen größeren Lärm. Der Tambour springt schnell in die Gruft hinein. Die Königstochter bittet den Tambour so sehr, aber der Tambour rührt sich nicht. Um ein Uhr wird die Prinzessin auf einmal weiß und schön und sagt zum Tambour: »Jetzt komm raus; du hast mich erlöst, dich werde ich heiraten.« Der Tambour wird noch einmal jung, und die Hochzeit wird mit großem Prunk gefeiert. Im ganzen Land ist eine große Freude gewesen. Ich war auch bei der Hochzeit dabei. Wenn das Königspaar noch nicht gestorben ist, so lebt es heute noch.

## 62  DIE KAFFEEMÜHLE

Es war einmal ein Gebirgsbauer, den drückten viele Schulden. Einst hatte er das schönste Bauerngut im Kreise besessen, doch durch Unglücksfälle war er so darniedergekommen, daß er ein Stück Grund nach dem andern verkaufen mußte, bis er zuletzt nur noch einen einzigen steinigen Acker sein eigen nannte und vor Not nicht mehr wußte, was er anfangen sollte.

Als der Frühling kam, ging er auf seinen Acker hinaus und säte Erbsen, die letzten, die er hatte. Kaum hatte er die Aussaat beendet, da kam ein winzig kleines Männchen, das etwa eine Spanne lang war, dahergelaufen, stellte sich auf den Feldrain und pfiff in ein Pfeiflein. Auf den lauten, schrillen Ton hin flogen alle Vögel des Landes daher, setz-

ten sich auf des Bauern Feld und fraßen im Nu alle Erbsen auf. Der Bauer jammerte und weinte, daß jetzt auch sein letzter Besitz weg sei und er betteln gehen könne.
Das Männchen lachte zuerst, dann trippelte es näher und fragte den Bauern, warum er so klage. Der erzählte von seiner Not und seinem Elend. Da tröstete ihn das Männchen und sprach: »Sei unbesorgt, lieber Bauer, und laß dir es nicht schwerfallen, daß du um Hab und Gut gekommen bist und daß meine Vögel dir deine letzten Erbsen aufgefressen haben! Ich bin der König der Vögel und will dir helfen. Morgen früh komm hierher, und wir wollen dann in meine Burg gehen. Dort kannst du dir auswählen, was dir gefällt und wegtragen, so viel du vermagst.«
Der Vogelkönig verschwand, und der Bauer dachte über diesen Vorfall nach. Auf dem Nachhauseweg überlegte er, was er in der Burg des Vogelkönigs tun wollte. Vor allem wollte er sich die Taschen mit Gold, Silber und Edelsteinen bis oben hinan füllen und nebst dem noch einen Sack mit wertvollen Sachen anstopfen und auf dem Rükken davontragen. Als er so tief in Gedanken versunken war, begegnete er einem alten Bettelweib, das ihn fragte, warum er den Kopf hängen lasse. Der Bauer erzählte der Alten sein Erlebnis und fragte sie, was er wohl am besten aus der Burg des Vogelkönigs mitnehmen sollte. Sie gab ihm folgenden Rat. »Du bist ein Glückskind«, sagte sie, »daß dich der Vogelkönig zu diesem Zweck in seine Burg eingeladen hat. Wenn du hineinkommen wirst, wirst du im ersten Zimmer Haufen von Gold und anderen Edelmetallen, im zweiten Zimmer ganze Körbe voll von kostbaren Edelsteinen, aber im dritten Zimmer unter allerlei Gerümpel eine alte, verrostete Kaffeemühle finden. Diese nimm und schau, daß du sie wohlbehalten nach Hause bringst. Denn mit dieser Mühle kannst du dir alles wünschen, was du nur willst.«
Der Bauer bedankte sich für den guten Rat und ging seines Weges.
Am anderen Morgen war er rechtzeitig an Ort und Stelle, wo das Männchen schon seiner harrte. Dann gingen sie lange durch einen großen Wald, bis der Bauer nicht mehr wußte, wo er war. Endlich kamen sie zu einer alten, unscheinbaren Hütte mitten im Walde, welche der Vogelkönig als seine Burg bezeichnete. Sie traten ein. Im ersten Zimmer war richtig lauter Gold und Edelmetall und im zweiten alles voll von Edelsteinen.
Eingedenk des Rates der Alten rührte der Bauer nichts von allen die-

sen Schätzen an. So kamen sie in das dritte Zimmer. Hier lagen allerhand alte Dinge umher, so Türschlösser, verrußte Stallaternen, Spinnräder und anderes Zeug. Der Bauer suchte überall die alte Kaffeemühle und entdeckte sie endlich hinter der Tür unter einem Haufen alten Eisens. Er hob sie rasch auf und bedeutete dem Vogelkönig, daß er nichts als diese Kaffeemühle behalten wolle. Das sah dieser ungern und er machte Einwände und riet dem Bauern, doch lieber etwas von den Schätzen der zwei ersten Zimmer zu nehmen. Doch der Bauer bestand bei seiner Wahl, und der Vogelkönig mußte sein Versprechen halten und ihm die Kaffeemühle lassen. Ärgerlich entließ er den Bauern. Als dieser allein im Freien stand, wußte er nicht, wie er aus dem fremden Wald heimfinden sollte. »Halt!« rief er, »das ist eine Gelegenheit, wo ich gleich die Kaffeemühle ausprobieren kann!« Und er begann darauf zu mahlen und wünschte sich eine sechsspännige Kutsche, die ihn mit Windeseile in seine Heimat führen sollte. Im selben Augenblick stand auch schon das Gespann in aller Pracht vor ihm, er setzte sich hinein, in Windeseile ging es fort, und bald hielten die feurigen Rosse vor seiner Hütte.

Nun brauchte sich der Bauer keinen Wunsch mehr zu versagen. Gleich am nächsten Tag lud er alle Bauern des Dorfes zu einem Gastmahl ein. Diese kamen und meinten unter Spott und Gelächter: »Jetzt möchten wir nur wissen, wo der Schlucker das Geld hernimmt, um ein Gastmahl auszurichten! Seht, der Rauchfang raucht gar nicht und von einer Köchin ist auch nichts zu bemerken. Es ist in der Hütte so still, als wäre gar niemand zu Hause.« Doch als sie in die Stube des Glücksbauern traten, da war eine lange Tafel mit den seltensten Leckerbissen überladen, und der Hausherr empfing sie in einem so vornehmen Kleide, daß es eines Königs nicht unwürdig gewesen wäre. Da fragten die Bauern nicht lange, wieso das komme, setzten sich und aßen und tranken nach Herzenslust.

Der Glücksbauer aber drehte wieder die Kaffeemühle und wünschte sich eine ganze Musikkapelle heraus. Diese spielte die schönsten Tanzweisen, so daß den Bauern die Beine zu zappeln anfingen. Da ließ der Gastgeber auch die Bauersfrauen und jungen Leute holen, damit lustig getanzt würde. Und er wünschte sich daher auch, daß die Stube sich in einen großen Tanzsaal umwandle, was sogleich geschah. So viel Kurzweil und Freude hatten die Ortsbewohner alle zusammen ihr Lebtag nicht erlebt wie an diesem Tage.

Als endlich die letzten Gäste müde waren und heimzogen und der Glücksbauer wieder allein war, setzte er sich hin und begann Gold zu mahlen. Er drehte immerfort die Kurbel der Kaffeemühle, und immer höher hob sich der Goldstoß im Zimmer, bis er fast die Decke erreichte. Da lachte der Bauer, sprang vor Freude vor seinem Hause herum und rief, daß er der reichste Mann im ganzen Lande sei. Davon erfuhr der König des Landes, dessen Kassen wegen eines eben geführten Krieges gänzlich leer waren. Er besuchte den Bauern, und als er den riesigen Goldhaufen sah, nahm er ihm kurzweg alles weg.
Der Bauer grämte sich deswegen keineswegs. Er dachte: »Wie gut war es, daß ich mir beim Vogelkönig weder Gold noch Edelsteine genommen habe. Das wäre jetzt alles weg, und ich wäre wieder ein Bettler. So aber habe ich die alte Kaffeemühle, die keiner findet, weil ich sie im Garten gut versteckt habe.« Und als der König mit seinen Leuten abgezogen war, holte der Bauer die Kaffeemühle aus dem Versteck und wünschte sich ein herrliches Schloß mit schönen Parkanlagen. Das stand auch gleich vor ihm. Da wünschte er sich noch hundert Bediente dazu, die alle im Schlosse vollauf zu tun hatten.
Als dies der König erfuhr, vermeinte er, der Glücksbauer könnte ihn am Ende noch um den Thron bringen. Daher sandte er ein Regiment Soldaten aus, die den Bauern gefangennehmen und erschlagen sollten. Der Bauer aber wünschte sich zwei Regimenter Soldaten, die auch richtig aus der Kaffeemühle herausspazierten und den königlichen Soldaten entgegenrückten und alle erschlugen. Jetzt bot der König sein ganzes Heer auf und stellte sich selbst an die Spitze. Der Glücksbauer aber wünschte sich ein doppelt so großes Heer. Damit besiegte er den König, der in der Schlacht sein Leben verlor.
Daraufhin wählten die Untertanen den Glücksbauern zum König. Von nun an mußten sie nicht mehr Steuern und Abgaben entrichten, weil der Köng selbst Geld genug hatte und alles so gehen mußte, wie er es wünschte. Da war großer Wohlstand im ganzen Lande, und kein Feind wagte es, den Kaffeemühlenkönig zu überfallen. Er heiratete das schönste Mädchen des Landes und hatte viele Kinder, die später seine Erben wurden. Mit seinem Tode verschwand aber auch die Kaffeemühle für immer.

## 63  DAS MÄRCHEN VON DER KANTAZI

Einst lebte in einem Wald eine Hexe, die hatte eine Tochter, welche Kantazi hieß. Die alte Hexe aß am liebsten junges Menschenfleisch. Hatte sie irgendwo ein Kind in ihre Gewalt bringen können, wurde es von ihr getötet und dann von ihr gegessen. Sie war ein unbarmherziges, böses Weib, aber ihre Tochter war völlig anders. Kantazi härmte sich über das Leid, das ihre Mutter anderen Menschen antat und hatte herzliches Mitleid mit ihnen. Immer wieder hatte sie es versucht, den Tod der Kinder zu verhindern. Ihre Mutter wurde jedesmal bitterböse, wenn das Mädchen einem Kind zur Flucht verholfen hatte oder es vorher gewarnt hatte. Viel Macht konnte Kantazi nie über ihre Mutter ausüben, weil die Hexe mit allen Zauberkünsten vertraut war.

Eines Tages war die Mutter mit Kantazi in den Wald gegangen, um Heilkräuter zu suchen. Da hörten beide einen Hilfeschrei. Sie gingen dem Schreien nach und gelangten an einen Weiher. Am Rand des Weihers breitete sich ein Sumpf aus, und hier erscholl das Schreien eines Jünglings, der im Morast rettungslos eingesunken war und bereits so ermattet war, daß er sich selbst nicht mehr befreien konnte. Durch ihre Hexenkünste war es der Hexe nicht schwer gefallen, ihn herauszuholen, nun brachte sie ihn mit Schmeicheleien so weit, daß er mit ihnen zur Hütte ging, um sich dort von seinem Schrecken zu erholen, wie die Hexe es ihm eingeredet hatte. Dort erzählte er dem Weib, daß er ein Königssohn sei und Johannes heiße. Er hatte eine Reise unternommen und sich im Walde verirrt. Der Weiher hätte ihn zum Baden eingeladen, und nun war er im Sumpf steckengeblieben.

Nun begann für den Königssohn die schlimmste Leidenszeit. Wochenlang mußte er die schwersten Arbeiten für die Hexe verrichten. Oft verlangte sie Unmögliches von ihm. Immer wieder versprach sie ihm die Freiheit, wenn er diese oder jene Arbeit vollbringen würde.

Eines Morgens drückte sie dem Jüngling eine hölzerne Hacke und eine hölzerne Säge in die Hand und befahl ihm, ein Gehölz nicht weit vom Hause abzuhacken. Da ging er nun an den Rand des Waldes, setzte sich nieder, stützte traurig sein Haupt mit der Hand und überlegte, wie er die Stämme niederlegen könnte. Dabei dachte er an sein königliches Schloß und die strahlenden Feste, die er dort erlebt hatte. Kantazi hatte von Anfang an eine tiefe Zuneigung zu dem unglückli-

chen Prinzen gefaßt. Sie ging zu dem Ort, wo er saß und bitterlich weinte, um ihm zu helfen. Sie sagte ihm, daß sie die Untaten ihrer Mutter hassen würde, aber keine Macht besäße, ihm sogleich die Freiheit zu geben. Die Hexe konnte sich in alle Tiere verwandeln und alles hören und sehen. Der Königssohn erzählte ihr von seinen Eltern und von seinem Schloß; und was dann kam, das können wir hier nicht erzählen. Johannes gewann das Mädchen immer lieber. Mit seinen Sorgen legte er seinen Kopf in ihren Schoß und sie sagte zu ihm: »Ge͡ih her und lo di a weng von den Leisn osouchen.«
Johannes war todmüde und schlummerte bald tief und fest. Und als er wieder frisch und munter aufgewacht war, waren alle Bäume abgeschlagen, die Äste und Zweige abgesägt und das Holz sauber geschlichtet. Das hatte Kantazi mit den Hexenkünsten, die sie von ihrer Mutter gelernt hatte, bewirkt. Nun zog der Königssohn hocherfreut zum Hause der Hexe und glaubte, diese würde ihm die Freiheit geben. Aber die Hexe knurrte nur mürrisch und fauchte ihn zornig an, als sie die fertige Arbeit sah. »So haben wir nicht gewettet«, sagte sie, »da wirst du mir morgen noch ein weiteres Stückchen sauberer Arbeit leisten müssen.«
Beim Anbruch des folgenden Tages wurde er von der Hexe geweckt. Sie drückte ihm ein Sieb in die Hand und befahl ihm, damit den Weiher auszuschöpfen. Da saß er wieder am Wasser und überlegte traurig, wie er dieses böse Stück Arbeit vollbringen sollte. Da stand plötzlich wieder Kantazi neben ihm und sagte: »Ge͡ih her und lo dir a weng osouchen.« Das tat Johannes sogleich, und wieder fiel er in einen tiefen Schlaf. Als er erwachte, war Kantazi veschwunden, aber der Weiher war ausgeschöpft und trocken. Seine Freude wurde jedoch zu Wasser, denn die Hexe empfing ihn unwirsch und wollte ihm noch immer nicht die Freiheit geben.
Am nächsten Morgen führte ihn die Hexe in einen Stall mit einer Gittertür und sperrte ihn ein. Das Weib hatte die Absicht, ihn am Abend zu schlachten und in einem großen Kessel zu kochen. Kantazi wurde aufgetragen, das Feuer unter dem Kessel zu schüren und Wasser hineinzugießen. Ihr wollte das Herz brechen, wenn sie an ihren geliebten Johannes dachte. Im Dunkel der Nacht weckte sie den Prinzen. Sie sprach: »Johannes, kumm, i will di jetzt befreier, denn deine letzte Stund is niet mehr weit weg, wou du sollst kocht werden.« Der Königssohn war natürlich gleich bereit und tat alles, was Kantazi von

ihm verlangte. Bevor sie den Hof verließen, spie Kantazi dreimal auf die Treppenstufen und befahl ihnen, für sie zu antworten, wenn sie von der Mutter gefragt werden würden. Dann streiften sie Siebenmeilenstiefel über, die Kantazi aus dem Haus geholt hatte.
Kaum war das Paar fortgelaufen, schrie die Alte: »Kantazi, kocht das Wasser im Kessel schon? Brennt das Feuer hell?« Die Treppenstufe gab die Antwort: »Gleich, Mutter, mach dir keine Sorgen!« Und die Alte schlief beruhigt weiter.
Es dauerte nicht lange, da schrie die alte Hexe ein zweitesmal: »Kantazi, Kantazi, hast du den Kessel recht angeheizt?« Diesmal gab die zweite Treppenstufe die rechte Antwort: »Ja, Mutter, es ist alles gerichtet!« Und noch einmal schlief die Mutter fest ein.
Dann erwachte die Hexe zum drittenmal und rief ihre Tochter: »Kantazi, Kantazi, kocht das Wasser im großen Kessel?« Und die dritte Treppenstufe antwortete für die fliehende Kantazi: »Ja, Mutter, es ist alles gerichtet. Das Wasser kocht bereits!« Da stand sie auf, um selber nach dem Rechten zu sehen.
Inzwischen waren Kantazi und Johannes mit Hilfe ihrer Siebenmeilenstiefel schon weit gewandert. Die Alte hatte natürlich das Haus und den Hof abgesucht, aber weder ihre Tochter noch den Prinzen gefunden. Auf ihrer Wanderung haben sich die beiden ihre Erlebnisse erzählt. Da sprach Kantazi: »Johannes, schau dich einmal um. Siehst du etwas?« Da hat sich der Johannes umgeschaut und antwortete: »I sieh nix, ols nur zwa olte Krouher kummer nocher. Des is ower nu weit hinter dem Wold.« »Och«, hat Kantazi gesagt, »den san ma Mutter Kneᶦt (Knechte). Jetzt wollt ich, ich wäre eine Kapelle, und du wärest der Pfarrer darin.« Das geschah auch. Und als die beiden Krähen dahergeflogen kamen, fanden sie eine Kapelle und einen Pfarrer darin, der las die Messe. Aber von Kantazi und dem Königssohn fanden sie keine Spur.
Jetzt flogen sie zurück zu ihrer Herrin und meldeten, was sie gesehen hatten. »Oh«, sagte die Hexe, »hättet ihr mir nur den Pfarrer gebracht, die Kapelle hätte ich auch schon bekommen.« Und schon hatte sie die beiden Knechte erneut hinter den beiden Flüchtlingen hergeschickt.
Kantazi und Johannes waren weitergezogen. Und da sagte Kantazi zu ihrem Prinzen: »Johannes, schau dich einmal um. Siehst du etwas?« Da antwortete der Königssohn: »Eᶦtzer sieh ich veᶦr Krouher

nocherkummer. Dei san bol do.« Da sprach Kantazi: »Dei hot wieder mei Mutter nochergschickt. Eitzer wollt i, du wärst a Reselstaudn und ich wärs Resl dou drinner.« Kaum hatte sie die Worte gesprochen, da verwandelten sich beiden in einen Rosenbusch mit einer Rose darin. Als nun die vier Krähen nähergeflogen waren, sahen sie nichts, nur der Rosenbusch mit der Rose stand am Wegesrand. Sie flogen zurück und meldeten der Hexe: »Wir haben deinen Auftrag ausgeführt, aber die beiden nicht gefunden. Nur einen Rosenstrauch mit einer Rose darin haben wir am Wegesrand gesehen.« »Oh hättet ihr mir doch die Rose gebracht. Die Staude hätte ich schon auch noch bekommen!« rief die Hexe.

Inzwischen war das Paar eine große Wegstrecke vorangekommen. Und wieder hat Kantazi gerufen: »Johannes, schau dich einmal um! Verfolgt uns jemand, siehst du etwas in der Ferne?« Und der Johannes hat angestrengt in die Ferne geschaut, weit und breit war nichts zu erkennen. Aber da sagte er zu seiner Geliebten: »Ich sehe nichts weit und breit. Nur dort am Horizont sehe ich eine einzelne Krähe.« »Oh, das ist meine Mutter, jetzt wird es gefährlich«, rief die Kantazi aus, »Eitzer wollt i, du wärst a Weiher, und i wär die oinzige Anten dodrinnen.«

Als nun die Krähe herangeflogen war, verwandelte sie sich in die Mutter, und die wußte sofort, daß der Weiher der Johannes war und die Ente darauf ihre Kantazi. Nun stand sie am Ufer und bettelte: »Geih, geih holt aßer. I koa niet lebn ohne di! Dou mir des doch niet oa!« Aber Kantazi hat sich nicht erweichen lassen. Sie kannte ihre Mutter, die hatte immer gern geschmeichelt, aber in Wirklichkeit war sie ein Teufel.

Als die Hexe nun einsehen mußte, daß sie die Ente nicht aus dem Wasser locken konnte, legte sie sich nieder an den Uferrand und begann, den Weiher auszutrinken. Und als sie gerade dachte, die Ente zu greifen, sprang ihr Leib auseinander. Das Wasser ergoß sich aus ihrem Körper und floß in den Teich zurück. Die Hexe aber fühlte, daß sie sterben mußte. Mit schwacher Stimme sprach sie: »Liebe Kantazi, ich fühle, daß ich jetzt sterben muß. Du wirst noch schwere und bittere Stunden erleben, bis du einmal glücklich sein wirst. Hier schenke ich dir drei Nüsse. Wenn du einmal in Not sein solltest, dann beiße eine dieser Nüsse auf, dann wird dir geholfen werden.« Nach diesen Worten starb die alte Hexe, und Johannes und Kantazi zogen weiter.

Als sie in die Nähe der Hauptstadt gekommen waren und das Königsschloß in der Ferne sahen, nahmen sie vorläufig voneinander Abschied. Kantazi wollte sich als Dienstmädchen verdingen. Der Königssohn sagte zu seiner Kantazi: »Einst wird der Tag kommen, an dem ich dich auf mein Schloß holen lasse.« Kantazi entgegnete: »Eines mußt du mir versprechen. Wenn du in die Arme der Königin zurückkehrst, darfst du deine Mutter nicht küssen. Handelst du gegen dieses Gebot, dann wirst du mich und alles, was ich für dich getan habe, vergessen.« Johannes versprach fest, seine Mutter nicht zu küssen, aber als das Volk in der Hauptstadt ihn erkannte, die Glocken zu läuten begannen, seine Mutter ihm auf der Treppe entgegeneilte und ihn in ihre Arme schloß, da war der Kuß nicht mehr zu vermeiden. Johannes küßte seine Mutter auf den Mund, und in demselben Augenblick hatte er seine Kantazi vergessen.

Der König hatte für seinen Sohn eine Gemahlin gewählt, es war eine schöne junge Prinzessin aus dem Nachbarland. Kantazi, die in der Hauptstadt als Magd in einem Bürgerhaus diente, hörte bald von der bevorstehenden Verlobung im Schloß. In ihrer Angst ging sie in ihre Kammer, zog die erste Nuß hervor und biß sie auf. In der Nuß befand sich ein wunderschönes Seidenkleid. Kantazi wußte, was sie zu tun hatte. Sie zog das Kleid an und begab sich auf das Königsschloß zur Verlobungsfeier. Und weil sie so ein schönes Mädchen war, daß alle Hofleute vor Staunen und Verwunderung sich nicht zu fassen wußten, holte sie der junge König Johannes immer wieder zum Tanz. Aber weil zu viele Gäste anwesend waren, die sich immer wieder um den König drängten, fand sie keine Gelegenheit, mit dem König ernsthaft zu sprechen. Aber das Kleid gefiel der Königsbraut. Weil sie es heftig begehrte, ging sie zu dem unbekannten Mädchen und fragte sie, um welchen Preis sie das Kleid hergeben würde. Kantazi antwortete: »Nur wenn du mich eine Nacht bei dem Bräutigam schlafen läßt, gebe ich dir das Kleid.«

Der Handel gefiel der Braut, und sie führte Kantazi in das Schlafgemach. Vorher hatte sie dem Schlaftrunk des jungen Königs ein Schlafmittel beigegeben. So schlief Johannes fest bis zum nächsten Morgen, ohne zu sehen und zu hören, was um ihn sich ereignete. Kantazi aber weinte und jammerte die ganze Nacht: »Ich habe dir den Wald abgeholzt. Ich habe dich vor meiner Mutter beschützt! Weißt du noch, wie ich eine Kapelle war und du ein Pfarrer darin? Weißt du noch, wie du eine Rosenstaude warst und ich eine Rose darin? Weißt du noch, wie du ein Weiher warst und ich die Ente darauf?« So sprach Kantazi die ganze Nacht, aber Johannes schlief tief und fest.

Am nächsten Morgen biß Kantazi die zweite Nuß auf, da fand sie ein silbernes Kleid darin, das glänzte wie der Mond. Beim Tanz mit dem jungen König erregte sie neues Aufsehen. Und wieder gab sie das Kleid an die Königsbraut, um eine Nacht in der Kammer des Königs schlafen zu dürfen. Ein Schlafmittel sorgte dafür, daß der König fest eingeschlafen war und die Worte der Kantazi nicht vernehmen konnte. Aber der Kammerdiener des jungen Königs hatte gelauscht und jedes Wort verstanden. Er säumte nicht, seinem Herrn Wort für Wort die seltsame Rede des Mädchens wiederzugeben.

Am nächsten Morgen zerbiß Kantazi die dritte Nuß und fand ein goldenes Kleid darin, das glänzte herrlich wie die Sonne. Die Königsbraut konnte nicht widerstehen, sie mußte dem unbekannten Mädchen das wundersame Kleid ablisten und Kantazi in das Schlafgemach des Königs führen. Dieser schüttete seinen Schlaftrunk aus, begab sich zur Ruhe und stellte sich schlafend. Nun hörte er seine Kantazi sprechen: »Ich habe dir den Wald abgeholzt. Ich habe dir den Weiher ausgeschöpft! Ich habe dich vor meiner Mutter beschützt! Weißt du noch, wie ich eine Kapelle war und du der Pfarrer darin, wie du eine Rosenstaude warst und ich die Rose darin? Weißt du noch, wie du ein Weiher warst und ich die Ente darauf?« Da fiel es dem Johannes wie Schuppen von den Augen, und alles war ihm wieder gegenwärtig. Er sprach: »Ja, du bist meine Kantazi und wirst meine Königin!« Am folgenden Tage löste er die Verlobung mit der fremden Königstochter und heiratete seine Kantazi.

## 64  DER ERLÖSTE PRINZ

Es war einmal ein Kaufmann, ein rechtschaffener und braver Mann. Der besaß ein großes Vermögen, das er redlich und ehrlich erworben hatte. Dieser Kaufmann hatte drei Töchter. Eine von ihnen, die jüngste, war ein sanftes und munteres Ding. Sie nahm sich jeder Arbeit im Hause mit Eifer an und tat sie unverdrossen. Dabei war sie freundlich gegen alle Leute, so daß sie jeder gern hatte und man allgemein nur Gutes von ihr sprach. Die anderen zwei Töchter aber waren

stolz und voller Hochmut. Es kamen viele junge und reiche Freier, darunter manche Kaufherrnsöhne, doch die beiden wollten hoch hinaus. Keiner war ihnen schön und reich genug, sie warteten auf einen ganz großen Herrn, der zumindest ein Graf oder Fürst sein mußte.
Wie es nun manchmal so sein will, dieser reiche Kaufmann hatte Unglück und verlor sein ganzes Vermögen. Von seinem großen Besitz blieb ihm nur ein kleines Häuschen auf dem Lande mit einem Obstgarten und ein wenig Wiesengrund, der gerade zum Füttern von zwei oder drei Kühen reichte. Hier lebten jetzt die Kaufmannsleute, und die jüngste Tochter machte die Dienstmagd. Sie mußte die ganze Arbeit im Hause, im Stalle, im Garten und auf der Wiese verrichten. Ihre zwei Schwestern aber faulenzten in den Tag hinein und verlachten und verachteten sie.
Eines Tages brachte ein Brief dem Kaufmann die freudige Nachricht, daß er Aussicht hätte, den größten Teil seines Vermögens zurückzugewinnen. Dazu mußte er aber eine weite Reise antreten. Als er nun reisefertig neben seinem Roß vor dem Hause stand, fragte er die Töchter, welche Geschenke er mitbringen solle. »Schöne Kleider«, riefen die zwei älteren aus einem Munde, »recht schöne Kleider!« Die jüngste aber sagte bescheiden: »Wenn du mir schon etwas mitbringen willst, lieber Vater, so drei Rosen!« Denn Blumen waren immer ihre Freude gewesen. Die faulen und putzsüchtigen Schwestern aber meinten: »Die Scheinheilige! Sie will sich beim Vater schön machen, damit er keine Auslagen hat!«
Der Kaufmann nahm Abschied und ritt fort. Lange ritt er, bis sein Roß so müde war, daß es nicht mehr weitergehen wollte. »Wenn nur bald ein Haus käme, daß ich das Roß füttern und tränken könnte!« dachte der Kaufmann. Und wie gewünscht, kam er bald vor ein wunderschönes Schloß. Er fand aber niemand, gar niemand, obwohl Tor und Tür offenstanden. Er stieg vom Pferd, führte es in den Stall hinein, wo Futter übergenug war. Dort fütterte und tränkte er das Tier und machte ihm ein gutes Lager zurecht.
Ihn selbst aber peinigten der Hunger und Durst nicht wenig. Deshalb ging er weiter und betrat die Wohnräume des Schlosses. Da gab es viele Zimmer, eines schöner als das andere. Aber nirgends war ein Lebewesen zu erblicken. Endlich kam er in ein Zimmer, in dem war ein Tisch gedeckt und darauf standen Speisen und Getränke in reichster Auswahl. Der Kaufmann aß und trank sich satt. Dann suchte er, weil

es schon zu dunkeln begann, nach einer Lagerstätte und fand in einem anderen Zimmer ein prächtiges Bett und eine Truhe daneben. Hier legte er sich nieder und schlief gleich ein. In der Nacht träumte ihm, daß die Truhe neben dem Bett voll sei mit lauter Geld und daß alles Geld ihm gehöre für den Schaden, den er erlitten habe.
Frisch und munter erwachte er beim Morgengrauen. Er fand den Tisch wieder gedeckt mit allem, was gut und teuer war. Zuerst besorgte er sein Pferd, dann frühstückte er selbst. Als er dann sein Pferd aus dem Stall zog und aufsitzen wollte, bemerkte er im angrenzenden Garten einen herrlichen Rosenstock mit drei wunderschönen Rosen daran. Da fiel ihm der Wunsch seines jüngsten Töchterleins ein. Er trat in den Garten und brach die drei Rosen ab.
Auf einmal ließ sich ein Brüllen aus dem Schloß hören, daß alles bebte. Zugleich war ein Trappen vernehmbar, daß der Boden zitterte. Und da kam es auch schon. Es war ein Ungeheuer, so groß wie ein Roß, und es hatte einen Schädel wie eine Sau. Das fuhr den armen Kaufmann an, wieso er sich erlauben konnte, hier im Schloß zu weilen und sogar das Wertvollste im ganzen Schloß, die drei Rosen, zu rauben. Dabei riß es das Maul auf, daß der Kaufmann dachte, nun sei es um ihn geschehen.
Da fiel er nieder zur Erde und bat: »Ich will ja gerne sterben, aber laß mich vorher noch heimreisen, damit die Meinen wissen, wo ich hingekommen bin. Drei Tage brauche ich dazu, dann werde ich mich pünktlich wieder einstellen!« Lange wollte das wilde Tier nicht glauben, daß er wiederkehren würde, aber er versprach es bei Gott und bat so eindringlich, daß das Ungetüm endlich einwilligte und ihm überdies noch einen Wunsch freigab. »Ich habe wirklich einen Wunsch«, sagte der Kaufmann, »und der ist, daß das wahr wäre, was mir heute nacht geträumt hat, daß nämlich die Truhe neben dem Bett voll Geld sei und daß dieses Geld mir gehöre. Wenn dies der Fall ist, dann will ich gern für meine Leute sterben.« Das Ungeheuer erfüllte diesen Wunsch und sprach: »Wenn du nach Hause kommst, ist die Truhe schon daheim bei dir.«
Der Kaufmann ritt fort, seinem Landhause zu. Als er ankam, war die Truhe schon da. Nun aber mußte er erzählen, und das war sehr traurig. Sie hätten jetzt Geld genug und könnten ohne Sorgen sein, aber er müsse wieder fort und ein wildes Tier werde ihn verschlingen, weil er drei Rosen für seine jüngste Tochter genommen habe. Darauf fielen

die zwei älteren Schwestern über die jüngste her, weil sie schuld sei, daß der Vater sterben müsse. Diese aber weinte und sagte: »Nein, Vater, das darf nicht sein! Meinetwegen darfst du nicht sterben. Ich will selbst in das Schloß reiten und mich dem Ungeheuer opfern.« Der Vater wollte dies nicht zugeben, aber das Mädchen ließ sich von dem Entschluß nicht mehr abbringen. Da weinten die Eltern heiße Tränen, die Schwestern aber waren froh, daß sie ihren Reichtum nun nicht mit ihr teilen mußten und waren voll Zuversicht, daß jetzt bald die großen Herren als Freier kommen würden.

Die junge Kaufmannstochter ritt auf dem Wege, den ihr der Vater beschrieben hatte, fort und kam endlich zu dem Schloß. Wieder stand alles offen. Sie stellte das Roß in den Stall und ging traurig durch die leeren Räume. Von dem Untier war nichts zu sehen. Endlich kam sie vor eine Tür, über der mit goldener Schrift stand: »Zimmer für unsere neue Königin.« Sie trat ein, fand einen Tisch gedeckt und aß und trank. Jetzt erst verspürte sie die Müdigkeit in den Gliedern, und sie ging, um eine Ruhestätte zu suchen. Bald stand sie vor einer Tür mit der Aufschrift: »Schlafzimmer für unsere Königin«. Sie trat ein und glaubte im Himmel zu sein. So schön und prächtig war da alles.

Sie schlief so gut und fest, daß sie erst am hellichten Tage erwachte. Als sie die Augen aufschlug, staunte sie über die fremde Herrlichkeit ringsherum. Aber bald kam ihr in den Sinn, warum sie da sei und was ihr bevorstehe, und weinend bereitete sie sich zum Sterben vor. Und auf einmal war auch das furchtbare Brüllen zu hören, von dem der Vater erzählt hatte und das unheimliche Trappen, das immer näher kam. Die Tür sprang auf, und das wilde Tier mit dem Saurüssel schob sich herein.

Die zu Tode Erschrockene gestand sofort, daß sie statt ihres Vaters da sei, um für ihn zu sterben, denn er habe ihr zuliebe die Rosen genommen, und daß ihr jede Stunde recht sei, er möge sie nur töten. »Heute noch nicht«, brummte das Ungetüm und trappte wieder fort. Lange noch war das häßliche Brüllen zu hören.

Die arme Kaufmannstochter faßte wieder Mut und ging im Schloß herum. Dabei kam sie in ein Zimmer, in dem viele schöne Bücher waren. Auf jedem Buch war in goldenen Buchstaben zu lesen: »Für unsere neue Königin«. Da nahm sie ein Buch und las, solange es sie freute. Und wenn sie Hunger und Durst verspürte, wußte sie, wo der Tisch gedeckt war, und aß und trank, was und soviel sie mochte.

Neun Tage lebte sie so in diesem Schloß. Täglich kam das Tier am Morgen, tat ihr aber nichts zuleid, ließ sich neben ihr nieder und schmeichelte ihr bisweilen. Und so gewöhnte sich die Jungfrau nach und nach an das Ungeheuer, gewann es schier gar ein wenig lieb und freute sich sogar, wenn sie es kommen hörte. Und sobald das Tier fühlte, daß sie Zutrauen faßte, so verlangte es von ihr einen Kuß und wiederholte dieses Verlangen immer wieder. Sie aber erschrak und wollte lieber sterben als dies tun. Traurig ging das Tier dann immer davon.

Eines Tages kam sie zu Tisch, da lag ein goldener Ring auf ihrem Teller, den schob sie an ihren Finger, und er paßte ihr. Als dann das Tier wieder da war, fragte sie, ob sie den Ring behalten dürfe. »Der Ring gehört dir«, erhielt sie zur Antwort, »und du kannst dir damit sogar das wünschen, was dir am liebsten ist und wonach du am meisten verlangst.« »Gern möchte ich sehen«, sagte sie darauf, »was die Mutter und der Vater machen und ob sie sich nicht etwa zu Tode gegrämt haben. Wissen möchte ich auch, ob die Schwestern verheiratet sind.« »Das kannst du leicht erfahren«, sagte das Tier, »du brauchst nur vor dem Schlafengehen den Ring abziehen. Solange du den Ring nicht am Finger hast, bist du daheim und kannst alles sehen. Aber am Morgen darfst du ja nicht vergessen, ihn wieder anzustecken, sonst wäre es schlimm!«

Die Jungfrau tat nach diesem Rate und sah, daß die zwei Schwestern schon verheiratet waren, und zwar mit wenig schönen, älteren Männern. Sie sah aber auch, daß Vater und Mutter vor Sorge und Kummer alt und grau geworden und sich schier zu Tode geweint hatten, weil sie vermeinten, daß ihre jüngste Tochter längst nicht mehr am Leben sei. Da war die Jungfrau traurig und hätte gern die armen Eltern getröstet.

Nun lebte sie wieder mit dem wilden Tier ganz glücklich auf dem Schloß. Nur wenn es einen Kuß haben wollte, wehrte sie ab. Es tat ihr aber immer weh, wenn sie sah, wie dies das Tier schmerzte, dem nach jeder Zurückweisung das Wasser in die Augen lief, als ob es bitterlich weinte.

Eines Tages fragte das Tier die Kaufmannstochter, ob sie nicht noch einen Wunsch habe. »Ach ja«, sagte sie, »wenn ich nur einmal mit meinen Eltern reden könnte, damit sie wissen, daß ich noch am Leben bin und daß es mir hier gut geht.« »Dieser Wunsch kann erfüllt wer-

den«, sagte das Tier, »doch paß genau auf, was ich dir jetzt sage. Du mußt wieder beim Schlafengehen den Ring abziehen, ihn aber bei dir lassen. Wenn du aufwachst, wirst du bei deinen Eltern sein. Eine Stunde lang darfst du mit ihnen sprechen. Wenn die Zeit um ist, mußt du den Ring wieder anstecken und du wirst sofort wieder hier sein.«
Froh versprach sie alles zu tun. Als sie nun bei ihren Eltern war, verging die Stunde so schnell, daß sie gar nicht mehr an den Ring dachte, den sie an einem Band am Halse trug. Und als sie daran dachte, kam ihr in den Sinn, daß es doch besser wäre, wenn sie daheim bliebe. Warum sollte sie denn ihr ganzes Leben mit einem solchen Untier hinbringen? Es währte aber nicht lang, so begann es ihr doch zu Herzen zu gehen, daß sie ihr Versprechen nicht gehalten habe, ja, sie fühlte Sehnsucht nach dem verlassenen Tier und es wurde ihr bange darum. Da nahm sie Abschied von ihren Leuten, tat den Ring wieder an den Finger, und war im selben Augenblick wieder im Schloß.
Hier eilte sie von Zimmer zu Zimmer, um das Tier zu suchen. Es war aber nirgends zu finden. Rufend und klagend lief sie durch das ganze Schloß, nichts war zu sehen und nichts war zu hören. Verzweifelt begab sie sich in den Garten, um auch da zu suchen. Und dort lag auch wirklich das Tier am Boden und rührte sich nicht. »Durch meine Schuld ist es um das Leben gekommen«, jammerte die Jungfrau, beugte sich über das Tier und nahm den Kopf in die Hand. Vor Schmerz und Herzeleid vergaß sie ganz, wie häßlich es war, und küßte es auf den Kopf.
Da war nun auf einmal kein wildes Tier mehr da, sie hielt einen wunderschönen Jüngling in ihrem Arm. Und das war ein Königssohn, dem das große Schloß gehörte und alles, was darin und darum war. Eine alte Hexe hatte ihn zu diesem häßlichen Ungetüm verwünscht und er konnte nur durch eine Jungfrau erlöst werden, die den Mut hatte, das wilde Tier zu küssen. Und das war die brave Kaufmannstochter gewesen.
Bald wurde die Vermählung der beiden gefeiert, und sie lebten in bester Eintracht miteinander. Während die zwei Schwestern vor Neid über das Glück der Jüngsten fast zersprangen, hatten ihre Eltern große Freude und kamen zu ihr in das Königsschloß, wo sie von Herzen froh und glücklich waren.

# 65  DIE GESCHICHTE VON DER ALTEN UHR

In einem Häuschen an der Straße, das einen kleinen Vorgarten hatte, lebte ein armer Weber mit seinem Weibe und ihrem Knaben namens Felix. Ihre Wohnung bestand aus einem einzigen Zimmer, das nebst den notwendigsten Einrichtungsstücken auch einen Webstuhl und eine Unzahl Vogelbauer enthielt; denn der Weber war ein großer Vogelfreund und übertrug diese Liebhaberei auch auf seinen Sohn, der ebenfalls kein größeres Vergnügen kannte, als Vogelstellen und den Gefangenen auf einer kleinen Drehorgel verschiedene Weisen vorzuspielen, welche die Vögel dann sangen.

Als Felix erwachsen war, ging er, wie alle Handwerker zu tun pflegen, in die Fremde, und seine Eltern gaben ihm nebst ihrem Segen einen Taler – ihr ganzes Vermögen – als Zehrpfennig mit auf die Reise. Sie weinten sehr, als er Abschied nahm und ermahnten ihn, nur immer brav zu bleiben und nie ein Unrecht zu begehen; und er ging fröhlich und wohlgemut in die Welt.

Als er in die erste große Stadt kam, war dort gerade Markt, und er schlenderte, sein Ränzel am Rücken, durch die Straßen und sah sich die Stadt und das Markttreiben an. Da kam er auf einen Platz, wo der Vogelmarkt abgehalten wurde und sah unzählige einheimische und auch fremdländische Vögel, unter anderen auch einen Vogel mit einem prachtvollen Gefieder. Er fragte nach dem Preis desselben und man sagte ihm, er koste einen Taler. Nun hatte er wohl noch seinen Taler in der Tasche, so daß er ihn bezahlen konnte, aber er dachte: »Was fange ich denn an ohne Geld?« Weil der Vogel aber gar so schön war, so tat er das, was alle jene tun, die einer Leidenschaft alles opfern. Er überlegte nicht lange, sondern nahm seinen Taler und kaufte den Vogel. Er nahm ihn in Empfang samt dem Käfig und setzte seine Wanderschaft fort.

Nun kam er in einen tiefen Wald, der gar kein Ende nehmen wollte, der Hunger meldete sich, aber aus lauter Verlangen, den Vogel zu besitzen, dachte er nicht daran, daß er in Not kommen könnte und jetzt fiel es ihm erst ein, daß er einen dummen Streich gemacht hatte und es jedenfalls besser gewesen wäre, sich mit Lebensmitteln zu versehen. Aber das war nun zu spät, und er trabte, den Vogelkäfig in der Hand, mit knurrendem Magen weiter. Er dachte, der Wald wird doch endlich ein Ende nehmen und er wieder unter Menschen kommen, die ihm etwas zu essen schenken werden. Aber er irrte sich, es wurde Mittag, schon bald Abend und der Wald nahm noch kein Ende. Nun hielt er es nicht länger aus vor Hunger, und in der Verzweiflung nahm er den Vogel aus dem Käfig, um ihn zu töten und zu verspeisen, damit er sich seinen Hunger stillen könne. Da fing der Vogel an zu sprechen und sagte: »Töte mich noch nicht, sondern trage mich noch eine halbe Stunde weiter, dann wird der Wald zu Ende sein und du wirst zu einem Jagdschloß kommen, darin sich gerade der König mit seinem Gefolge befindet. Gehe hinein mit mir zum König und in dessen Angesicht nehme mich heraus, werfe mich zur Erde und zertrete mich mit den Füßen. Ich bin der Sohn des Königs, es hat mich ein böser Zauberer in einen Vogel verwandelt mit dem Bedeuten, daß ich nur dann erlöst werden könne, wenn ich in dieser Vogelgestalt vor dem Antlitze meines Vaters zertreten werde. Der König wird eine große Freude haben, wenn er mich sehen wird und dich in seine Schatzkammer führen und dir sagen, du mögest dir von seinen Schätzen aussuchen, was du willst; und da gebe ich dir aus Dankbarkeit einen Rat: Es hängt in der Schatzkammer an der Wand eine altertümliche Uhr, diese verlange, sonst nichts.«

Der junge Mann war sehr erstaunt über das, was der Vogel sprach und befolgte, was er sagte. In einer halben Stunde lichtete sich der Wald, man sah zu beiden Seiten des Weges parkartige Anlagen, welche immer schöner wurden, bis endlich ein schönes Schloß vor seinen Augen auftauchte. Er ging also hinein und obwohl ihn die Diener nicht einlassen wollten, taten sie es dennoch, weil er sagte, er bringe dem König Nachricht von seinem Sohne.

Dieser saß gerade mit seinem Gefolge bei der Tafel und als er den Eindringling fragte, was er wünsche, nahm dieser den Vogel aus dem Käfig, warf ihn zur Erde und zertrat ihn. Plötzlich stand ein schöner junger Prinz vor dem König, fiel diesem zu Füßen und nannte ihn Vater. War das eine Freude, als der König seinen totgeglaubten Sohn wieder sah und voller Wonne sagte er zu Felix: »Verlange von mir, was du willst, ich gebe es dir, denn es ist mir nichts zu kostbar für dieses Wiedersehen!« Er nahm ihn bei der Hand, führte ihn in seine Schatzkammer und ließ ihn von all den Kostbarkeiten, die dort angehäuft waren, aussuchen, was er wolle. Felix sah sich um und entdeckte richtig an einer Wand eine altertümliche Uhr, welche er sich ausbat. Der König sah ihn an und sprach: »Von allen meinen Schätzen ist dies

der kostbarste und nie hätte ich mich davon getrennt, aber ich gab dir mein Wort, daß ich dir das geben will, was du dir aussuchen wirst, daher nimm sie hin.« Er nahm die Uhr von der Wand und händigte sie ihm aus. Felix dankte und verließ das Schloß. Als er ein Stück gegangen war, fühlte er wieder großen Hunger, den er während dieser Ereignisse ganz vergessen hatte. »Ach«, dachte er, »hätte ich mir lieber anstatt dieser Uhr etwas zum Essen von der Tafel geben lassen, was nutzt sie mich, was habe ich von ihr, wenn ich vor Hunger verschmachte.« Dabei sah er sich dieselbe genau an und entdeckte auf dem Zifferblatte eine Inschrift, die vor Alter beinahe unerleserlich war. Mit vieler Mühe entzifferte er dieselbe, buchstabierte sie zusammen und las: »Mein Knecht.« Kaum sprach er diese Worte aus, tauchte vor ihm ein kleines Männchen auf, das sagte: »Was schaffens, mein Herr?« Der Felix erschrak so darüber, daß er aus lauter Bestürzung antwortete: »Nichts, nichts«, und das Männchen verschwand. Nun dachte Felix nach über diese Erscheinung und brachte sie mit der Uhr in Verbindung. Da ging ihm erst ein Licht auf, was die Uhr für einen Wert habe. Um sich zu überzeugen, ob das Männchen wiederkommen wird, nahm er nochmals die Uhr zur Hand und las die Inschrift »Mein Knecht«. Flugs war dasselbe wieder da und sagte: »Was schaffens, mein Herr?« »Ich wünsche, daß du mir etwas zum Essen und Trinken bringst,« sagte Felix, und kaum sprach er diesen Wunsch aus, verschwand das Männchen und nicht lange, tauchte es vor ihm mit einem Tischchen und einem Korb auf, deckte ein Tuch über ersteres und nahm aus dem Korbe eine Schüssel mit köstlichen Speisen und eine Flasche Wein hervor, stellte alles zurecht und wartete, bis Felix gesättigt war. Dann nahm das Männchen Tisch und Geschirr und verschwand damit. Jetzt war der Felix froh und dankte im stillen dem Prinzen für seinen Rat. »Ach«, dachte er, »das wird jetzt ein Leben werden, so oft ich Hunger haben werde, bekomme ich das beste Essen. Ich möchte nur wissen, ob mir der kleine Kerl auch andere Dinge bringen würde, wenn ich sie verlange, ich muß es doch versuchen.« Er nahm daher die Uhr zur Hand und las »Mein Knecht«. Flugs war der Kleine da und sagte: »Was schaffens, mein Herr?« »Ich möchte schöne Kleider haben und ein Pferd zum Reiten, dann eine Börse mit Geld,« sagte er. »Gleich, gleich,« sprach das Männchen und verschwand und in einer Weile kam es zurück mit einem prachtvollen Reitpferd und breitete vor dem Felix schöne feine Kleider aus. Dieser zog sich sofort dieselben an und als er in die Tasche fuhr, spürte er eine schwere Börse darin, in der sich lauter Goldstücke befanden. Er setzte sich aufs Pferd und ritt wohlgemut weiter.

Nun durchstreifte er die halbe Welt, wozu er volle drei Jahre brauchte. Alles, was er wünschte, verschaffte ihm sein kleiner Zauberer; und als er alles Sehenswerte und Merkwürdige in Augenschein genommen hatte, bekam er Heimweh, es verlangte ihn, seine Eltern wiederzusehen; daher trat er die Rückreise an und kam eines Tages in seinem Heimatsorte an.

Als er zu dem Häuschen seiner Eltern kam, sah er seine Mutter im Vorgärtchen in gebückter Stellung Unkraut jäten. Er stieg vom Pferde, band es an den Staketenzaun und trat hinein. Seine Mutter sah in die Höhe und gewahrte einen fremden feinen Herrn und frug, was er wünsche? »Ach, Mutter,« rief er, »kennt Ihr mich nicht mehr, habe ich mich so verändert in den drei Jahren?« Nun sah sie ihn näher an, aber sie wollte es nicht glauben, daß dies ihr Felix sei, denn dieser ging als armer Handwerksbursche von dannen und sollte jetzt als feiner Herr zurückkommen? Das war ja nicht möglich. Der riß aber seine Halsbinde herunter und zeigte ihr ein Mal und da erkannte sie ihn. Welche Freude! Sie rief ihren Mann: »Alter, komm nur schnell heraus, unser Felix ist wieder da und ist ein großer Herr geworden.« Nun kam auch der Vater und teilte die Freude seines Weibes. Der Sohn mußte erzählen, wie es ihm erging; da erfand er eine Geschichte in bezug auf seinen Reichtum, denn er hatte sich gelobt, keiner Seele, selbst seinen Eltern nicht, von der wunderbaren Uhr etwas zu sagen.

Als die Freude des Wiedersehens vorüber war, kam Felix das Häuschen seiner Eltern doch gar zu armselig vor, denn er war auf seinen Reisen gewohnt, in den besten und teuersten Gasthäusern einzukehren und sich nichts zu versagen. Daher berief er durch die Uhr seinen kleinen Diener und trug demselben auf, ihm vor der Stadt ein großes schönes Haus bauen zu lassen, darin er mit seinen Eltern wohnen kann. Und richtig, es dauerte nicht lange, war das Haus mit Hilfe von unsichtbaren Geistern fertig und im Innern sehr schön ausgestattet. Felix bezog es mit seinen Eltern und lebte darin ganz zufrieden und vergnügt.

Nun verbreitete sich in der Stadt das Gerücht von seinem großen Reichtum und seine Mutter war es selbst, die zu diesem Gerüchte beitrug, indem sie bei ihren Bekannten erzählte, was ihr Sohn in der

Fremde für ein Glück machte und für kostbare Dinge mitbrachte. Auch die Tochter des Statthalters hörte davon und war neugierig, ihn kennen zu lernen. Sie ließ einmal seine Mutter kommen und fragte sie, woher der Sohn das viele Geld habe und sie soll ihm sagen, er möge einmal in die Gesellschaft kommen, die sich jede Woche an einem bestimmten Tag in ihrem Hause versammelte. Die Mutter fühlte sich sehr geschmeichelt durch diese Einladung und versprach, daß ihr Sohn mit Vergnügen derselben Folge leisten werde. Aber sie hatte sich getäuscht, er wollte nichts wissen davon, sondern ließ sich von seinem geheimnisvollen Diener einen goldenen, mit Diamanten besetzten Gürtel kommen, den sandte er durch seine Mutter zu dieser Dame. Sie nahm ihn an und wurde nur noch neugieriger, Felix zu sehen. Abermals lud sie ihn ein, aber er ging nicht hin, sondern sandte ihr ein zweitesmal ein Diadem von Diamanten, das war so schön, daß es eine Königin hätte tragen können. Nun sagte die Dame, ich sehe schon, es bleibt nichts anderes übrig, als daß ich selbst komme, um mich persönlich für diese kostbaren Geschenke zu bedanken. Richtig kam sie einmal angefahren im größten Putz und stattete ihren Dank ab. Felix fand Gefallen an ihr, und was er bis jetzt unterließ, tat er nun, er besuchte auch sie, und es dauerte nicht lange, so heirateten sie sich. Er ließ sich von seinem kleinen Zauberer ein großes schönes Schloß bauen und dasselbe mit dem größten Luxus ausstatten, dann machte er seiner Frau großartige Geschenke und dadurch gewann er sie. Wäre er arm gewesen, so hätte sie ihn verachtet, aber weil er so reich war, nahm sie ihn und zeigte dadurch, was sie für ein habsüchtiges, falsches Geschöpf war. Er hatte aber keine Ahnung davon und hielt sie für wahr und aufrichtig.
Als sie eine Zeitlang verheiratet waren, fragte einst die Frau den Felix, woher er denn seinen großen Reichtum habe. Aber er wollte ihr's nicht gestehen, da schmeichelte sie ihm so lange, bis er ihr endlich anvertraute, daß er eine alte Uhr habe und wenn man auf dieselbe schaue und die Schrift, welche darauf eingegraben ist, ablese, so erscheine ein kleines Männchen und erfülle alle Wünsche des Rufers.
Nun hatte die Frau von dieser Stunde an keinen innigeren Wunsch mehr, als sich diese Uhr anzueignen, aber Felix trug sie immer bei sich, nur nachts hängte er sie ober seinem Bett an die Wand.
Einmal war große Jagd, an welcher Felix auch teilnahm, und weil er sich früh morgens sehr beeilen mußte, um rechtzeitig zur Jagdgesell-

schaft zu kommen, vergaß er die Uhr mitzunehmen. Als er fort war, kam seine Frau in sein Zimmer und entdeckte dort die Uhr an der Wand. Nun nahm sie dieselbe voller Freude herab, besah sie und las die Inschrift ab »Mein Knecht«. Sofort stand das Männchen vor ihr und fragte, was sie schaffe. »Ich wünsche, daß du meinen Mann, den Felix, der sich gegenwärtig in dem Walde befindet, wo die Jagd abgehalten wird, verbannst, so daß er aus dem Walde nicht mehr heraus kann.« Und dieser Wunsch wurde erfüllt.
Als der arme Felix mit der übrigen Gesellschaft nach Hause gehen wollte, wurde er von einer unsichtbaren Macht zurückgehalten, so daß er die Grenze des Waldes nicht überschreiten konnte und darin bleiben mußte. Anfangs konnte er es nicht erklären, was das zu bedeuten hat, aber endlich ging ihm ein Licht auf, als er die Uhr vermißte. Er wurde sehr traurig und dachte fortwährend nach, auf welche Weise er sie wieder erlangen könnte. Vor allem mußte er trachten, sich im Walde häuslich einzurichten. Er entdeckte eine Höhle, in die er sich Laub trug zum Schlafen und glücklicherweise hatte er noch ziemlich viel Pulver und Blei, um sich Wild zur Nahrung schießen zu können. Um den Wald herum lief ein Fluß, an dessen Ufer er oft spazieren ging, weil er von da sein Schloß sehen konnte; da bemerkte er, daß seine Stelle schon von einem anderen besetzt war, indem seine Frau mit einem fremden Manne aus dem Fenster sah. Einmal briet er sich ein Stück Wildpret am Feuer und als er sich anschickte, es zu verzehren, kam ein Hund und eine Katze zu ihm und baten ihn um ein Stück Fleisch. Er gab es ihnen und als sie dasselbe verzehrt hatten, bedankten sie sich und sagten: »Vielleicht können wir dir auch einmal einen Dienst leisten; wenn du uns jemals brauchen sollst, so rufe uns nur, wir heißen Mutz und Mitz.« Als sie fort waren, dachte er darüber nach, auf welche Weise ihm diese Tiere nützlich sein könnten und ob es möglich wäre, daß er durch sie die Uhr erlangen könnte. Während er sann, kam ein Mäuschen heran in seine Nähe, das bat ihn ebenfalls um ein Stückchen Fleisch und er gab ihm den Rest seines Mahles. Da sagte das Mäuschen; »Lieber Herr, dafür, daß Sie mich gesättigt haben, werde ich ihnen etwas mitteilen. Ich weiß, woran Sie Tag und Nacht denken und wenn Sie wollen, werde ich Ihnen die Uhr, die so einen großen Wert für Sie hat, zurückbringen. Aber allein kann ich das nicht, Sie müssen sich den Hund und die Katze dazurufen.« Nun rief er: »Mutz, Mitz!« und sofort kamen sie gerannt. Da sagte das

Mäuschen zu ihnen: »Wir wollen dem Herrn da die Uhr im Schloß holen. Der Mutz kann gut schwimmen, der nimmt die Katze am Rükken, ich setze mich auf sie und wir schwimmen hinüber. Die Mitz springt aufs Fenster, wo die Frau schläft und schlägt das Glas durch, ich schlüpfe hinein, nehme die Uhr von der Wand ins Maul und werfe sie hinunter dem Mutz und so schwimmen wir damit übers Wasser zurück.«

Diesen Plan fand Felix sehr gut und als die Nacht herankam, wurde er richtig ausgeführt. Es war gerade Mondschein, daher sah man alles sehr gut; die Katze setzte sich auf den Hund, die Maus auf die Katze und so schwammen sie hinüber. Die Katze sprang aufs Fenster, das ihr Felix zuvor bezeichnete, schlug ganz vorsichtig ein kleines Loch durch, so daß die Maus hineinkriechen konnte; und diese kroch hinein, fand richtig die Uhr an der Wand, krabbelte hinauf, nahm sie herunter und ging damit zum Fenster, reichte sie der Katze hinaus, die darauf wartete und diese warf sie dem Hund hinunter, der sie auffing. Dies alles wurde so geschickt ausgeführt, daß die Frau, welche in dem Zimmer schlief, nichts davon hörte. Nun ging es in derselben Ordnung wieder zurück über den Fluß, nur daß die Katze die Uhr im Maul hatte. Als sie in der Mitte des Flusses angekommen waren, sagte der Hund: »Du, Mitz, hältst du auch die Uhr fest?« »Ja«, sprach diese, aber o Schreck, als sie das Maul öffnete, um »ja« zu sagen, entfiel ihr die Uhr und war nun am Grunde des Wassers. Der arme Felix wartete mit Schmerzen am anderen Ufer auf die drei Tiere und als sie kamen, brachten sie erst keine Uhr und überhäuften sich gegenseitig mit Vorwürfen. Der Hund gab der Katze und diese dem Hunde Schuld, da jagte er sie davon und versank in eine dumpfe Verzweiflung. Er schlief die ganze Nacht nicht und als die Sonne aufging, befand er sich noch immer auf derselben Stelle.

Da sah er in seiner Nähe einen Fisch im Sande liegen, der sich vergebens abmühte, wieder ins Wasser zu gelangen. Weiß Gott, auf welche Weise er ans Ufer geriet, und weil Felix ein sehr mitleidiges Herz hatte und alle Tiere liebte, so tat es ihm leid um den Fisch, daß er sich so abmühen mußte, er hob ihn daher empor und gab ihn zurück ins Wasser. Da tauchte der Fisch nochmals in die Höhe und sprach zum Felix: »Du hast mir eine große Wohltat erwiesen, daß du mich zurück ins Wasser gabst, dafür will ich auch dir einen Dienst erweisen; wenn du mich je brauchen solltest, so werfe nur einen Stein ins Wasser und rufe »Mutz« und ich werde kommen.« Da sagte Felix: »Wenn du mir wirklich einen Dienst erweisen willst, so tue es auf der Stelle und suche mir die Uhr, welche die Katze ins Wasser fallen ließ.« Da tauchte der Fisch in die Tiefe und suchte die Uhr. Felix stand zitternd da und wartete und dachte: »Bringt mir der Fisch die Uhr nicht zurück, so muß ich ewig in dem Wald bleiben.« Endlich kam der Fisch in die Höhe und, o Freude, mit der Uhr im Maule. Felix nahm sie in Empfang und erschöpfte sich in Danksagungen gegen den Fisch.

Er sah auf die Uhr und sprach: »Mein Knecht.« Da kam sofort das Männchen und fragte, was er schaffe, und er sprach: »Ich möchte frei sein und die Verbannung, die mich hier hält, aufgehoben haben,« und siehe, er konnte weitergehen ohne Hindernis. Nun ging er in sein Schloß und wollte seine Frau zur Rede stellen, aber sie war gerade ausgefahren mit ihrem Bräutigam, den sie heiraten wollte, weil sie das Gerücht ausstreute, ihr Mann sei auf der Jagd verunglückt und im Walde umgekommen. Diese Nachricht empörte ihn derart, daß er sofort das Männchen mittels der Uhr herzitierte und als es ihn fragte, was er schaffe, sagte er: »Ich wünsche, daß du mir zwei Fässer hierher bringst, die müssen so groß sein, daß ein Mensch darin Platz hat, dann müssen sie im Innern mit spitzigen Nägeln so ausgeschlagen sein, daß die Spitzen im Innern hervorragen und wenn diese Fässer zur Stelle sein werden, dann wirst du meine Frau und ihren Bräutigam hierher bringen und in ein jedes Faß eines hineinsetzen, dieselben zuschlagen und von einem Berg herunterrollen lassen.« Und so geschah es. Das Männchen berief seine unsichtbaren Geister, diese nahmen die zwei Leute gefangen, steckten sie in die bereitgehaltenen Fässer und führten sie auf einen Berg, von dem sie dieselben herunterrollen ließen und sie gingen auf diese Weise jämmerlich zugrunde.

Felix ging heim zu seinen Eltern und lebte fortan mit ihnen bis zu ihrem Tode.

## 66  DER KRAUTESEL

Es war einmal ein junger Jäger, der ging in den Wald auf den Anstand. Er hatte ein frisches und fröhliches Herz. Als er daherging und auf einem Blatt pfiff, kam ein altes, häßliches Mütterchen. Das redete ihn an und sprach: »Guten Tag, lieber Jäger! Du bist wohl lustig und ver-

gnügt, aber ich leide Hunger und Durst. Gib mir doch ein Almosen!«
Den Jäger dauerte das Mütterchen. Er griff in die Tasche und reichte
der alten Frau etwas nach seinem Vermögen. Nun wollte er weitergehen, aber sie hielt ihn an und sprach: »Höre, lieber Jäger, was ich dir
sage! Für dein gutes Herz will ich dir ein Geschenk machen. Geh nur
immer deiner Wege, über ein Weilchen wirst du an einen Baum kommen, auf dem neun Vögel sitzen, die einen Mantel in den Krallen haben und sich darum raufen. Da lege deine Büchse an und schieße mitten drunter! Den Mantel werden sie dir wohl fallen lassen, aber auch
eines von den Vöglein wird getroffen sein und tot herabstürzen. Den
Mantel nimm mit dir! Es ist ein Wunschmantel. Wenn du ihn um die
Schultern wirfst, brauchst du dich nur an einen Ort zu wünschen und
im Augenblick bist du dort. Aus dem toten Vogel nimm das Herz
heraus und verschluck es ganz! Dann wirst du allen und jeden Morgen
früh beim Aufstehen ein Goldstück unter deinem Kopfkissen finden.« Der Jäger dankte der weisen Frau und dachte bei sich: »Schöne
Dinge, die sie mir versprochen hat! Wenn alles nur auch so einträfe!«
Doch als er etwa hundert Schritte gegangen war, hörte er über sich
in den Ästen ein Geschrei und Gezwitscher, daß er aufschaute. Er sah
einen Haufen Vögel, die rissen mit den Schnäbeln und Füßen ein
Tuch herum, schrien, zerrten und balgten sich, als ob ein jeder es allein haben wollte. »Nun«, sprach der Jäger, »das ist wunderlich! Es
kommt gerade so, wie das Mütterchen gesagt hat.« Er nahm die
Büchse von der Schulter, legte an und tat seinen Schuß mitten hinein,
daß die Federn herumflogen. Alsbald nahm das Getier mit großen
Schreien die Flucht, aber ein Vogel fiel tot herab und der Mantel sank
ebenfalls herunter. Da tat der Jäger, wie ihm die Alte geheißen hatte,
schnitt den Vogel auf, suchte das Herz und schluckte es herunter.
Dann nahm er den Mantel und ging nach Hause. Am anderen Morgen, als er aufwachte, fiel ihm die Verheißung ein und er wollte sehen,
ob sie auch eingetroffen wäre. Als er sein Kopfkissen in die Höhe hob,
da schimmerte ihm das Goldstück entgegen. Am nächsten Morgen
fand er wieder eins und so weiter jedesmal. Er sammelte sich einen
Haufen Gold. Endlich aber dachte er: »Was hilft mir all mein Gold,
wenn ich daheim bleibe? Ich will ausziehen und mich in der Welt umsehen.« Er nahm von seinen Eltern Abschied, hängte seinen Jägerranzen und seine Flinte um und zog in die Welt.
Es trug sich zu, daß er eines Tages durch einen dicken Wald kam, und

als er zu Ende war, lag in der Ebene vor ihm ein ansehnliches Schloß. In einem Fenster desselben stand eine Alte mit einer wunderschönen Jungfrau und schaute herab. Die Alte aber war eine Hexe. Sie sprach zu dem Mädchen: »Dort kommt einer aus dem Wald, der hat einen wunderbaren Schatz im Leib, den müssen wir darum berücken, mein Herzenstöchterchen, denn uns steht das besser als ihm. Er hat ein Vogelherz bei sich, deshalb liegt jeden Morgen ein Goldstück unter seinem Kopfkissen.« Sie erzählte der Tochter, wie es damit beschaffen wäre und wie sie darum zu spielen hätte, und zuletzt drohte sie und sprach mit zornigen Augen: »Und wenn du mir nicht gehorchst, so wirst du es büßen müssen!«
Als nun der Jäger näher kam, erblickte er das schöne Mädchen und sprach zu sich: »Ich bin jetzt so lange herumgezogen, daher will ich einmal ausruhen und in das herrliche Schloß einkehren, Geld habe ich ja vollauf.« Eigentlich aber war die Ursache, daß er ein Auge auf das schöne Bild geworfen hatte. Er trat in das Haus ein und wurde freundlich empfangen und höflich bewirtet. Es dauerte nicht lange, und er war so in die Hexentochter verliebt, daß er an nichts anderes mehr dachte und nur nach ihren Augen sah, und was sie verlangte, das tat er gerne.
Da sprach die Alte: »Nun müssen wir das Vogelherz haben, er wird nichts spüren, wenn es ihm fehlt.« Sie richtete einen Trank zu, und als er gekocht war, tat sie ihn in einen Becher und gab ihn dem Mädchen, das mußte ihn dem Jäger reichen. Und als es sprach: »Nun, mein Liebster, trink mir zu!« da nahm er den Becher. Nachdem er den Trank geschluckt hatte, brach er das Herz des Vogels aus dem Leibe. Das Mädchen mußte es heimlich fortschaffen und dann selbst verschlucken, denn die Alte wollte es haben. Von dem Tage an fand er kein Gold mehr unter seinem Kopfkissen, sondern es lag unter dem Kissen des Mädchens, wo es die Alte jeden Morgen holte. Aber er war so verliebt und vernarrt, daß er an nichts anderes als an das Mädchen dachte.
Da sprach wiederum eines Tages die Alte: »Das Vogelherz haben wir, aber den Wunschmantel müssen wir ihm auch abnehmen.« Das Mädchen antwortete: »Den wollen wir ihm lassen, er hat ja doch seinen Reichtum verloren.« Auf das ward die Alte böse und sagte: »So ein Mantel ist ein wunderbares Ding, das selten auf der Welt gefunden wird, den soll und muß ich haben.« Sie gab dem Mädchen Anschläge

und Weisungen und sagte, wenn es nicht gehorche, solle es ihm schlimm ergehen. Und so tat das Mädchen nach dem Geheiß der Alten, stellte sich einmal ans Fenster und schaute in die weite Gegend, als wäre es ganz traurig. Der Jäger fragte: »Was stehst du so traurig da?« »Ach, mein Schatz«, gab es zur Antwort, »da gegenüber liegt der Granatenberg, wo die köstlichen Edelsteine wachsen. Ich trage so großes Verlangen danach, daß ich ganz traurig bin, wenn ich daran denke. Aber wer kann sie holen? Nur die Vögel, die fliegen, kommen hin, ein Mensch nimmermehr.« »Hast du weiter nichts zu klagen«, sagte der Jäger, »den Kummer will ich dir bald vom Herzen nehmen.« Damit faßte er es unter seinen Mantel und wünschte sich hinüber auf den Granatenberg. Im selben Augenblick saßen sie auch beide darauf. Da schimmerte das edle Gestein von allen Seiten, daß es eine Freude war anzusehen, und sie lasen die schönsten und kostbarsten Stücke zusammen. Nun hatte es aber die Alte durch ihre Hexenkunst bewirkt, daß dem Jäger die Augen schwer wurden. Er sprach zu dem Mädchen: »Wir wollen ein wenig niedersitzen und ruhen. Ich bin so müde, daß ich mich nicht mehr auf den Füßen halten kann.« Da setzten sie sich, er legte sein Haupt in den Schoß des Mädchens und schlief ein. Als er entschlafen war, band es ihm den Mantel von der Schulter und hängte ihn sich selbst um, las die Granaten und Edelsteine auf und wünschte sich damit nach Hause.

Als der Jäger nach einem langen Schlafe aufwachte, sah er, daß seine Liebste ihn betrogen und auf dem wilden Gebirge allein gelassen hatte. »Wie ist doch die Untreue so groß in der Welt!« klagte er und saß da in Sorge und Herzeleid und wußte nicht, was er anfangen sollte.

Der Berg aber gehörte wilden und ungeheuren Riesen, die darauf wohnten und ihr Wesen trieben. Der Jäger saß auch nicht lange, so sah er schon ihrer drei daherschreiten. Schnell legte er sich nieder, als wäre er in tiefen Schlaf versunken. Die Riesen kamen herbei, und der erste stieß ihn mit dem Fuß an und sprach: »Was liegt denn da für ein Erdwurm und beschaut sich inwendig?« Der zweite meinte: »Tritt ihn tot!« Der dritte aber sprach verächtlich: »Das wäre der Mühe wert! Laßt ihn nur leben, hier kann er nicht bleiben, und wenn er höher steigt bis auf die Bergspitze, so packen ihn die Wolken und tragen ihn fort!« Unter diesem Gespräch gingen sie vorüber, der Jäger aber hatte auf ihre Worte gemerkt, und sobald sie fort waren, stand er auf und stieg den Berggipfel hinauf. Als er ein Weilchen dort gesessen hatte, schwebte eine Wolke heran, ergriff ihn, trug ihn fort und zog eine Zeitlang am Himmel hin, dann senkte sie sich und ließ sich über einem großen, rings mit Mauern umgebenen Krautgarten nieder, also daß der Jäger zwischen Kohl und Gemüsen sanft auf den Boden kam.

Er sah sich verwundert um und seufzte: »Ach, wenn ich nur etwas zu essen hätte! Ich bin so hungrig, und mit dem Weiterkommen wird's schwerfallen. Aber hier sehe ich keinen Apfel und keine Birne und keinerlei Obst, überall nichts als Kraut.« Endlich dachte er: »Zur Not kann ich von dem Salat essen, der schmeckt wohl nicht sonderlich, wird mich aber erfrischen.« Also suchte er sich ein schönes Krauthaupt heraus und aß davon. Aber kaum hatte er ein paar Bissen hinabgewürgt, so war ihm so wunderlich zumute und er fühlte sich ganz verändert. Es wuchsen ihm vier Beine, ein dicker Kopf und zwei lange Ohren, und er sah mit Schrecken, daß er in einen Esel verwandelt war. Doch weil er dabei immer noch großen Hunger spürte und ihm der saftige Salat nach seiner jetzigen Natur gut schmeckte, so aß er mit großer Gier immerzu. Endlich gelangte er an eine andere Art Salat, aber kaum hatte er etwas davon verschluckt, so fühlte er aufs neue eine Veränderung und kehrte in seine menschliche Gestalt zurück.

Nun legte sich der Jäger nieder und schlief seine Müdigkeit aus. Als er am andern Morgen erwachte, brach er ein Haupt von dem bösen und eins von dem guten Salat ab und dachte: »Das soll mir zu meinen Schätzen wieder helfen und die Treulosigkeit bestrafen.« Dann steckte er die Häupter zu sich, kletterte über die Mauer und ging fort, das Schloß der Hexe und ihrer Tochter zu suchen. Als er ein paar Tage herumgestrichen war, fand er es glücklicherweise wieder. Da bräunte er sich schnell sein Gesicht, daß ihn seine eigene Mutter nicht erkannt hätte, ging in das Schloß und bat um eine Herberge. »Ich bin so müde«, sprach er, »und kann nicht weiter.« Und als ihn die Hexe fragte, was er sei und welches Geschäft er betreibe, antwortete er: »Ich bin ein Bote des Königs und war ausgeschickt, den köstlichsten Salat zu suchen, der unter der Sonne wächst. Ich bin auch so glücklich gewesen, ihn zu finden, und trage ihn bei mir, aber die Sonnenhitze brennt gar zu stark, daß mir das Kraut zu welken droht, und ich weiß nicht, ob ich es weiterbringen werde.«

Als die Alte von dem köstlichen Salat hörte, ward sie lüstern und sprach: »Lieber Mann, laßt mich doch den wunderbaren Salat versuchen!« »Warum nicht?« entgegnete er, »ich habe zwei Häupter mitgebracht und will Euch eines geben.« Er machte den Sack auf und reichte ihr das böse Haupt hin. Die Hexe dachte an nichts Arges, und der Mund wässerte ihr so sehr nach dem neuen Gericht, daß sie selbst in die Küche ging und es zubereitete. Als es fertig war, konnte sie nicht warten, bis es auf dem Tisch stand, sondern sie nahm gleich ein paar Blätter und steckte sie in den Mund. Kaum aber waren sie verschluckt, so war auch die menschliche Gestalt verloren, und sie lief als eine Eselin hinab in den Hof. Inzwischen war die Magd in die Küche gekommen. Sie sah den fertigen Salat stehen und wollte ihn auftragen. Unterwegs aber überfiel sie, nach alter Gewohnheit, die Lust zu versuchen, und sie aß ein paar Blätter. Alsbald zeigte sich die Wunderkraft, und sie ward ebenfalls zu einer Eselin und lief hinaus zu der Alten. Die Schüssel mit Salat aber fiel auf die Erde.

Der Jäger saß in der Zeit bei dem schönen Mädchen, das auch lüstern nach dem Salat war. Als niemand damit kam, sprach es: »Ich weiß nicht, wo der Salat bleibt« »Ich will nach der Küche gehen und mich erkundigen«, sagte der Jäger und dachte, daß das Kraut nun schon gewirkt haben könnte. Als er hinabkam, sah er die zwei Eselinnen im Hof herumlaufen, der Salat aber lag auf der Erde. »Schon recht«, sprach er, »die zwei haben ihr Teil weg«, und hob die übrigen Blätter auf, legte sie auf die Schüssel und brachte sie dem Mädchen. »Ich bringe Euch selbst das köstliche Essen«, sagte er, »damit Ihr nicht länger zu warten braucht.« Da aß es davon und ward alsbald wie die übrigen seiner menschlichen Gestalt beraubt und lief als eine Eselin in den Hof.

Nachdem sich der Jäger sein Angesicht gewaschen hatte, also daß ihn die Verwandelten erkennen konnten, ging er hinab in den Hof und sprach: »Jetzt sollt ihr den Lohn für eure Untreue empfangen.« Er band sie alle drei an ein Seil und trieb sie fort, bis er zu einer Mühle kam. Hier klopfte er an das Fenster, der Müller steckte den Kopf heraus und fragte, was sein Begehren wäre. »Ich habe drei böse Tiere«, antwortete er, »die ich nicht länge behalten mag. Wollt Ihr sie aufnehmen, ihnen Futter und Lager geben und sie halten, wie ich Euch sage, so zahle ich dafür, was Ihr verlangt.« Sprach der Müller bereitwillig: »Warum nicht? Wie soll ich sie aber halten?« Da sagte der Jäger, er

solle der alten Eselin, und das war die Hexe, täglich dreimal Schläge und einmal zu fressen geben, der jüngeren, welche die Magd war, einmal Schläge und dreimal Futter und der jüngsten, welche das Mädchen war, keinmal Schläge und dreimal zu fressen. Denn er konnte es doch nicht über das Herz bringen, daß das Mädchen sollte geschlagen werden. Darauf ging er zurück in das Schloß, und was er nötig hatte, das fand er alles darin.
Nach ein paar Tagen kam der Müller und sprach, er müßte melden, daß die alte Eselin, die nur Schläge bekommen hätte und nur einmal zu fressen, verendet sei. »Die zwei anderen«, sagte er weiter, »leben zwar noch und kriegen auch dreimal zu fressen, aber sie sind so traurig, daß es nicht lange mit ihnen dauern kann.« Da erbarmte sich der Jäger, ließ den Zorn fahren und trug dem Müller auf, daß er die Tiere zurücktreibe. Und als sie kamen, gab er ihnen von dem guten Salat zu fressen, daß sie wieder zu Menschen wurden.
Das schöne Mädchen fiel vor ihm auf die Knie und sprach: »Ach, mein Liebster, verzeiht mir, was ich Böses an Euch getan! Meine Mutter hatte mich dazu gezwungen, es ist gegen meinen Willen geschehen, denn ich habe Euch von Herzen lieb. Euer Wunschmantel hängt in einem Schrank, und für das Vogelherz will ich einen Brechtrunk einnehmen.« Da ward er anderen Sinnes und sprach: »Behalte es nur, es ist doch einerlei, denn ich will dich zu meiner treuen Ehegemahlin annehmen.« Und es ward Hochzeit gehalten, und sie lebten vergnügt miteinander bis an ihren Tod.

## 67 DIE DREI RABEN

Eine Frau hatte drei Söhne und ein kleines Töchterchen. Die Knaben waren sehr naschhaft und bereiteten der Mutter dadurch manchen Verdruß. Als sie wieder einmal einige Kuchen aus der »Almer« entwendet und verzehrt hatten, rief sie ihnen erzürnt zu: »So stehlt doch und esset, bis ihr zu Raben werdet.« Augenblicklich hörte sie ein Rauschen, und drei Raben flogen zum Fenster hinaus. Die Mutter bedauerte ihre Übereilung, konnte aber ihre Verwünschung nicht mehr ungeschehen machen.
Als die kleine Schwester heranwuchs, erinnerte sie sich häufig ihrer Brüder; so oft sie jedoch die Mutter nach denselben fragte, immer er-

hielt sie nur undeutliche Antworten. Weil sie aber ihre Brüder gar innig liebte, so nahm sie sich endlich vor, dieselben aufzusuchen, sie möchten sein, wo sie wollten, und machte sich auf den Weg.
Sie hatte viel von Wind und Wetter auszustehen und kam zuletzt in einen großen Wald. Dort von der Nacht ereilt, wußte sie nicht, wo sie schlafen sollte. Auf einmal sah sie in der Ferne ein Licht, und ohne sich lange zu bedenken, ging sie darauf los. Sie gelangte zu einer Hütte und klopfte an. Ein steinaltes Mütterchen kam heraus und fragte sie, was sie verlange. Sie bat und flehte um Nachtherberge, damit sie die Nacht nicht im Walde zubringen müsse. Die Alte schüttelte den Kopf und gab ihr zu verstehen, daß ihre Gegenwart ihr Bedenken und Sorge verursache. »Der Wind wohnt hier«, sagte sie, »und kommt um Mitternacht nach Hause. Wenn er Menschen in der Wohnung antrifft, so tobt und rast er gar sehr.« Das Mädchen aber erwiderte: »Ich werde mich in einem Winkel verstecken, wo er mich nicht findet.
Da gab das Mütterchen nach und sagte: »So lege dich auf den Backofen und verstecke dich in den alten Klunkern (Kleidungsstücke).« Das Mädchen war zu allem bereit, wenn es nur über Nacht bleiben dürfe. Schlag zwölf Uhr kam der Wind nach Hause. Brüllend rief er sofort: »Ich riech, ich rieche Menschenfleisch.« Die Alte versuchte ihm das auszureden, er aber stöberte alle Winkel durch und fand endlich das Mädchen. Zitternd an allen Gliedern erzählte sie ihm nun alles, was sich zu Hause zugetragen hatte und warum sie sich auf die Wanderung begeben habe.
Als sie nun auf ihre Brüder zu sprechen kam und das Schicksal derselben erwähnte, sprach der Wind: »Wohl weiß ich, wo deine Brüder sind, aber du wirst kaum zu ihnen gelangen; denn ihre Wohnung steht auf einem gläsernen Berg, auf welchen du nicht hinaufzukommen vermagst; doch will ich dir ein Mittel an die Hand geben, das dir vielleicht den Zugang möglich macht.«
Sodann befahl er seiner Frau, eine Henne zu schlachten und jedes Knöchlein aus dem Fleische zu lösen. Als dies geschehen war, gab er die Knöchlein dem Mädchen und riet ihr, dieselben wohl zusammenzuhalten. Wenn sie auf den gläsernen Berg hinaufsteigen wolle, so möge sie immer einen Schritt weit vor sich ein Beinchen in den Berg stecken. So würde sie festen Fuß fassen können. Anders wäre es ihr unmöglich, den Berg zu besteigen. Dann nahm er sie in seinen Mantel und trug sie an den Fuß des gläsernen Berges.

Sie befolgte nun genau die Vorschrift des Windes und steckte ein Beinchen ums andere in den Berg hinein. Als sie aber oben die äußerste Höhe erklimmen wollte, entfiel ihr das letzte Beinchen und rollte herab. Schnell entschlossen, biß sie sich ein Glied des kleinen Fingers ab und steckte es statt des Hühnerknöchleins in den Berg und kam so bis auf den Gipfel hinauf. Dort sah sie ein herrliches Schloß vor sich. Sie ging hinein und fand drei Betten und einen Tisch gedeckt. Drei Teller, drei Brote und ebensoviel Becher Wein standen auf demselben. Weil sie Hunger und Durst hatte, so aß sie von jedem Brot einen Bissen und trank aus jedem Becher einen Schluck. Plötzlich hörte sie etwas rauschen. Sie verkroch sich unter eines der Betten und sah, daß drei Raben hereinflogen, welche aber bald zu Menschen wurden.

Sie merkten, daß von jedem Becher ein Schluck getrunken und von jedem Brote ein Bissen gegessen war. Darüber wunderten sie sich sehr; denn sie meinten, daß doch niemand hereinkommen könne. Das war um die Zeit der Abenddämmerung. Sie blieben in der Wohnung und unterhielten sich, bis es zwölf Uhr nachts war, als sich alle drei wieder in Raben verwandelten und fortflogen. Das Mädchen war nun wieder allein, legte sich in ein Bett und schlief bald ein. Am folgenden Morgen fühlte sie sich neu gestärkt. Aber Hunger und Durst meldeten sich wieder über Tag bei ihr an. Sie aß und trank deshalb wie am Tag zuvor. Gegen Abend kroch sie abermals unter ein Bett. Unmittelbar darauf kehrten die Raben zurück und nahmen Menschengestalt an wie am Tag zuvor. So wunderten sie sich auch heute darüber, daß sowohl vom Brote, als auch vom Weine ein wenig verzehrt war. Sobald es aber Mitternacht geworden war, flogen sie wieder als Raben fort. Am dritten Abend überwand sie ihre Scheu, kroch aus dem Versteck hervor, gab sich ihren Brüdern, als sie heimkehrten, zu erkennen und erzählte ihnen, wie sie hergekommen. Schließlich fragte sie dieselben, ob es nicht möglich sei, sie zu erlösen. Sie antworteten, daß das sehr schwer, aber nicht unmöglich sei. Sie müsse nämlich jedem von ihnen ein Hemd nähen, an jedem Hemd aber genau ein Jahr arbeiten, dabei dürfe sie kein Wort reden. Ohne alles Bedenken verstand sie sich dazu.

Die Raben bereiteten ihr hierauf in den Ästen einer Tanne einen Sitz, brachten ihr Leinwand, Nadel und Zwirn und versorgten sie mit der nötigen Nahrung.

Als sie mit dem dritten Hemd fertig war, trug es sich zu, daß ein König in diese Gegend jagen kam. Die Hunde schlugen unter dem Baume an, auf dem das Schwesterchen saß, und schon wollte der König hinaufschießen, als die drei Raben, welche bisher den Baum ängstlich umkreist hatten, zu Menschen wurden. Freudig stieg nun die Schwester herab, der König aber gewann sie bald so lieb, daß er sie zur Frau nahm. Nach der Hochzeit bezog er mit ihr und ihren Eltern das königliche Schloß, und alle lebten noch lange glücklich und zufrieden.

## 68  DIE ZWEI SCHWESTERN UND DAS OSCHERKOUCHERL

Es lebte einmal ein Mann mit seiner Tochter, dem war die Frau gestorben; und in diesem Dorf lebte eine Frau mit ihrer Tochter, der war der Ehemann gestorben. Oft spielten die beiden Mädchen miteinander. Eines Tages sagte die Frau zu dem Mädchen des Mannes, der nur ein armer Holzhauer war: »Annemarie, schau, daß dein Vater mich heiratet. Du wirst es besonders gut bei mir haben, besser, als es meine eigene Tochter Annemirl bei mir hat.« Die Tochter des Holzhauers erzählte noch am selben Abend ihrem Vater, welche Reden die Nachbarsfrau geführt hatte. Dieser legte seine Stirn in nachdenkliche Falten und sagte: »Das muß ich zunächst einmal überschlafen«, richtete das Nachtmahl und ging nach dem Essen früh zu Bett.
Am folgenden Morgen ließ er der Nachbarsfrau ausrichten, daß er nicht abgeneigt wäre, sie zu heiraten, wenn sie vor ihm das Versprechen erneuern würde. Das geschah, und nach einigen Wochen wurden die beiden Mädchen Geschwister. Einen Monat lang hielt sich die Stiefmutter an ihr Gelöbnis, Annemarie durfte viel bessere Speisen und manche Leckerei essen. Aber danach wendete sich das Blatt, ihre eigene Tochter Annemirl durfte essen und trinken, was sie nur wollte, und Annemarie wurde nur trockenes, hartes Brot gereicht. Trotzdem blieb Annemarie ein fröhliches Kind, Annemirl wurde jedoch täglich mürrischer und aufsässiger.
Eines Tages hatte die Mutter einen duftenden, süßen Kuchen für Annemirl gebacken. Die Schwester bat die Stiefmutter, ihr doch auch so einen Kuchen zu backen. Diese jedoch fuhr ihr Stiefkind an: »Das

geht nicht, daß ich dir auch noch einen Kuchen backe. Dein Vater verdient zu wenig Geld, zwei Kuchen sind zu teuer!« Doch das Stiefkind lief hinter ihr her und bettelte: »Bitte, back mir doch auch einen Kuchen, er mag auch nur aus Kleie sein.« Um die Bittstellerin nicht mehr abweisen zu müssen, kratzte die Stiefmutter Asche aus dem Herd zusammen, vermischte sie mit Kleie und buk einen Kuchen, den sie Annemarie mit den Worten gab: »Da iß, du Nimmersatt und laß mir meinen Frieden!«
Annemarie konnte diesen Kuchen nicht essen. Dennoch war das Kind fröhlich und spielte mit ihm. Der Aschenkuchen rollte hin und her, bis er auf einmal zu laufen begann. Annemarie eilte hinterher, aber der Kuchen rollte schneller und schneller. Das Bierzl rannte über Felder und Wiesen, über Wege und Stege, bis es an ein Häuschen kam. Dort pochte es an die Tür, diese sprang auf, und das Aschenbierzl schlupfte hinein.
Annemarie erreichte bei ihrem Lauf einen Zwetschgenbaum, den fragte sie: »Hast du nicht mein Oscherkouchl gesehn?« »Ja, das habe ich«, antwortete der Zwetschgenbaum, »lauf nur weiter, bis du zu einem Birnenbaum kommst, der wird dir weiterhelfen.« Das Mädchen nahm seine Beine in die Hand und lief flugs weiter. Das Land wurde so schön, daß es glaubte im Himmel zu sein.
Nun gelangte sie zu dem Apfelbaum, den fragte sie: »Lieber Apfelbaum, hast du meinen Oscherkouchl vorbeirollen gesehn?« »Ja, das habe ich«, antwortete der Apfelbaum, »dein Bierzl habe ich zum Birnbaum laufen gesehn. Spute dich, dann wirst du es einholen.« Und das Mädchen lief immer weiter, bis es beinahe dunkel geworden war.
Da kam es zu dem Birnbaum, und wieder stellte es die gleiche Frage. Der freundliche Birnbaum sprach: »Ja, Annemarie, ich habe deinen Aschenkuchen gesehen. Er ist zu dem Häuschen gelaufen und zur Tür hineingeschlüpft.« Annemarie bedankte sich und lief zu dem Häuschen.
Aus den Fenstern des Hauses leuchtete ein warmes, freundliches Licht. An der Tür wachte ein großer Hund, der leckte dem Mädchen friedfertig und freundlich die Hände und wedelte mit dem Schwanz. Annemarie öffnete die Tür und trat in das Haus. In einer großen und hellen Stube saß eine schöne große Frau. Um sie herum glänzten die Wände in einem Licht, das schöner als das Licht der Sonne war.

Die Frau sagte liebreich zu ihr: »Setze dich nur, liebes Kind. Ich weiß alles von dir, auch, daß es dir bei deiner Stiefmutter nicht gut geht. Hier hast du deinen Aschenkuchen.« Dann bereitete sie dem Kind ein köstliches Mahl, sprach freundlich mit ihm und fragte es, ob es nicht bei ihr bleiben wolle. Annemarie bedankte sich und war gleich bereit, im Haus zu helfen und für lange Zeit dazubleiben. Als die Nacht hereinbrach, führte die schöne Frau das Mädchen in eine Schlafkammer. Hier standen ein Himmelbett mit seidenen Vorhängen und ein grobes Bauernbett mit grobem Leinenzeug. »In welchem Bett willst du schlafen, liebe Annemarie, in dem Himmelbett oder in dem Bauernbett?« fragte die Frau. »Für mich ist das einfache Bett mit dem wirkleinernen Bettzeug gut genug«, antwortete das Mädchen. »Dann sollst du in dem Himmelbett schlafen«, entschied die schöne Frau und verließ das Kind.

In aller Herrgottsfrühe klopfte die Frau an die Tür, da sprang Annemarie schon aus dem Bett und wollte sich waschen. Ihr Herrin fragte: »Annemarie, mit welchem Handtuch willst du dich abtrocknen, mit dem Handtuch aus Damast oder mit dem wirkleinernen?« »Für mich ist das einfache Handtuch gut genug« antwortete das Kind. »Geh her, Kind«, sprach die Frau, »du sollst das Handtuch aus Seidendamast nehmen.« Und so geschah es.

Bei Tisch fragte die schöne Frau erneut: »Annemarie, mit welchem Löffel willst du essen, mit dem goldenen oder mit dem hölzernen?« »Für mich kann nur der hölzerne Löffel bestimmt sein«, antwortete das Kind. Die Frau reichte ihr jedoch den goldenen Löffel und gebot dem Mädchen, damit zu essen.

Nun begann Annemarie ihr Tagewerk in dem Haus der Frau. Immer wieder versuchte sie, der Frau die schwere und grobe Arbeit abzunehmen. Aber vergeblich, die Frau ließ sie nur die leichte Hausarbeit machen. Und weil das Mädchen in dem herrlichen Himmelbett schlafen durfte, wurde es jeden Tag schöner und lieblicher. Und weil Annemarie sich jeden Morgen mit dem Handtuch aus Seidendamast abtrocknen durfte, wurden ihre Haare seidiger, ihre Gestalt höher und schlanker und ihre Hände immer feiner. Der goldene Löffel, mit dem sie aß, verlieh ihrer Stimme einen goldenen Klang.

Nach einigen Monaten dachte Annemarie voller Traurigkeit an ihren Vater, ob dieser sich nicht wegen ihres Fortbleibens zu Tode grämen würde. Voller Sorge bat sie die Frau, ihr Urlaub zu geben. Das gefiel der Frau, und freundlich sagte sie: »Geh nur, liebes Kind, dein Vater erwartet dich voller Sehnsucht. Und weil du so bescheiden und fleißig warst, gebe ich dir etwas, das deinen Vater sehr erfreuen wird.« Die Frau führte Annemarie in die Hölle im Haus und gab ihr einen Kittel. »Greife nur immer in die Tasche, so oft du nur magst. Du wirst jedesmal eine Handvoll Goldstücke herausziehen.« Als die Frau diese Worte gerade gesprochen hatte, war sie auf einmal verschwunden. Annemarie wurde sehr müde, die Augen fielen ihr zu, und schon war sie fest eingeschlafen.

Als das Mädchen erwachte, lag es unter einem Baum im Garten ihres Vaterhauses. Dort hörte sie ihre Stiefmutter schelten und keifen: »Wo sich nur Annemarie, diese Schlanzke, umhertreibt. Ich möchte nur wissen, in welchem elenden Zustand sie wieder nach Hause kommt!« »Dem Mädchen ist sicher etwas passiert. Es ist ein gutes Kind und wird nie etwas Unrechtes tun«, entgegnete der Vater. Da sprengte Annemarie die Tür auf und stürmte hinein und rief: »Da bin ich, lieber Vater, nichts ist mir passiert. Gold bringe ich dir mit, nun hat alle Not ein Ende.«

Voller Neid bestaunten die Stiefmutter und Annemirl die schöne Gestalt des Mädchens und ihren Reichtum an Goldstücken. Schnell sagte sie zu ihrer Tochter: »Jetzt backe ich dir auch einen Aschenkuchen, und den lassen wir auch forttrudeln.« Das geschah. Annemirl folgte dem Bierzl bis an das Haus, da stand der Hund davor, bleckte seine Zähne und knurrte sie an. Er wollte sie durchaus nicht in das Haus lassen. Da nahm Annemirl einen Stecken und schlug auf das Tier ein. Lärm und Krawall entstand, die schöne Frau trat heraus, um nachzuschauen, was die Ursache des Unfriedens wäre. Annemirl sprang in das Haus und forderte: »Ich bin hungrig von dem langen Lauf! Ich möchte von dir etwas zu essen haben!« »Langsam, langsam«, antwortete die Frau, »ich muß erst einmal etwas kochen.«

Als das Mahl bereitet und auf dem Tisch stand, wollte sich Annemirl gierig darauf stürzen. Doch vorerst fragte die schöne Frau: »Mit welchem Löffel willst du essen, mit dem hölzernen oder mit dem goldenen?« »Natürlich mit dem goldenen«, hat das Mädchen geantwortet. »Der hölzerne Löffel ist gut genug für dich! Du hast daheim auch keinen anderen Löffel gehabt«, sagte die Frau und reichte ihr einen alten, klobigen Holzlöffel. »Jetzt bin ich müde nach dieser schlechten Mahlzeit«, maulte Annemarie. »Langsam, langsam« sagte die Frau,

»ich muß erst einmal deine Kammer richten.« »In welchem Bett willst du denn schlafen, in dem Himmelbett oder in dem Bauernbett?« »Für mich ist das Himmelbett gerade gut genug«, antwortete Annemirl mit kecker Stimme. »Du magst dich mit dem einfachen Bett begnügen. Im Haus deiner Mutter habt ihr zu zweit in einem Bett geschlafen!« entschied mit fester Stimme die schöne Frau. Am nächsten Morgen wollte sich Annemirl mit dem Handtuch aus Seidendamast abtrocknen, aber die Frau nahm es ihr aus der Hand und sagte: »Für eine Dienstmagd ist ein leinengewirktes Handtuch gut genug.« Dann sorgte die schöne Frau für viele und schwere Arbeit, die Annemirl verrichten sollte. Mürrisch und nachlässig, liederlich und brummig wurde nur ein kleiner Teil der Arbeit von Annemirl getan. »So hart habe ich zu Hause nie arbeiten müssen. Die schwere Arbeit habe ich immer meiner Mutter und meiner Schwester Annemarie überlassen«, klagte die Faule. »Dann geh nur recht bald wieder zu deiner Mutter zurück. Ich halte dich nicht!« sagte streng die schöne Frau. »Und wo bleibt meine Belohnung für die schwere Arbeit, die ich bei dir verrichten mußte?« fragte zornig das Mädchen. »Jeder erhält den Lohn, den er verdient, und dir will ich nichts vorenthalten. Komm nur mit mir in die Hölle des Hauses. Auch du sollst einen Kittel empfangen.« Annemirl war hocherfreut und glaubte, sie würde mit einem Goldkittel, wie ihn die Schwester erhalten hatte, heimkehren. In der Hölle wurde sie von der schönen Frau stehengelassen. Annemirl wurde müde und schlief ein.

Als Annemirl wieder munter geworden war, stand sie vor der Haustür der Eltern. Vom Schlafen in dem Bauernbett waren ihre Beine schief und krumm, ihre Gestalt braun und gekrümmt worden. Das Handtuch hatte ihre Haut runzlig und schorfig werden lassen. Das Haar war an einigen Stellen licht geworden und hing in Strähnen herunter. Der klobige Holzlöffel hatte bewirkt, daß ihre Zähne gelb und schief im großen Mund hingen. Wenn sie sprach, glaubte man das Brummen eines Bären zu hören. Vor der Tür hörte Annemirl ihre Mutter reden: »Bald wird unsere Annemirl zurückkommen. Sicher wird sie mehr Goldstücke heimbringen als deine Tochter.« Der Vater antwortete nur: »Ich vergönne es ihr.«

Da ging die Tür auf, und Annemirl stand in der Stube. Sie sprach: »Da bin ich wieder!« Alle schauten auf ihre klumperten Füße. Dann griff sie in die Kitteltasche. Aber ihre Hände blieben darin kleben. Alles war voller Pech. So lebten sie denn weiter. Und wenn sie nicht gestorben sind, leben sie heute noch.

## 69  DIE GESCHICHTE VOM WEISSEN REH

In einer Kaserne lebte unter vielen anderen Soldaten ein Corporal, der ganz verschieden von den übrigen war. Wenn diese sich mit Karten oder Würfelspiel unterhielten und dabei tüchtig dem Becher zusprachen, ging er hinaus in die freie Natur, betrachtete die Schöpfung und erfreute sich der Bäume, Blumen und Gräser. Und namentlich war er ein großer Tierfreund, der kein Tier leiden sehen konnte. Sein Weg führte ihn gewöhnlich in einen Wald, da konnte er die längste Zeit am Boden liegen und den Eichhörnchen, die sich ober ihm in den Zweigen tummelten, zusehen, auch wohl dem Gesange der Vögel lauschen, dann das emsige Treiben der Ameisen beobachten, oder mit seinen Blicken ein flinkes Reh verfolgen.

Einst lag er auch selbstvergessen da und sah träumend vor sich hin, da hörte er plötzlich ganz in der Nähe ein Geräusch, als ob jemand sich gewaltsam durch verworrene Zweige Bahn brechen wollte und als er um sich blickte, gewahrte er ein schönes schneeweißes Reh, das vor ihm aus dem Walde auftauchte und wieder verschwand. Dadurch wurde er aus seinen Gedanken aufgerüttelt und er konnte lange nicht diese Erscheinung aus dem Gedächtnis bringen. Ja selbst im Traume erschien es ihm.

Den nächsten Tag ging er zu derselben Stelle und dachte fortwährend, ob er das weiße Reh wohl wieder zu Gesicht bekommen werde; und richtig kam es wieder und als es bei ihm vorübergelaufen war, blieb es stehen, sah sich um und winkte ihm mit dem Vorderfuß. Der Corporal stand auf und folgte ihm. Plötzlich blieb das Reh stehen, wandte sich um, winkte nochmals und verschwand in der Erde. »Was soll denn das heißen,« dachte der junge Mann und ging zu der Stelle hin. Da sah er eine ziemlich große Öffnung in der Erde und eine Stiege, die in die Tiefe führte. Er ging hinunter und kam in ein Gemach, das mit lauter Gold und Silber und anderen prachtvollen Schätzen angefüllt war. Nun dachte sich der Corporal: »Was soll ich tun, soll ich mir von diesen Kostbarkeiten, so viel ich tragen kann, mitnehmen, oder soll ich alles stehen und liegen lassen und nichts berühren? Vielleicht hat mich das Reh nur zu diesem Zwecke hierhergeführt, damit ich mir davon nehmen kann, so viel ich will? Aber nein«, sagte er zu sich, »es ist ja nicht mein Eigentum und fremde Sachen soll man nicht anrühren, ich werde mir bloß alles ansehen und wieder nach Hause gehen.« Bei dem Ansehen dieser schönen Dinge verging aber die Zeit und als er den Ausgang suchte, gewahrte er ein zweites größeres Gemach, das sonst nichts enthielt, als in einer Ecke einen Tisch und an den Wänden Bänke. Er ging hinein, setzte sich nieder, um sich etwas auszuruhen und da fühlte er auf einmal eine Schwere in allen Gliedern, es befiel ihn eine Schlafsucht, der er nicht widerstehen konnte und er nickte ein. Wie lange dies dauerte, konnte er nicht beurteilen, er erwachte und hörte zwölf starke Uhrenschläge; es wurde die Tür geöffnet und herein traten zwölf schwarze Männer, von denen einige Musikinstrumente bei sich hatten. Er setzte sich auf die Bank zu dem Tisch und sie fingen an zu musizieren und die übrigen tanzten dazu. Einer kam und forderte auch ihn zum Tanze auf und schon wollte er aufstehen und mit ihm gehen, da sah er bei der Tür das Reh, das gab ihm ein Zeichen, er möchte nicht gehen. Er blieb daher sitzen und sah diesem Treiben zu. Plötzlich schlug es ein Uhr und kaum war der Ton verhallt, verschwand der ganze Spuk und er blieb allein zurück. Nun kam das Reh herein und sprach zu ihm, daß er wohl daran tat, den Wink befolgt und nicht getanzt zu haben. Dann fragte es ihn, ob er nicht einen Wunsch habe, den er gerne erfüllt sehen möchte? »Ach, den hätte ich wohl«, meinte der Corporal, »aber leider wird er sich nie verwirklichen.« »Und was ist das für ein Wunsch?« versetzte das Reh. »Den Wunsch zu reisen, die Welt kennenzulernen«, erwiderte er. »Das wäre mein einziges Glück, aber ich habe kein Geld und bin als Soldat gebunden, daher muß ich mein Leben unter rohen Kameraden zubringen, die mich nicht verstehen und mich wegen meines sonderbaren Wesens verspotten.« »Nun«, sprach das Reh, »dieser Wunsch soll dir erfüllt werden; gehe jetzt nach Hause, denn es wird schon Tag, und morgen sehen wir uns wieder.« Den nächsten Tag fiel sein Wesen den Kameraden auf, und über vieles Fragen gestand er endlich einem von ihnen, den er noch am liebsten hatte, sein Abenteuer und dieser bat ihn so lange, ihn mitzunehmen, bis er sich nach vielem Sträuben dazu entschloß. Nun gingen sie Nachmittag zur selben Stunde auf den Platz, wo dem Corporal das Reh erschien. Nicht lange warteten sie, da sahen sie es kommen. Sie folgten ihm und es führte sie zur selben Stelle wie Tags vorher, beide gingen ihm nach, die Stufen hinunter und kamen in den Saal, wo die Schätze aufgehäuft waren. Der Corporal rührte wieder nichts an, aber sein Kamerad war so gierig und stopfte sich die Säcke und seinen Tornister ganz voll, ja sogar unter seinen Tschako steckte er sich noch Schmucksachen. Als er ganz beladen war, so daß er kaum gehen konnte, wollte er sich entfernen, aber o Schreck, die Öffnung war verschüttet und sie waren beide gefangen. Was war nun zu tun? Der Soldat mußte sich seiner Schätze entledigen und sie machten sich gefaßt, die Nacht in diesen unteren Regionen zubringen zu müssen. Sie gingen in den zweiten Saal, setzten sich dort nieder und nickten ein. Um zwölf Uhr wurden sie durch zwölf starke Schläge geweckt und es kamen wieder die zwölf schwarzen Männer, so wie die vorige Nacht. Sechs nahmen ihre Instrumente zur Hand und fingen an zu musizieren, die anderen sechs tanzten dazu. Die zwei Soldaten wurden von ihnen aufgefordert mitzutanzen und der eine ließ sich nicht lange nötigen und tanzte mit, aber der Corporal sah wieder das weiße Reh bei der Tür stehen, ihm abwinken, daß er nicht tanzen möge, daher blieb er sitzen. Sein Kamerad ging aus einer Hand in die andere, alle sechs tanzten abwechselnd mit ihm, er konnte kaum mehr atmen und bat, man möge ihn ausruhen lassen; aber nein, die Musikanten fingen immer schneller und schneller an zu spielen, der Tanz wurde immer wilder, bis der Arme nicht mehr auf den Füßen stehen konnte und von den schwarzen Männern auf der Erde geschleift wurde, bis er das Bewußtsein verlor und nicht mehr bitten und schreien konnte. Sie hatten kein Erbarmen und schleiften ihn herum, bis die Glocke eins schlug, da verstummte die Musik und sie verschwanden so schnell, wie sie gekommen waren und zogen den Soldaten, der bereits seinen Geist aufgegeben hatte, mit sich fort. Der Corporal sah sich nun um und fand den Weg, der zuvor verschüttet war, offen, und das Reh sprach zu ihm: »Dein Wunsch wird erfüllt, oben wirst du einen Wagen finden und unter seinem Sitze das nötige Geld zum Reisen. Ziehe in die Welt und in Kammerland wirst du von mir hören.« Es nahm einen Ring, zerbrach ihn und gab die eine Hälfte ihm und die andere behielt es sich und sagte: »Dies gebe ich dir zum Andenken, bewahre es gut.« Nun bat der Corporal das Reh, es möchte ihm doch sagen, wie es in diese Gestalt gekommen sei, gewöhnliche Rehe sprechen ja nicht. Da sprach es: »Ich bin eine verwunschene Prinzessin und muß noch drei

Jahre als Reh herumgehen und mich vor den Jägern verstecken, damit mich keiner erschießt. Aber nach dieser Zeit bin ich erlöst und hoffe dich dann zu sehen.« Er ging hinauf, als er sich von dem Reh verabschiedet hatte, und fand oben einen schönen Wagen stehen mit zwei prächtigen Pferden bespannt und einen Kutscher am Bock. Er stieg ein, schlug den Sitz in die Höhe und fand den Kasten darunter ganz mit Goldstücken gefüllt.

Nun fuhr er hinaus in die Welt, nach der er sich so sehr sehnte und sah sich dieselbe an. Wo es ihm gut gefiel, hielt er sich länger auf, und auf diese Weise verging die Zeit rasch und angenehm, so daß drei Jahre bald verstrichen waren. Nun fuhr er nach Kammerland, das war eine große Stadt und kehrte in dem ersten Gasthofe ein. Als er die erste Nacht dort schlief, hatte er einen merkwürdigen Traum. Es kam eine schöne, ganz schwarz gekleidete Dame zu ihm und sagte, er möge aufstehen und ihr folgen. Sie führte ihn in einen Palast, da sah er den König am Throne sitzen und die Dame ließ sich mit ihm vor dem Könige auf die Knie nieder und dieser segnete sie beide. Dann fragte die Dame, wo er seinen Ring habe, und er nahm die Hälfte des Ringes, den ihm vor drei Jahren das weiße Reh gab und sie brachte die andere Hälfte und fügte beide Teile zusammen. Darüber erwachte er, aber der Traum war so lebhaft, daß er glaubte, dies wirklich erlebt zu haben. Als er morgens aufstand, erzählte ihm sein Diener, es sei heute Nacht eine fremde schwarze Dame in dem Gasthof angekommen, welche mit ihm zu sprechen wünschte; er habe aber so fest geschlafen, daß er ihn nicht wecken wollte. Da war er ungehalten über seinen Diener und trug ihm auf, im Falle diese Dame nochmals kommen sollte, ihn ja zu wecken. Die zweite Nacht erschien sie ihm wieder im Traum, in einem roten Kleid und war sehr traurig. Früh fragte er den Diener, ob die Dame wieder da war? »Ja, sie war hier«, erwiderte er, »und ich wollte Sie wecken, aber es war nicht möglich, Sie schliefen so fest, daß ich es aufgeben mußte.« Da fragte er den Wirt nach der fremden Dame, aber dieser wußte von keiner. Da nahm er sich vor, die dritte Nacht gar nicht zu Bette zu gehen, aber er hielt es nicht aus, die Augen fielen ihm zu und er verfiel wieder in einen festen Schlaf. Diesmal sah er die Dame weiß gekleidet und mit Tränen in den Augen. Er wollte sie an sich ziehen, da verschwand sie und er erwachte. Es war schon heller Tag und als er sich ankleidete, fand er am Tisch die andere Ringhälfte und mit Kreide folgende Zeilen auf der Tischplatte geschrieben: »Ein Lebewohl von dem weißen Reh. Gerne hätte ich dich wiedergesehen, daß dies nicht sein konnte, hat dein Diener verschuldet, der gab dir einen Schlaftrunk ein.« Nun war er ganz unglücklich darüber, daß er das Reh in seiner nunmehrigen Gestalt, als menschliches Wesen, niemals mehr sehen sollte und sein ganzer Zorn entlud sich auf den Diener, den er sofort entließ. Er nahm sich vor, noch eine Zeitlang in der Stadt zu bleiben, vielleicht könnte er doch einmal Nachricht von der Dame bekommen.

Einmal erfuhr er, daß die Prinzessin Amarantha, die Tochter des Königs, welche erst unlängst nach langer Abwesenheit wieder in ihr Vaterhaus zurückkehrte, sehr viele Freier habe, denn dieselbe sei ebenso schön als klug, aber sie wolle trotz des Drängens ihres Vaters nicht heiraten und trachte sich ihrer Freier auf folgende sonderbare Weise zu entledigen: Es muß sich jeder, der um sie wirbt, dreimal verstecken, und nur, wenn sie ihn nirgends finden kann, wird sie seine Gemahlin. Nun habe sie aber einen Zauberspiegel und wenn sie da hineinschaue, sehe sie alles in der ganzen Welt, daher sie noch jeden in seinem Versteck entdeckt habe.

Als der junge Mann dies hörte, reizte ihn ein solches Abenteuer und er ging hin und meldete sich ebenfalls als Freier. Es wurde ihm, ebenso wie seinen Rivalen, ein Zimmer im königlichen Palast angewiesen und er sollte sich binnen drei Tagen das erstemal verstecken. Aus langer Weile machte er ums Schloß herum Spaziergänge und da sah er zwei Knaben, die einen großen schwarzen Vogel marterten. Einer wollte ihm die Federn ausreißen und der andere die Augen ausstechen, da wurde er sehr unwillig über diese bösen Buben und verwies ihnen ihr Tun. Um nun den Vogel aus ihren Klauen zu befreien, gab er ihnen Gold und schenkte ihm die Freiheit. Der Vogel flog in die Höhe und kreiste dreimal um ihn herum, als ob er seinen Dank dadurch hätte bezeugen wollen.

Als der dritte Tag herangekommen war, sah er sich ernstlich um, wo sich ein Versteck finden könnte und trotz seiner Mühe konnte er nichts Passendes entdecken. Es wurde ihm bange, der Tag neigte sich bald zu Ende und schon wollte er unter eine Brücke kriechen, um sich da zu verstecken, als er plötzlich ein Rauschen ober sich vernahm und aufblickend gewahrte er einen riesig großen schwarzen Vogel, der sich herabließ, ihn unter seine Fittiche nahm und mit ihm hinauf in die Luft flog.

Als die abgelaufene Frist von drei Tagen um war und die letzte Stunde schlug, nahm die Prinzessin ihren Zauberspiegel zur Hand und suchte den versteckten Freier, aber sie fand ihn nicht. Auf der Erde war er nirgends zu finden, da sah sie ins Wasser, auch da war er nicht, dann in die Luft, da gewahrte sie ihn unter den Fittichen eines großen Vogels, das imponierte ihr und sie sprach: »Dieser Mensch ist mit übernatürlichen Kräften im Bunde und wenn er sich die anderen beidenmale ebenso gut zu verstecken weiß, dann will ich seine Gemahlin werden.« Der Vogel ließ ihn herab, als sie ihn erblickt hatte und nun hieß es, für ein zweites Versteck zu sorgen. Es wurden ihm wieder drei Tage Zeit dazu gelassen und um sich die Langeweile zu vertreiben, machte er wieder Spaziergänge und diesmal wählte er das Ufer des Flusses, der nahe beim Schloß vorbeifloß. Da sah er einen großen Fisch am Ufer liegen, schon halb verschmachtet, weil er sich am Trockenen befand. Aus Mitleid gab er ihn zurück ins Wasser; der tauchte unter, kam wieder in die Höhe und schwamm dreimal im Kreise herum, um dadurch seinen Dank zu bezeugen.
Als nun zum zweitenmale die Zeit zu Ende ging und er wieder nicht wußte, wohin er sich verstecken soll, ging er abermals auf die Brücke des Flusses und als er zu der Stelle kam, wo er den Fisch ins Wasser gegeben hatte, tauchte derselbe plötzlich auf und verschlang ihn.
Als die Glocke schlug, nahm die Prinzessin wieder ihren Zauberspiegel zur Hand und suchte zuerst auf der ganzen Erde, fand ihn aber nicht, dann sah sie in die Luft, da war er auch nicht zu finden, endlich schaute sie ins Wasser, da sah sie ihn im Maule eines großen Fisches. Darüber war sie sehr erstaunt und dachte: »Wenn dieser Mann solche Zauberkünste zustande bringt, dann muß ich mich ergeben.« Als er sich entdeckt sah, spie ihn der Fisch wieder ans Land.
Nun kam das dritte Versteck heran. Diesmal glaubte er wohl nicht, daß es ihm wieder gelingen wird, sich so gut verstecken zu können. Er dachte: »Der Vogel und der Fisch werden mich nicht ein zweitesmal verstecken und wer sollte sich noch sonst meiner erbarmen?« Er ging diesmal im Schloßgarten spazieren und sah sich die schönen Blumen an. Da sah er einen Stock Rosmarin, ganz von Unkraut überwuchert, so daß derselbe schon ganz verkümmert war und nicht wachsen konnte. »Es ist doch schade«, dachte er, »um diesen schönen Stock, daß er hier verderben soll, ich werde ihn ausgraben und in ein lockeres Erdreich in die Sonne verpflanzen.« Gedacht, getan. Er borgte sich

vom Gärtner einen Spaten aus, grub den Stock aus der Erde und setzte ihn auf einen sonnigen Platz, nahe am Wege, wieder ein.

Am dritten Tage, gerade als der Termin zu Ende war und er ganz ratlos hin und herging und nicht wußte, wo er diesmal ein Versteck finden werde, fiel ihm der Rosmarin ein und er dachte: ich muß doch nachsehen, ob er wächst. Er ging daher zu dem Platze und bückte sich, um ihn besser sehen zu können. Auf einmal schießt der Rosmarin empor, breitet sich aus, wird immer höher und dichter, bis sich eine Art Kuppel über ihm davon bildete, so daß es wie eine Kapelle anzusehen und er ganz eingeschlossen war.

Die entscheidende Stunde schlug, die Prinzessin sah in ihren Spiegel, aber diesmal fand sie ihn nirgends, weder auf der Erde, noch in der Luft, noch im Wasser. Es wurde ihr bange und sie bereute schon, ihn ein drittesmal zum Verstecken veranlaßt zu haben. Voller Mißmut begab sie sich in den Schloßgarten und promenierte dort mit ihrer Kammerfrau. Da sieht sie neben dem Wege eine prächtige Kapelle von Rosmarin stehen, die früher nicht da war. Sie sandte um den Gärtner und fragte ihn, wie diese Kapelle herkomme? Der war ganz erstaunt und konnte sich dieses Wunder nicht erklären. Nun ließ sich die Prinzessin eine Schere geben und schnitt einen Stengel von dem Rosmarin ab, da sank die Kapelle plötzlich zusammen, es blieb nichts davon zurück als ein kleiner Stock und daneben stand der junge Mann. Die Prinzessin war angenehm überrascht, sie gab ihm die Hand und ging mit ihm ins Schloß zum König und sagte: »Hier, lieber Vater, siehst du meinen zukünftigen Gemahl, er hat die Bedingungen erfüllt, die ich an ihn stellte, deshalb muß ich mein Wort halten.«

Als die Hochzeit vorüber war, gestand ihm die Prinzessin, daß er kein Fremder für sie sei, da sie ihn schon lange kenne, er möge ihr doch den gebrochenen Ring zeigen, den sie ihm einmal, als sie noch in der Gestalt eines weißen Rehes auf der Erde wandeln mußte, gab. Sie habe sich damals sehr gekränkt, als er die Zeit verschlief, wo sie zu ihm kam und sie legte deshalb ihren vielen Freiern so harte Bedingungen auf, weil sie keinen andern wollte.

## 70 DIE UNGEHEUERE NASE

Es waren einmal sechs Brüder, die alle Soldaten wurden. Der älteste war Korporal, der zweite Tambour und der dritte Gefreiter. Sie wurden aber bald des Soldatenlebens überdrüssig und kamen eines Tages überein, in der nächsten Nacht um ein Uhr zu desertieren. Kaum hatte es eins geschlagen, so machten sie sich alle sechs zur Stadt hinaus.
Nachdem sie eine Zeitlang gegangen waren, kamen sie in einen Wald. Schon waren sie ziemlich tief in denselben hineingegangen, als sie auf einmal zu einer langen, hohen Mauer kamen, in der sich eine verschlossene Pforte befand. Der Korporal klopfte an, um eingelassen zu werden; allein, kaum hatte er den ersten Schlag getan, so sprang das Tor von selbst auf. Sie sahen nun ein stattliches Schloß vor sich und gingen hinein. In dem Hauptsaale desselben stand eine gedeckte Tafel mit Speisen für sechs Personen. Hungrig, wie sie waren, setzten sie sich und aßen. Da kam eine schwarze Frau auf sie zugeschritten, bei der sie ihre Kühnheit mit ihrem übergroßen Hunger entschuldigten. Die Frau beruhigte sie, indem sie sagte, daß die Speisen eben für sie hergerichtet seien. Dann bat sie dieselben, ihr dafür einen Gefallen zu erweisen. Alle waren einverstanden, ihr zu Gefallen zu tun, was sie wünsche.
Da sagte sie nun zu ihnen: »Wir sind sechs verwünschte Prinzessinnen. Ein gewaltiger Zauber hat unsere weiße Haut geschwärzt und uns hierher gebannt. Ihr sollt drei Jahre bei uns bleiben, um uns zu erlösen. Durch diese Zeit hindurch darf sich aber keiner von euch unterfangen, ein ungeziemendes Wort gegen uns zu äußern.«
Die Brüder ermunterten einander zu bleiben und sich der Aufgabe zu unterziehen, der Prinzessin aber versprachen sie, die gestellte Bedingung treu zu erfüllen.
Als sie sechs Vierteljahre, die Hälfte der Erlösungszeit, dort verweilt hatten, war jede der sechs Prinzessinnen schon vom Scheitel bis an die Brust weiß geworden, und die Brüder fanden sie alle von reizender Schönheit. Nun aber suchten die drei jüngeren Brüder die drei älteren zu überreden, mit ihnen das Schloß zu verlassen, weil ja doch die drei Jahre zu lange dauern würden. Nach einigem Zureden gaben sie nach, und so zogen sie denn heimlich alle miteinander zum Schlosse hinaus. Als sie vor der Eingangspforte der Mauer angekommen waren, ge-

schah ein furchtbarer Knall, und die drei jüngeren fielen tot zu Boden.
Durch dieses Unglück wurden die drei älteren eingeschüchtert und sprachen zu einander: »Wir wollen doch lieber wieder zurückkehren und die übrige Zeit vollends hier bleiben; denn es könnte uns sonst das gleiche Schicksal treffen wie unsere Brüder.« Als sie umkehren wollten, kam ihnen schon eine der Prinzessinnen entgegen und redete sie an: »Wir danken euch«, sagte sie »für euren guten Willen; da ihr nur noch drei seid, so ist unsere Erlösung durch euch nicht mehr möglich, wir müssen warten, bis einstens wieder sechs Brüder kommen, die das Erlösungswerk zu wagen entschlossen sind. Aber zum Danke für euer Wohlwollen, will ich jedem von euch etwas mit auf den Weg geben.« Dem Korporal schenkte sie einen Beutel mit Geld gefüllt, welches nie abnehme; dem Tambour einen Mantel, in welchen gehüllt er augenblicklich dorthin gelangen könne, wohin er sich wünsche. Dem Gefreiten gab sie einen Hut. Wenn er diesen aufsetze, so könne er sich eine ganze Armee Soldaten herbeiwünschen. Darauf nahm sie von ihnen Abschied.
Sie zogen nun mitsammen eine Strecke weiter. Da fiel dem Korporal der Mantel ein, und er sprach zu seinen Brüdern: »Wozu sollen wir uns mit dem Gehen ermüden, wir können uns ja mit dem Mantel sogleich in eine beliebige Stadt versetzen, ich dachte, wir wünschten uns nach Paris.« Nun hüllten sich alle drei in den Mantel ein, und gleichsam von einem Sturmwind getragen waren sie im Nu in Paris.
Da kehrten sie in ein Gasthaus ein und fragten den Wirt um Neuigkeiten. »Es gibt wohl nicht viel Neues«, sagte dieser, »nur das weiß ich, daß die Erbprinzessin alle jungen Männer auffordern ließ, mit ihr Karten zu spielen, solange es ihr gefalle. Wer jedoch verliere und nicht reich genug sei, es bis zu Ende auszuhalten, der werde enthauptet.« Als dies der Korporal vernommen hatte, machte er sich auf und ließ sich bei der Erbprinzessin melden. Er wurde sogleich vorgelassen. Die Prinzessin ließ Karten holen, und sie setzten sich zum Spiel. Acht Tage lang hatten sie schon gespielt, und die Prinzessin hatte immer gewonnen, das Geld ihres Gegners aber nicht abgenommen. Erstaunt fragte sie deshalb den Korporal: »Sage mir, woher nimmst du denn das Geld? Du hast mir doch fortwährend ausgezahlt und nichts gewonnen, auch scheinst du sonst kein Geld bei dir zu haben, als was deine Börse faßt.« »In der Tat«, erwiderte der Korporal, »enthält die-

ser Beutel meinen ganzen Reichtum; aber er hat die wunderbare Eigenschaft, daß er nie leer wird.« Verwundert sprach die Prinzessin: »Ei, so laß mich doch einmal den Beutel näher betrachten.« Der Korporal konnte ihr Begehren nicht abschlagen und reichte ihr denselben hin. Als sie ihn in den Händen hatte, rief sie ihre Diener und befahl ihnen, dem Korporal zehn Stockstreiche aufzumessen und ihn aus dem Schloß zu entfernen.

Die Diener packten ihn und vollführten den Befehl der Prinzessin. Betrübt ging der Korporal zu seinen Brüdern zurück und erzählte, was ihm begegnet sei. Dann bat er seinen zweiten Bruder, ihm seinen Mantel zu leihen, damit er sich zur Prinzessin wünschen und den Beutel wieder in seinen Besitz bringen könne. Dieser gab ihm den Mantel. Der Korporal hüllte sich in das Zaubergewand und wünschte sich zur Prinzessin. Im Nu war er dort. Erstaunt fragte sie ihn, wie er zu ihr gekommen sei. Der Korporal war töricht genug und teilte ihr sein Geheimnis mit, worauf die Prinzessin bat, ihr den Mantel zu zeigen, damit sie dies Wunderding inwendig und auswendig besehen könne. Der Korporal gab ihn willig hin. Die Prinzessin aber nahm sich den Mantel um, wünschte sich in ein anderes Zimmer und befahl den Dienern, dem Korporal zwanzig Hiebe zu geben und ihn davon zu jagen.

Nachdem ihm dies widerfahren war, ging er wieder zu seinen Brüdern und erzählte ihnen sein abermaliges Mißgeschick. Er bat nun den jüngsten Bruder um seinen Hut, damit er sich ein Heer herbeiwünschen, die Stadt belagern und die Prinzessin zwingen könne, ihm die Börse und den Mantel herauszugeben. Er gab ihm auch dieses letzte Zaubermittel, sprach aber zu ihm: »Wenn du auch diesen Hut hingibst, so wollen wir nichts mehr von dir wissen.« Der Korporal ging nun vor die Stadt, setzte sich den Hut auf und wünschte sich eine ungeheuere Armee Soldaten, welche auch sogleich die Felder weit und breit bedeckten.

Der König sah gerade zum Fenster seiner Burg heraus und sagte erzürnt zu seiner Tochter: »Du elende Zauberin, du hast uns den Zorn aller Nachbarvölker zugezogen, weil du schon so viele edle Männer, welche dich im Spiele nicht besiegen konnten, um Hab und Gut, ja einige selbst um ihr Leben brachtest.« Die Prinzessin aber beschwichtigte ihren Vater, indem sie ihm versicherte, sie werde dafür sorgen, daß das Unheil abgewendet und die Stadt verschont bleibe.

Sie hatte nämlich in dem Befehlshaber der fremden Armee den Korporal erkannt. Ihr Plan war schnell gefaßt. Im prächtigsten Schmucke ging sie vor die Stadt hinaus und fragte ihn, wie er denn zu einer solch ungeheueren Armee komme. Er stellte sich zwar anfangs erzürnt, als sie aber mit Schmeichelworten in ihn drang, verriet er ihr endlich auch sein letztes Geheimnis und teilte ihr mit, welche Bewandtnis es mit seinem Hute habe. Die Prinzessin bot nun alle ihre Redekünste auf und brachte ihn endlich dahin, daß er ihr auch den Hut zur näheren Besichtigung in die Hände gab. Nachdem sie ihn ein Weilchen betrachtet hatte, verbarg sie ihn unter ihrer Schürze. In demselben Augenblicke war das ganze Soldatenheer verschwunden. Sie befahl nun den Dienern, dem Korporal vierzig Hiebe zu geben und ihn mit den Hunden weiter zu hetzen. Hierauf kehrte sie in den Palast zurück. Der Korporal aber verließ unmutig den Ort und zog in die weite Welt.
Als er einige Tage gereist war, kam er in einen großen Wald, wo er endlich zu der Mauer eines großen Gartens gelangte, über welche fruchtbeladene Bäume emporragten. Sein Hunger trieb ihn an, die Mauer zu ersteigen, um sich an den Früchten zu laben. Von der Mauer stieg er dann auf den höchsten Birnbaum und ließ sich die Früchte desselben wohl schmecken. Kaum hatte er jedoch einige Birnen gegessen, so bemerkte er, daß ihm seine Nase immer größer werde, und bald war sie so angewachsen, daß er nicht mehr heruntersteigen konnte.
Als er so eine Weile in Angst und Verzweiflung gesessen hatte, kam ein Schäfer mit seiner Herde an der Mauer vorbeigetrieben. Er war der Eigentümer des Gartens. »Habe ich dich einmal ertappt, du Schlingel!« rief dieser ihm zu. »Bist du zum Lohne für deine Diebereien einmal auf den rechten Baum gekommen!« Als er jedoch sah, daß es ein ganz fremder Mann war und nicht der von ihm in Verdacht gehaltene Dieb, hatte er Mitleid mit ihm und sprach: »Ich sehe, daß du nicht aus Mutwillen hierher gekommen bist, ich will dir deshalb herunter helfen.« Er nahm nun einen Apfel vom nächsten Baume und reichte ihn dem Korporal, daß er ihn esse.
Als dieser den Apfel gegessen hatte, wurde die Nase weich und lose und fiel endlich bis auf ihre natürliche Länge ab. Zutraulich geworden erzählte er nun dem Schäfer seine früheren Erlebnisse. Da gab ihm der Mann eine Menge der wunderbaren Früchte zum Geschenke und

erteilte ihm den Rat, an einem gewissen Platze in der Nähe des königlichen Schlosses damit Markt zu halten. Dort gehe die Prinzessin zu einer gewissen Stunde des Tages vorüber, um einen Spaziergang zu machen. Sie werde sogleich nach den Früchten Verlangen tragen, er solle ihr dann die schönsten davon verkaufen. Das Weitere werde sich finden.

Der Korporal befolgte die Weisungen pünktlich. Die Prinzessin kam vorüber, wurde von den schönen Früchten angelockt und befahl ihrer Begleiterin, einige davon zu kaufen und mit nach Hause zu nehmen. Als nun die Prinzessin zu Hause angekommen war und eine der Birnen aß, wuchs ihr die Nase zu einer unmäßigen Größe an, ebenso erging es ihren Dienerinnen, denen sie davon zu kosten gegeben hatte.

Von diesem Unglück wurde sogleich der ganze Hof unterrichtet, und die Kunde davon durchlief im Nu die ganze Stadt. Alsbald wurde nach dem Obsthändler geschickt, allein von diesem war keine Spur mehr zu finden. Nun wurden die geschicktesten Ärzte an den Hof beschieden. Aber niemand wußte Rat gegen dieses, bis jetzt noch nie vorgekommene Übel. Endlich ließ sich auch der Korporal, der sich durch Kleidung und Bart unkenntlich gemacht hatte, als Arzt anmelden und erklärte, das Übel gründlich heilen zu können. Er bat sich jedoch aus, an den Dienerinnen zuerst die Probe anstellen zu dürfen. Es wurde ihm gern gewährt. Er bestrich die Nasen derselben mit dem Safte der heilkräftigen Apfel. Sogleich fielen sie ab.

Nun nahm er die Kur der Prinzessin vor. Auch ihre Nase bestrich er vorgeblich mit demselben Safte, in Wirklichkeit aber mit einer Mischung von den zauberhaften Äpfeln und Birnen, so daß die Heilung nicht gelingen konnte. Darüber äußerte er sein Befremden und erklärte endlich dem Könige, daß die Prinzessin große Verbrechen auf dem Gewissen haben müsse, welche die Heilung störten. Diese müßten erst gesühnt werden, bevor seine Mittel die gehoffte Wirkung tun könnten.

Der König drang nun in die Prinzessin, dem Heilkünstler ihr Gewissen zu offenbaren. Die Geängstigte entdeckte dann dem Wunderarzte, wie sie den Korporal um seine kostbaren Schätze betrogen habe. Er erklärte, nur dann die Heilung bewerkstelligen zu können, wenn sie ihm erst die in trügerischer Weise abgenommenen Gegenstände herausgegeben habe. Sie war dazu sogleich bereit und ließ

durch eine ihrer Dienerinnen die Börse, den Mantel und den Hut herbeischaffen.
Als der Korporal seine drei Stücke beisammen hatte, ließ er die Dienerin abtreten, hüllte sich in seinen Zaubermantel und sprach zur Prinzessin: »Du Nichtswürdige, behalte für immer deine Nase; denn wisse, ich bin niemand anderer, als der betrogene Korporal, den du von nun an nie wieder sehen wirst.« Er wünschte sich sogleich aus dem Palaste hinweg in die Mitte seiner Brüder, denen er ihre verlorenen Schätze wieder zurückstellte.

## 71 HANSFÜRCHTMICHNICHT UND DER TEUFEL

Es war einmal ein armer Wanderbursche, der fürchtete sich weder vor Geistern noch vor dem Teufel. Deshalb wurde er überall Hansfürchtmichnicht genannt. Eines Abends gelangte er in ein Dorf. Hier kehrte er in einem Wirtshaus ein, um ein Nachtquartier für sich zu erfragen. In der Wirtsstube saßen die Burschen an den Tischen und erzählten sich Gruselgeschichten von einem Schloß. Einer von ihnen sagte: »In dem Schloß haust der Teufel. Wer diesen Teufel eine Nacht besteht, der kann viel Geld und Gut gewinnen. Aber bisher ist noch niemand lebendig aus dem Schloß zurückgekehrt.«
Da erhob sich Hansfürchtmichnicht von seinem Stuhl, ging zu den Burschen und sprach: »Den Sack voll Geld, von dem du gesprochen hast, möchte ich mir gern verdienen. Ich fürchte mich nicht. Zeigt mir den Weg, und ich werde sogleich aufbrechen.« Die freundlichen Burschen und der Wirt rieten ihm ab, dies zu tun, aber Hansfürchtmichnicht war nicht mehr umzustimmen. Als er den rechten Weg erfahren hatte, faßte er seinen Stock fester und wanderte zum verwünschten Schloß.
Im Schloß war alles verlassen und finster, als er durch die prachtvollen Räume ging. Da kam er in einen großen Saal mit einem mächtigen Kamin an der Wand. Es lag genug Holz aufgeschichtet an der Seite. Da zündete Hans ein Feuer an, setzte sich davor und wärmte seine Glieder. Da schlug es vom Turm Mitternacht. Beim letzten Glockenschlag fuhr ein Männchen durch das Kaminfeuer und setzte sich wortlos neben Hansfürchtmichnicht nieder. Auch Hans schwieg be-

harrlich. Dann sprach das Männlein: »Huschala, wei mi fröist.« »No, do wirmst dich holt«, hat der Hans gesagt. Nach einer Weile wurde Hans zutraulich, er redete erneut das Männchen an: »Ist es wahr, daß hier im Schloß der Teufel umgeht? Ich fürchte mich aber nicht!« Kaum hatte Hansfürchtmichnicht diese Worte gesprochen, da wuchs das Männchen in die Breite und in die Höhe, bis es im Augenblick riesengroß geworden war. Jetzt wußte Hans, daß dies der Teufel selber war. Er war so groß geworden, daß sein Kopf an die Decke des Saales reichte. Mit dröhnender Stimme brüllte der Teufel: »Nun hat dein letztes Stündlein geschlagen. Du mußt jetzt sterben!« Auf diese Worte entgegnete Hans: »Aber vorher möchte ich noch etwas essen. Jedem, der sterben soll, gebührt eine Henkersmahlzeit!« »Die soll dir gewährt werden«, grollte das haarige Unwesen und stampfte aus dem Raum, um etwas zum Essen zu holen. In diesem Augenblick sprang Hansfürchtmichnicht an die schwere Eisentür und warf sie mit aller Macht in das Schloß. Dabei klemmte er mit großer Kraft den Schwanz des Teufels ein. Der Teufel brüllte diesmal vor Schmerz und lamentierte, aber Hans drückte die Tür noch fester zu.
Zuletzt verlegte sich der Teufel auf das Bitten und Betteln. Er versprach ihm reiche Schätze, wenn er ihn nur noch einmal auslassen würde. Zuletzt hat Hansfürchtmichnicht nachgegeben. Der Teufel führte ihn in ein finsteres Kellergewölbe. Da lag das Gold in hellen Haufen. Hans nahm den größten Sack, den er finden konnte und schob soviel Gold hinein, wie er nur tragen konnte. Der Teufel war plötzlich verschwunden, Hans schulterte den Sack und schleppte ihn direkt in die Wirtsstube.
Es war heller Morgen geworden, und die Kunde von der mutigen Tat machte schnell die Runde im ganzen Dorf. Die Bauern und Burschen eilten herbei und bewunderten das viele Gold, welches Hans aus dem Schloß herbeigeschleppt hatte. Ihre Herzen erfüllten sich mit Neid, als sie diese Schätze sahen, und sie beschlossen, zusammen in der Nacht aufzubrechen und den Teufel zu zwingen, alle seine Schätze herauszugeben. »Was einer kann, können wir zusammen allemal«, sagten sie, als sie aufbrachen. Es ist jedoch niemand von ihnen zurückgekehrt. Der Teufel hat alle umgerichtet.

## 72  DIE ZWÖLF BRÜDER

Ein Mann hatte zwölf Söhne und eine sehr schöne Tochter. Die Mutter erfüllte alle Wünsche der Tochter, behandelte die Söhne aber streng. Daher beschlossen diese, das Elternhaus zu verlassen und in der Fremde ihr Glück zu versuchen. Da sie wußten, daß ihr Vater sie nicht fortlassen würde, hielten sie ihren Plan geheim. Sie sparten einiges Reisegeld und warteten nur auf eine schickliche Gelegenheit, um zu entfliehen.

Eines Tages besuchten die Eltern mit der Schwester einen Jahrmarkt, von dem sie erst nach zwei Tagen zurückkehren konnten. Kaum hatten die zwölf Brüder das erfahren, so rafften sie ihre Habseligkeiten zusammen und verließen wenige Stunden nach der Abreise der Eltern das väterliche Haus. Sie wanderten den ganzen Tag bis spät in die Nacht fort. Müde und hungrig hielten sie nun Umschau nach einer gastfreundlichen Hütte. Aber weit und breit war nichts zu sehen. Sie eilten daher weiter und kamen durch einen düsteren Wald. Am Ende des Waldes erblickten sie ein kleines Haus. Darüber waren sie von Herzen froh. Sie klopften an die verschlossene Tür des Hauses, aber nichts regte sich. Sie klopften immer stärker und stärker, aber ohne Erfolg. Da brachen sie die Tür mit Gewalt auf. Sie traten ein und fanden auch im Inneren des Hauses nichts, was darauf schließen ließ, daß es bewohnt sei. Überall lag Staub und Moder, und Spinnen hatten mit ihren Netzen die Wände überzogen. Aus der Stube führte eine Tür in ein zweites Gemach, das noch geräumiger war. Da kamen sie ein drittes Zimmer, das kleiner als die anderen war. Hier blieben sie erschrocken stehen. Denn da saß ein uralter Mann mit weißen Haaren auf einem Stuhle, sein Kopf ruhte auf dem Tische. Die Brüder meinten, daß dieser Schläfer der Hausherr sei. Um ihn nicht zu stören, wollten sie sich zurückziehen. Versehentlich aber stieß der jüngste von ihnen an den Stuhl, da fiel die Gestalt zu Boden und zerbröckelte in lauter Staub und Asche. Man kann sich denken, wie entsetzt die Brüder waren! Nachdem sie sich erholt hatten, machten sie hinter dem Hause ein Grab und begruben dort die Asche des Greises. Sie selbst aber blieben in dem Hause, das sie sorgfältig reinigten und ausbesserten. Sie fanden bei näherer Durchsicht gar manches, das sie gut brauchen konnten. Und in der Lade des Tisches, auf welchem der Greis geruht hatte, entdeckten sie sogar mehrere Rollen mit Geld.

Damit konnten sie sich auf lange Zeit hin Lebensmittel kaufen. Als sie sich einige Tage später näher in der Gegend umsahen, erfuhren sie, daß in nicht zu weiter Entfernung ein Bergwerk bestehe und Arbeiter brauche. Dorthin gingen nun stets elf Brüder in die Arbeit, während der zwölfte daheim aufräumen und kochen mußte.

So war ein Jahr verflossen, als es ihrer Schwester zu Hause auch nicht mehr gefiel. Denn was früher die Brüder von ihrer Mutter zu ertragen hatten, mußte jetzt die Schwester vom Vater erdulden, der sie wie die gemeinste Magd behandelte, weil er glaubte, sie habe um das Vorhaben der Brüder gewußt und es begünstigt. Das Mädchen beschloß daher, ebenfalls das Elternhaus zu verlassen und die verschwundenen Brüder zu suchen. Und als der harte Vater die Tochter in eine vier Stunden entfernte Stadt schickte, nahm sie heimlich ihre Sachen mit und kehrte nicht mehr zurück. Sie wanderte in die weite Welt hinein. Fragte sie jemand, der ihr begegnete, wohin sie gehe, so antwortete sie: »Zu meinen Brüdern.« Sonst erfuhr man von ihr nichts und man glaubte, sie sei nicht recht bei Sinnen.

Bei ihrer Wanderung hatte sie schon einen vollen Tag nichts gegessen und nichts getrunken, als sie durch einen düsteren Wald kam und an dessen Ende ein kleines Haus fand. Leise klopfte sie an die Tür. Es war das Haus ihrer Brüder. An diesem Tage war der älteste daheim. Als er das Klopfen hörte, eilte er hinaus. Die Schwester bat mit niedergeschlagenen Augen um ein Stückchen Brot und um einen Trunk Wasser. Der Bruder aber hatte sie gleich erkannt. Er ließ sie nicht ausreden und schloß sie vor Freude weinend in seine Arme. Da erst hob die verschämte Bettlerin ihre Augen, und auch sie erkannte den Bruder, der sie gleich in das Haus führte und ihr zu essen und zu trinken gab. Sie hatten sich so viel zu erzählen, daß die Stunde der Heimkehr der übrigen Brüder unbemerkt heranrückte. Sie kamen und staunten, als sie durch das Fenster ihren Bruder mit einem Mädchen erblickten. Doch als sie in die Stube traten und die Schwester erkannten, ging das Staunen in Freude über. Sie begrüßten einander und erzählten, was sie erlebt hatten.

Am andern Morgen gingen auf Bitten der Schwester alle zwölf in die Arbeit. Sie blieb zu Hause und besorgte die Wirtschaft, worüber die Zeit schnell verging. Die Sonne war bereits untergegangen, da öffnete sie das Fenster, um die Brüder schon aus der Ferne kommen zu sehen, damit sie ihnen entgegeneilen könne. Als sie so am Fenster saß, kam ein kleiner schwarzer Vogel dahergeflogen, der sich auf ihre rechte Hand setzte und ihr einige Tropfen Blutes aussog. Das Mädchen freute sich über den zahmen Vogel und wollte ihn fangen, allein er flog davon. Ihren Brüdern, die bald darauf kamen, sagte sie nichts von dem Vogel. Sooft sie nach diesem Tage das Fenster öffnete, kam der schwarze Vogel und sog ihr eine immer größere Menge Blutes aus der Hand. Er ließ sich aber nie fangen. Der große Blutverlust wirkte nachteilig auf sie ein, sie wurde von Tag zu Tag matter und verlor die gesunde Gesichtsfarbe und das Feuer des Auges. Dies konnte den Brüdern unmöglich lange verborgen bleiben. Sie fragten die Schwester mitleidig um die Ursache dieser Veränderung, worauf sie ihnen die Geschichte mit dem Vogel erzählte. Die Brüder nahmen sich vor, dieses gefährliche Tier zu töten. Sie richteten Fallen auf, und am nächsten Tage mußte einer der Brüder zu Hause bleiben. Der Vogel kam wieder zum Fenster und fing sich in der Falle. Sogleich tötete ihn der Bruder und vergrub ihn im Garten.

Nach einiger Zeit wuchs auf dem Grabe des schwarzen Vogels ein Apfelbaum, der bald zwölf sehr schöne Äpfel trug. Die Schwester pflückte sie und setzte sie den Brüdern vor, die schon seit ihrer Flucht aus dem Elternhaus keine Äpfel mehr gegessen hatten. Sie griffen auch freudig nach den schönen Früchten und aßen sie. Aber da schrumpften ihre Glieder auf einmal zusammen, und sie wurden in solche Vögel verwandelt, wie der gewesen war, den sie erschlagen und im Garten vergraben hatten. Und alle zwölf flogen durch das offene Fenster ins Freie.

Von der Zeit an saß die Schwester tagelang weinend am offenen Fenster und klagte sich als die Urheberin dieses Unglückes an. Da flogen einmal die zwölf schwarzen Vögel herbei, und einer sprach: »Du kannst uns erlösen, wenn du von heute an durch zwei volle Jahre kein Wort über deine Lippen bringst.« Sie versprach es zu tun. Unter einem wehmütigen Gesange, gleichsam als wollten sie damit ihrer Schwester Lebewohl sagen, erhoben sich die Brüder in die Luft. Die Schwester aber verließ das Haus und begab sich auf die Wanderschaft.

An einem heißen Sommertage kam sie in eine wüste Gegend. Furchtbar quälte sie der Durst, und nirgends war eine frische Quelle, nirgends ein Baum oder Strauch oder eine gastliche Hütte zu sehen. Ermattet sank sie auf die Erde und blieb bewußtlos liegen. Als sie wieder

die Augen aufschlug, sah sie einen stattlichen jungen Mann und einen Bedienten beschäftigt, sie wieder ins Leben zurückzurufen. Man bettete sie in einen Wagen und brachte sie in die nächste Stadt. Hier erholte sich die Arme bald wieder. Der vornehme Mann, der ein Graf war, wich nicht mehr von ihrer Seite. Auf alle seine Fragen hatte die Fremde nur mit Zeichen geantwortet, getreu dem Versprechen, das sie ihren Brüdern gegeben hatte. Daher glaubte der Graf, daß sie stumm sei. Dennoch gewann er sie lieb und vermählte sich mit ihr.
Bald hatte sich die stumme Gräfin, wie man sie nannte, die Liebe aller Untergebenen erworben, denn kein Bittender ging unbeschenkt von dannen. Aber die Liebe ihrer Schwiegermutter vermochte sie nicht zu erwerben. Diese stolze Frau konnte es ihrem Sohne nie vergeben, daß er sich, wie sie sagte, »eine auf der Straße gefundene Betteldirne« zur Gemahlin erwählt habe. Überall wo sie Verachtung gegen des Grafen Gemahlin zeigen konnte, tat sie es mit sichtbarer Freude. In dieser Zeit brach ein Krieg aus, und der Graf mußte seinem Könige zu Hilfe eilen. Hart war der Abschied für den Grafen, aber härter noch war er für die Gräfin, die ihrem geliebten Gatten nicht einmal ein lautes Lebewohl sagen durfte, weil sie ihre Brüder erlösen wollte. Zwei Monate nach diesem traurigen Abschied gebar die Gräfin zwei sehr schöne Knaben. Darüber noch mehr erbittert, beschloß die Schwiegermutter, die verhaßte Schwiegertochter zu beseitigen. Sie gewann durch Schmeicheln und Geld einen Freund des Grafen für sich und beredete ihn, er möge dem Grafen schreiben, seine Gemahlin habe ihm zwei Hunde geboren. Das geschah. Als der Graf durch einen Boten seiner Mutter den Brief mit dieser Nachricht erhielt, gab er sogleich den Befehl, die Gräfin zu töten. Mit diesem Todesurteile eilte der Bote schnell zurück. Mit Ungeduld erwartete ihn die schlechte Mutter des Grafen und forderte den Boten auf, sofort selbst das Urteil zu vollstrecken.
Dieser führte die unglückliche Gräfin des Nachts in einen Wald. Schon hatte er das Messer gezogen, da riefen plötzlich mehrere Stimmen über ihm: »Halt ein!« Erschrocken ließ er das Messer fallen und sah sich um. Aber er sah bloß zwölf Vögel, die auf ihn zuflogen. Sie ließen sich vor ihm auf die Erde nieder und verwandelten sich zum Schrecken des Mordbuben in zwölf Jünglinge. So hatte die Schwester ihre Brüder erlöst, denn eben waren es zwei Jahre seit ihrer Verwandlung und ihre Schwester hatte selbst in der Todesgefahr kein Wort ge-

sprochen. Die Brüder nahmen den Boten gefangen und führten ihn in das Schloß. Dort war eben der Graf angekommen, denn die Vögel hatten ihn von der Unschuld seiner Gattin unterrichtet. Er eilte auf sie zu und bat sie um Verzeihung. Statt aller Antwort schloß sie ihn in ihre Arme. Nun wurden die Mutter des Grafen und der Bote zum Tode verurteilt und hingerichtet, obwohl die Gräfin für ihr Leben bat. Der Freund des Grafen erhielt eine Gefängnisstrafe. Die zwölf Brüder aber blieben bei ihrer Schwester und ihrem Schwager.

## 73  DER TEUFEL ALS JÄGER

Ein Fischer ging fischen und konnte nichts fangen; so oft er das Netz aus dem Wasser zog, war es leer; darüber wurde er so unwillig, daß er das Netz aus lauter Zorn zur Erde warf und rief: »Der Teufel soll schon alles holen!« Kaum hatte er das gesagt, sieht er einen Jägersmann auf sich zukommen, der hatte eine lange Hahnenfeder auf seinem Hut und war ganz grün angezogen. Der sagte zu ihm: »Was treibst du denn hier, wollen dir keine Fische ins Netz gehen? Soll ich dir vielleicht einen Köder schenken, der die Fische anzieht?« »Ach ja«, sprach der Fischer, »den könnte ich schon gebrauchen.« »So versuche es nochmals«, entgegnete der Jäger und nahm etwas aus seiner Tasche, das er ins Netz warf. Da gab es der Fischer wieder ins Wasser und brachte es ganz angefüllt mit Fischen heraus. »Nun«, sagte der Jäger: »Wenn du mir versprichst, daß du mir das schenken willst, was du in deinem Hause hast, aber nicht kennst, so schenke ich dir diesen Köder.« Der Fischer dachte nach, was das sein könnte, er wußte doch von allem, was ihm gehörte und es fiel ihm nichts ein und sagte: »Ja, ich schenke dir das, was du verlangst.« Nun erwiderte der Jäger: »Wir müssen dies fest machen; du mußt mir das Versprechen schriftlich geben und weil wir keine Tinte hierhaben, so wollen wir uns zu helfen suchen.« Er nahm ein Blatt Papier aus seiner Brieftasche und riß die Feder von seinem Hute herunter, dann nahm er ein Federmesser und ritzte damit dem Fischer die Haut auf, und in das Blut, welches sich zeigte, tauchte er die Feder ein und schrieb damit einen Schuldschein, den der Fischer unterfertigen mußte. Derselbe wurde so ausgestellt, daß der Jäger das Recht hatte, sich das Ausbedungene in 24 Jahren zu holen. Als dies geschehen war, übergab er ihm den Köder für spätere Fischzüge und empfahl sich.

Als der Fischer nach Hause kam, tönte ihm das Geschrei eines kleinen Kindes entgegen. Es war während seiner Abwesenheit der Storch dort eingekehrt und hatte seiner Frau ein kleines Buberl gebracht; und das war dasjenige, von dem der Fischer nichts wußte, das er nicht kannte von seinem Eigentum. Nun erschrak er, und es ging ihm erst jetzt ein Licht auf – daß dies der Böse war, dem er sein Kind verschrieben hatte. Er sagte aber seiner Frau nichts davon, sondern tat nichts dergleichen und ging fischen wie gewöhnlich. Und von dieser Zeit an war sein Netz immer zum Zerreißen voller Fische und er wurde dadurch ein wohlhabender Mann.

Als der Knabe heranwuchs, sann der Fischer auf Mittel, um zu verhindern, daß der Böse Macht über seinen Sohn bekäme. Er kam auf den Einfall, seinen Sohn dem geistlichen Beruf zu widmen; denn er glaubte, daß der Böse dann keine Macht mehr über ihn haben werde. Er ließ ihn also studieren und machte ihn mit seinem künftigen Berufe vertraut, indem er von nichts anderem sprach und seine Mutter ebenfalls dafür zu gewinnen suchte. Aber der Sohn hatte keine Vorliebe für den geistlichen Stand und wäre lieber ein Musikant geworden, aber sein Vater ließ dies nicht zu. Er mußte daher seine Liebhaberei im geheimen betreiben und weil er sich kein anderes Instrument anschaffen konnte, so lernte er die Flöte blasen und ließ sich in sein Rockfutter eine Tasche annähen, worin er das Instrument aufbewahrte, so daß er es überall mit sich nehmen konnte. Er brachte es so weit, daß er die schönsten Melodien darauf blasen konnte, aber immer im geheimen.

Nun war er bald 24 Jahre alt und die Zeit kam heran, wo er zum Priester geweiht werden sollte. Sein Vater war darauf bedacht, daß dies noch vor dieser Zeit geschieht, damit ihm nachher der Böse nicht mehr beikommen kann; und es traf sich, daß er gerade an seinem Geburtstage die Priesterweihe empfangen sollte. Weil nun die Kirche sehr klein war, wurde die Feier im Freien veranstaltet. Es wurde ein Altar aufgerichtet und das Volk versammelte sich, um dieser Feier beiwohnen zu können; und in dem Augenblicke, wo der Bischof den künftigen Priester Anton salben und ihm die Hände auflegen wollte, hörte man ein Rauschen wie von den Fittichen eines großen Vogels und zugleich fuhr ein Windstoß über die Versammlung hinweg, daß alles zur Erde sehen mußte; und als die Leute wieder in die Höhe sahen, war der junge Mann, welcher die Weihe empfangen sollte, verschwunden. Es geschah dies in demselben Augenblicke, als er vor 24 Jahren das Licht der Welt erblickt hatte; und der Böse erwischte ihn noch im letzten Moment, hüllte ihn in seinen Mantel ein und flog mit ihm unsichtbar über die Köpfe der Versammlung hinweg auf und davon. Es spielte sich dies so schnell ab, daß der junge Mann gar nicht wußte, was mit ihm geschieht, erst als er zur Besinnung kam und unter sich den Pferdefuß des Bösen erblickte, erkannte er, um was es sich handelt und schnell gefaßt, trachtete er, die rechte Hand frei zu bekommen und machte damit das Zeichen des Kreuzes; und kaum hatte er dies getan, ließ ihn der Böse mit einem gräßlichen Fluche fallen und flog davon.

Der junge Mann verlor das Bewußtsein und als er wieder zu sich kam, fand er sich zwischen Gestrüpp auf der Erde liegen und unversehrt. Er stand auf und besah sich die Gegend, da fand er, daß alles anders und viel schöner war als in seiner Heimat. Die Bäume, Sträucher und Gräser waren viel üppiger, die Blumen hatten schönere, lebhaftere Farben und einen feineren Wohlgeruch und alles, auch die Vögel und Insekten waren von besonderer Art. Das Gefieder der ersteren glänzender, ihr Gesang lieblicher und das, was auf der Erde herumkrabbelte, schillerte wie Gold und Silber. Alle die Tiere waren so zutraulich, daß sie ganz in seine Nähe kamen und er sie mit den Händen fassen konnte. Die Früchte von den Bäumen hingen sozusagen bis in den Mund herab und waren von ausgezeichnetem Geschmack; kurz, es kam ihm vor, als ob er im Paradiese wäre. Nur Menschen gab es keine auf diesem Eiland.

Er wanderte herum und besah sich alles. Da kam er zu einem Hügel, der ganz mit Rosen bewachsen war und entdeckte von einer Seite einen Eingang wie in eine Höhle, so groß, daß ein Mensch hineingehen konnte; er mußte sich denselben aber erst von den vielen Schlinggewächsen, die ihn umrankten, frei machen, und dann ging er hinein und kam in einen langen Gang, der in das Innere führte und in ein großes Gemach mündete. Da sah er in der Mitte desselben einen Katafalk, darauf ruhte ein Sarg, ober dem ein ewiges Licht brannte, und daneben auf der Erde lag ein schwerer eiserner Hammer. Es beschlich ihn bei diesem Augenblick ein so banges Gefühl, daß er sich niedersetzen mußte. Da fühlte er etwas Hartes unter sich und als er in die

Tasche fuhr, um zu sehen, was es sei, entdeckte er seine Flöte, auf die er ganz vergessen hatte. Er nahm sie heraus, setzte sie an den Mund und entlockte ihr die lieblichsten Töne. Plötzlich fing es um ihn herum an sich zu regen und zu rühren, es wurde lebendig und es schlüpften von allen Seiten Eidechsen hervor, die von den Tönen angelockt wurden. Darüber verwunderte sich der Anton sehr und als er aufgehört hatte zu spielen, verkrochen sich wieder die Tiere. Da ging er ganz nahe zu dem Katafalk und fand darauf eine lateinische Inschrift eingegraben. Weil er nun studiert hatte, konnte er dieselbe lesen und sie lautete: »Wer mit diesem Hammer drei Schläge auf den Deckel des Sarges vollführt, wird mich erlösen.« Nun wollte er den Hammer heben, er vermochte es aber nicht, er war zu schwer. Er setzte sich wieder nieder und spielte auf seiner Flöte. Sofort krochen die Eidechsen wieder hervor, bildeten einen Kreis um ihn und deuteten ihm an, daß sie helfen möchten, den Hammer zu heben. Nun versuchte er es nochmals, und siehe, mit den vereinten Kräften dieser Tiere gelang es. Der schwere Hammer wurde gehoben und mit aller Gewalt und ganzer Wucht dreimal auf den Deckel des Sarges niedergeschlagen. Da flog der Deckel in die Höhe und man sah eine schöne schneeweiße Jungfrau darin liegen; die rührte sich aber nicht. Und Anton dachte, vielleicht erweckt sie auch die Musik aus ihrem Schlafe und nahm seine Flöte und fing an zu spielen. Sie schlug die Augen auf und erhob sich aus dem Sarge, sah um sich und als sie den jungen Mann erblickte, verklärte sich ihr Antlitz, sie streckte ihm ihre Hand entgegen und dankte ihm für ihre Erlösung. Nun traten sie heraus aus dieser Gruft und siehe da, der Rosenhügel war in ein Schloß verwandelt, die Eidechsen waren lauter verwunschene Diener und Dienerinnen, die nun alle erlöst waren. Der Anton heiratete die schöne Jungfrau und blieb mit ihr in dem schönen Schloß, wo sie glücklich lebten bis an ihr Ende.

## 74  DIE DANKBAREN TIERE

Ein Gutsbesitzer hatte einen Sohn, den er zum Erben seines Gutes bestimmte. Der Sohn aber fand keinen Gefallen an der Landwirtschaft, sondern wollte ein Fleischer werden. Soviel sich auch der Vater Mühe gab, ihm das auszureden, er blieb bei seiner Neigung und fand auch bald in der Stadt eine Lehrstelle. Der Vater ersuchte den Meister unter vier Augen, er möge den Jungen sehr hart halten und ihm dadurch die Lust zum Handwerke verleiden, den Sohn hingegen stachelte er an, keine harte Behandlung zu dulden. Auf diese Weise wollte er ihn wieder nach Hause locken. Aber der Plan schlug fehl. Der Sohn war seinem Meister sehr folgsam, recht gelehrig und brav. Als die Lehrzeit beendet war, erwachte in ihm die Wanderlust. Er schnürte sein Felleisen und ging auf die Wanderschaft. Nachdem er eine Zeitlang gereist war, kam er in einen tiefen Wald. Hier traf er auf einem freien Platze einen Riesen, einen Hund, einen Adler und eine Ameise beisammen. Als der junge Mann die Gruppe von ferne erblickte, wollte er ihr ausweichen. Allein es war zu spät. Der Riese hatte ihn schon wahrgenommen und forderte ihn auf, näher zu kommen und einen Streit unter ihnen zu schlichten, so daß jeder Teil von ihnen zufriedengestellt werde; widrigenfalls es sein Leben koste.

Bei dem Streite aber handelte es sich um die Teilung eines Ochsen. Der Fleischer nahm die Teilung vor und gab der Ameise den Kopf. Diese fand sich vollkommen zufriedengestellt wegen der vielen Winkel und Verstecke, die sie darin fand. Dem Adler wurden die Eingeweide, dem Hunde die Kochen und dem Riesen das Fleisch zugeteilt, einem jeden zu seiner Zufriedenheit. Zum Danke erhielt er von jedem Tier ein Geschenk, das, zwischen den Händen gerieben, von wunderbarer Wirkung sein sollte: vom Riesen ein Haar, das ihm die siebzigfache Kraft eines Pferdes, vom Hunde ebenfalls ein Haar, das ihm die Schnelligkeit einer abgeschossenen Kugel verleihe, von dem Adler eine Feder, welche ihn in einen Vogel mit großer Flugkraft, und von der Ameise ein Bein, welches ihn in eine Ameise verwandle. Dann konnte er seines Weges gehen.

Auf seiner weiteren Wanderung kam er in eine große Stadt. Im Gasthaus, in dem er einkehrte, fragte er den Wirt um Neuigkeiten. Dieser erzählte ihm unter anderem: »Ich bin vom Könige angewiesen, alle Gäste, welche sich zur Ausführung einer von ihm gestellten Aufgabe bereit erklären, auf seine Kosten zu beherbergen. Jeder, der sich hierzu meldet, muß dem Bruder des Königs, der in einem fremden Lande wohnt, einen Brief überbringen. Bei ihm angekommen, empfängt er einen Anzug, der nach dortiger Landessitte verfertigt ist, dazu ein Antwortschreiben. So wird er heimgesandt. Wer diese Aufgabe glücklich vollführt und als der erste mit dem Antwortschreiben zurückkommt, erhält als Lohn die Hand der Erbprinzessin und den königlichen Thron.« Der Fleischer äußerte nun auch seinen Wunsch und Vorsatz, sich an der Reise zu beteiligen. Dem Wirte schien es, als ob er für ein solches Unternehmen nicht genug gewandt sei; er versuchte deshalb, ihn davon abzuhalten. Der Fleischer blieb aber bei seinem Entschlusse und wurde daher auch beim Könige angemeldet. Dieser erstaunte über die Kühnheit des unansehnlichen Menschen; jedoch ließ er ihn nach vergeblichem Abraten gewähren.

Am nächsten Morgen traten alle, die sich gemeldet hatten, die Reise an. Zur ersten Raststätte wählten sie einen Gasthof. Nachdem sie sich mit Speise und Trank erquickt hatten, begaben sie sich zur Ruhe. Der Fleischer schlief bis zum anderen Morgen, während die übrigen Gefährten, um ihn loszuwerden, schon in der Nacht aufgebrochen waren und eiligst die Reise fortgesetzt hatten. Als er erwachte, merkte er sogleich den Streich. Er erinnerte sich aber auch sofort des Haares, das er vom Hunde erhalten hatte, nahm es hervor, rieb es zwischen seinen Händen, und im Nu war er seinen Gefährten weit voraus und nicht mehr fern vom Ziele. Dort angekommen übergab er den Brief, erhielt neue Kleider und eine Rückantwort, worauf er mit derselben Geschwindigkeit zurückeilte.

So kam er als der erste zum König zurück. Dieser wunderte sich nicht wenig, wie es dem Fleischer gelungen sei, in so kurzer Zeit hin und zurück zu gelangen. Doch wollte er sein einmal gegebenes Wort, seine Tochter dem glücklichen Boten zur Gemahlin zu geben, nicht brechen und bestimmte den Tag der Verlobung. Sie wurde am festgesetzten Tage gefeiert. Nach der Feier unternahm man eine Rundfahrt in der Umgebung der Stadt, an der sich der König, die beiden Verlobten und der ganze Hofstaat beteiligten. Man war schon ziemlich weit weg von der Stadt, da erhob sich eine ungeheure Staubwolke, die rasch näher kam. Der Bräutigam, von bösen Ahnungen getrieben, mahnte zur Rückkehr, aber vergebens. Gleich darauf waren alle in die Staubwolke eingehüllt, so daß einer den andern nicht sehen konnte. Zugleich brauste ein ungewöhnlich heftiger, von Blitz und Donner begleiteter Sturm über sie hin. Alle wurden davon zu Boden geworfen. Als der Sturm vorüber war und sich alle wieder emporrafften, wurde die Prinzessin vermißt und war nirgends zu finden. Man sandte Boten nach allen Richtungen aus, und als sie ohne Erfolg zu-

rückgekommen waren, war der König überzeugt, daß ihm seine Tochter geraubt worden sei.
Der Bräutigam aber war entschlossen, die Prinzessin zu suchen, koste es, was es wolle. Es war für ihn ein schwieriges Unternehmen; denn nicht die leiseste Spur war da, wohin sie gekommen sein konnte. Da fiel ihm die Adlerfeder ein. Er rieb sie zwischen seinen Händen mit dem Wunsche, in eine Nachtigall verwandelt zu werden. Im nächsten Augenblicke schon flog er mit den anderen Vögeln in der Luft umher. Er durchkreuzte in unermüdetem Fluge die verschiedensten Gegenden und Länder.
Einmal nun flog er über ein großes Meer. Mitten darin nahm er ein prächtiges Schloß wahr, das auf einer kleinen Insel stand. Er flog ganz nahe an das Gebäude und betrachtete es ringsum mit spähendem Blick. Zwar fand er eine Menge Fenster an allen Seiten, aber keine Eingangspforte. Als er sich aber auf ein Fenster setzte und hineinblickte, sah er seine Braut, die einsam und in Tiefsinn versunken in dem Zimmer saß. Da begann er die schönsten Weisen zu singen. Sie öffnete das Fenster und suchte den Vogel zu haschen, der es auch geduldig geschehen ließ.
Als er aber bei ihr im Zimmer war, nahm er seine frühere Gestalt an. Mit Erstaunen betrachtete die Prinzessin ihren Bräutigam. Er fragte sie, wie sie hierhergekommen sei und in wessen Gewalt sie sich befinde. Sie erzählte, daß dieses Schloß einem Drachen gehöre, der sie gefangen halte. Er habe bei jener Rundfahrt den Sturm verursacht und sie dabei geraubt. »Was ist deine Beschäftigung hier?« fragte er weiter. Sie berichtete weiter: »Täglich verweilt der Drache, wenn er von seinen Fahrten zurückkommt, eine Stunde hier im Schlosse. Ich habe dann nichts zu tun, als ihm die Haare zu kämmen, was ihm sehr zu behagen scheint.« »Welche Mittel soll ich anwenden«, fragte hierauf der Bräutigam, »um dich aus dieser Gefangenschaft zu befreien?« Sie wußte keinen Rat. »So forsche ihn aus«, sagte er, »und trachte, ihm das Geheimnis zu entlocken.« Da die Ankunft des Drachen nun nahe bevorstand, verwandelte er sich in eine Ameise und verbarg sich in einer Falte ihres Kleides.
Gleich darauf erschien der Drache und ließ sich von der Prinzessin in der gewohnten Weise kämmen. Sie wandte nun alles an, um von ihm zu erforschen, ob und wie sie erlöst werden könnte. Den ersten Tag richtete sie nichts aus. Den folgenden Tag aber verdoppelte sie

ihre Mühe und drang in schlauester und sanftester Weise in ihn, ihre Neugierde zu befriedigen. Endlich, nach vielem Zureden, eröffnete er ihr folgendes: »Wer dich erlösen will, muß ein Ungeheuer jenseits des Meeres besiegen und töten. Es hat die Gestalt eines Igels und besitzt die Kräfte von siebzig Pferden. Ist es getötet, so springt aus seinen Eingeweiden ein Hase hervor. Dieser muß gefangen und ebenfalls erschlagen werden. Sodann kommt aus ihm eine Ente hervor. Auch diese muß getötet werden. Aus ihren Eingeweiden werden dann vier Eier rollen. Diese Eier aber muß derjenige, der mich umbringen will, mir an den Nacken werfen. Dann bin ich besiegt und du bist frei.« Nach diesen Worten entfernte sich der Drache, der Bräutigam aber nahm Abschied und flog als Vogel wieder übers Meer, um das Igelungetüm aufzusuchen.

Er fand das Untier in kurzer Zeit. Vor dem Saume des Waldes, in welchem der Riesenigel hauste, war eine Herberge für Reisende. Hier aß und trank der Bräutigam, nahm noch drei Brote und drei Flaschen Wein mit und machte sich auf den Weg. Als er eine kurze Strecke gegangen war, kam er zu einer Eiche. Bei dieser ließ er das Brot und den Wein zurück und ging in den Wald hinein. Da kam ihm aber auch schon der Igel entgegen und fragte, wen er hier suche. »Niemand andern als dich«, entgegnete der junge Mann. »Und was ist dein Begehren?« brüllte das Ungetüm. »Mit dir zu kämpfen«, lautete die Antwort. Der Igel brach in ein schallendes Gelächter aus und rief: »Kühner Eindringling, entferne dich, sonst bist du des Todes!« »Nicht eher«, antwortete dieser, »als bis ich dich besiegt habe.« Nun ging der Kampf an. Der Fleischer hatte sein vom Riesen empfangenes Haar schon gerieben und kämpfte mit Riesenstärke gegen den gewaltigen Igel. Keiner von beiden siegte, keiner unterlag, bis sie einer wie der andere erschöpft das gleiche Bedürfnis hatten, eine Weile auszuruhen. Der Fleischer ging nach der Eiche zurück, holte seine Labung herbei und bot auch seinem Gegner Brot und Wein zur Stärkung an. Dieser verschmähte es nicht. Es gelang ihm jedoch nicht, aus der dargebotenen Flasche zu trinken, sosehr ihn auch dürstete; denn er konnte sie nicht fassen. Da goß ihm der Fleischer den Wein in den Schlund, aber so schnell und so viel auf einmal, daß der Igel ersticken mußte. Plötzlich sprang ein Hase aus seinen Eingeweiden hervor. Diesen fing der Fleischer und tötete ihn. Augenblicklich kam eine Ente daraus hervor. Und als er auch diese getötet hatte, rollten vier

Eier aus ihrem Bauche, die er schnell erfaßte, worauf er in der Gestalt und mit der Schnelligkeit eines Vogels in das Drachenschloß eilte. Hier lag der Drache bereits krank und ohnmächtig danieder. Der Fleischer ging zu ihm hin und warf ihm die Eier an den Nacken. Alsogleich war der Drache tot, und die Prinzessin war befreit.

Der Befreier hatte jetzt nichts Eiligeres zu tun, als mit Vogelschwingen über das Meer zu fliegen, um dem Vater der Braut ihre Erlösung zu verkünden und ihn zu mahnen, daß er ein Schiff ausrüsten lasse, um die einsam harrende Tochter so schnell als möglich heimzuholen. Dies geschah auch unverzüglich. Nach der Ankunft der Prinzessin im väterlichen Schlosse feierte der König die Vermählung des glücklichen Paares und setzte es als Erben seines Reiches ein.

## 74 HILDA UND IHR SCHIMMEL

Vor langer, langer Zeit lebte einmal am Rande eines dichten Waldes ein armer Holzhauer mit seiner Familie. Das Tagewerk des Mannes führte ihn häufig weit ab von seiner Hütte tief in den düsteren Wald hinein, und was er dort durch mühevolle Arbeit kärglich verdiente, reichte oft nicht hin, die notwendigsten Bedürfnisse der Seinen zu decken. Dennoch wohnte Zufriedenheit in dem kleinen Häuschen, denn die Ehegatten, so arm sie waren, besaßen einen Schatz, den sie getreulich hegten und pflegten, und dieser Schatz bestand in Genügsamkeit und Gottvertrauen.

So lebte das Paar in glücklicher Eintracht manches Jahr, bis es Gott gefiel, die härteste Prüfung über das Haupt des armen Holzhauers zu senden. Sein Weib erkrankte und starb, und ließ ihn allein mit seiner zahlreichen Familie. Aber daran nicht genug, gleichzeitig brach eine große Hungersnot im Lande aus, welcher Menschen und Tiere zum Opfer fielen. In kurzer Zeit stand er, ein Bettler, hungernd und aller Mittel entblößt, mit seinen Kindern unter Gottes freiem Himmel ohne Obdach und den Unbilden der Witterung preisgegeben.

Vergebens flehte er zum Himmel um Hilfe und Rettung, aber es war, als ob selbst Gott sich von ihm gewendet hätte, denn nirgends wollte sich ein Ausweg bieten, wohin er seine Blicke auch richtete.

Gebrochen an Leib und Seele, tränenlosen Auges und gebeugten

Hauptes saß er im Schatten einer Eiche, während seine Kinder ihn weinend umstanden.

Da legten sich plötzlich zwei Arme um seinen Hals, und aufschauend blickte er in die rührenden Augen seiner Lieblingstochter, der 14jährigen Hilda. »Vater«, flüsterte sie, »laß mich dir eine Bitte vortragen. Sieh', dein Kummer bricht mir das Herz! Ich möchte dir so gerne helfen, wenn ich's könnte, aber Gott hat mir nicht die Kräfte gegeben, dies zu tun. Daher zürne mir nicht, wenn ich's versuchen will, dir wenigstens einen kleinen Teil deiner Sorge abzunehmen. Laß mich und meine Schwestern aus diesem Lande des Unglückes ziehen und in der Fremde bei guten Menschen ein Unterkommen suchen.« Doch des Vaters Schrecken gewahrend, fügte sie schnell hinzu: »Sei nicht traurig deshalb, lieber Vater, auch jenseits des Waldes wohnt ja der liebe Gott, und wenn wir ihn recht inständig darum bitten, wird er uns gewiß nicht verlassen!« Gerührt von so viel kindlicher Liebe und echtem Gottvertrauen, schloß der Vater sein Kind in die Arme, aber so sehr auch seine Vernunft dafür sprach, sein Herz wollte von einer Trennung nichts wissen. Als jedoch die beiden älteren Schwestern, Jutta und Adelheid, auch hinzutraten und ihre Bitten mit denen Hildas vereinten, blieb ihm nichts mehr übrig, als endlich seine Einwilligung zu geben. Es war ein schwerer Kampf, den der arme Vater mit sich gekämpft hatte, und eine bittere Stunde, in welcher er von seinen Töchtern Abschied nahm, nachdem er sie eine Strecke weit in den Wald begleitet hatte.

Tief betrübt trat er den Heimweg an, aber mit dem festen Vorsatze, sich aufzurichten an dem Beispiel seiner Kinder und noch einmal seine halb erlahmte Kraft zusammenzuraffen, zu ringen und zu kämpfen ums tägliche Brot.

Wir verlassen nun den schwergeprüften Vater und wenden uns den drei jungen Mädchen zu, die wir auf ihrem künftigen Lebenswege begleiten wollen.

Zur Zeit, als unsere Geschichte spielt, war noch mancher Wald eine undurchdringliche Wildnis, und nur wenige waren mit demselben so vertraut, daß sie ihn ohne Gefahr passieren konnten. In den Felsenhöhlen und Schluchten des Waldes wohnten unzählige wilde Tiere, und das dichte Gestrüpp des Bodens beherbergte zahlreiche giftige Schlangen und schädliches Gewürm.

Aber unter der Erde, in weiten geräumigen Höhlen, da hauste ein gar lustiges Völklein, da trieben Gnomen und Zwerge ihr Wesen; da krochen die Heinzelmännchen des Nachts aus ihren Erdspalten und verrichteten das unvollendete Tagwerk der Menschen. In den dichten Laubkronen der Bäume, in den kühlen Quellen des Waldes wohnten die schönsten Feen und Nymphen, und wenn ein Wanderer sich im Walde verirrt hatte, geschah es gar häufig, daß ihm eine dieser holden Feen erschien, ihn freundlich auf den rechten Weg zurückbrachte und ihn reich beschenkt entließ. So konnte es auch den drei Schwestern nicht fehlen, ungefährdet durch den Wald zu kommen, umsomehr, da Hilda ihres guten Herzens und ihres kindlichen Gehorsams wegen unter dem ganz besonderen Schutze der Feen stand.

Zwei Tage waren die Mädchen gewandert. Sie hatten sich des Nachts unter einem schützenden Felsvorsprung ein Lager aus Moos bereitet und darauf ganz prächtig geschlafen, und waren, nachdem sie ihr einfaches Mahl aus Waldbeeren, Haselnüssen und süßen Wurzeln bestehend, verzehrt hatten, wohlgemut auf dem ihnen vom Vater bezeichneten Weg weiter geschritten. Die Zeit verging ihnen unter angenehmen Gesprächen, die sich hauptsächlich um ihre Zukunftspläne drehten, recht rasch und sie bemerkten es kaum, daß der Weg, den sie eingeschlagen hatten, immer tiefer in den Wald hinein führte. Die Bäume standen hier so dicht, daß beinahe völlige Dunkelheit herrschte und die am Boden wuchernden Farnkräuter erreichten eine ungewöhnliche Höhe. Das weiche Moos unter ihren Füßen verschwand nach und nach gänzlich und undurchdringliches Gestrüpp machte das weitere Vordringen bald zur Unmöglichkeit. Riesige Felsmassen türmten sich vor den erschrockenen Mädchen auf und dazwischen klang das Tosen und Brausen eines mächtigen Wasserfalles fast schauerlich durch die Stille. Immer dunkler wurde der Wald und immer deutlicher sahen die schreckensbleichen Mädchen ein, daß sie sich bei einer jener verrufenen Stellen des Waldes befanden, die ihrer Gefährlichkeit wegen fast nie von einem menschlichen Fuß betreten wurde. Dazu kam noch, daß ein Unwetter mit rasender Schnelligkeit heraufzog. Blitze zuckten hernieder und erleuchteten für Augenblicke fast taghell die schauerliche Einöde. Mit furchtbarer Gewalt brach sich der Donner an den riesigen Felswänden, und krachend und brüllend tönte er von denselben zurück an das Ohr der zu Tode erschrockenen Mädchen. Bebend vor Angst fielen sie auf die Knie und riefen mit lauter Stimme Gott um Hilfe an. Und siehe da, alsbald verzog sich das Gewitter, die Blitze wurden schwächer, der Wald begann sich zu lichten und aus dem Boden sprang plötzlich ein kleines blaues Flämmchen empor, welches lustig vor den drei Mädchen herumtanzte. Noch betrachteten sie schweigend diese merkwürdige Erscheinung, da erschien ein paar Schritte weiter abermals ein solches Flämmchen und das ging so fort, bis eine ganze Reihe lichter Flammen am Boden flackerten. Es war dies herrlich und lustig anzusehen, wie die tanzenden Zünglein sich hin- und herbewegten, als wollten sie den Schwestern winken, ihnen zu folgen! Und richtig: bei ihrem Scheine bemerkten sie alsbald einen schmalen ebenen Pfad, der sich glatt und bequem zwischen den Felswänden hinschlängelte. Nun konnten sie wohl nicht mehr im Zweifel sein, daß eine gütige Fee es war, welche ihnen diesen Weg gezeigt hatte; und derselben im Herzen innig dankend, schritten sie nun mutig auf dem schmalen Pfade dahin. Die blauen Flämmchen hüpften lustig vor und neben ihnen her und erleuchteten den Weg, der durch zahlreiche Höhlen und neben tiefen gähnenden Abgründen führte. Aber ohne Unfall gelangten die Mädchen durch das unabsehbare Labyrinth von Gestein und traten endlich in einen prächtigen Laubwald, dessen schattige Kühle sie freundlich zu süßer Rast einzuladen schien. Ihre Führerinnen, die blauen Flämmchen, verschwanden, als die Schwestern den Wald betraten und sie nahmen dies als ein Zeichen, daß der eingeschlagene Weg der richtige sei. Derselbe führte bergauf und als sie etwa eine Stunde gegangen waren, kamen sie auf einen Berg, von dem sie eine prachtvolle Aussicht hatten. Unter ihnen im Tale lag ein schönes Schloß, das war von herrlichen Anlagen umgeben, und sie beschlossen, hinzugehen, um daselbst vielleicht einen Dienst zu finden. Als sie hinkamen, sahen sie sich überall um, ob ihnen nicht jemand begegnen werde, an den sie sich um Auskunft wenden könnten, aber es war keine Seele zu sehen. Da faßten sie Mut und gingen hinein in das Schloß. Aber auch da trafen sie kein menschliches Wesen, es war alles wie ausgestorben und doch hatte es den Anschein, als ob es bewohnt wäre; denn es sah alles so aus, als ob die Bewohner nur hinausgegangen wären und jeden Augenblick wieder hereinkommen könnten. Die Schwestern warteten und warteten, und als sie sich endlich überzeugten, daß sie allein im Schlosse waren, gingen sie weiter und traten in ein Zimmer, da war für drei Personen aufgedeckt und es stand ein köstliches Mahl auf dem Tisch. Sehnsüchtig blickten die Mädchen die Speisen an, sie trauten

sich aber nicht zuzugreifen. Da sprach die Jüngste: »Kommt, Schwestern, ich glaube, dieses Mahl wurde von der gütigen Fee, die uns hierher geleitet hat, für uns bereitet, warum sollen wir uns länger bedenken und warten, bis es ungenießbar ist?« Dies leuchtete den beiden anderen ein; sie setzten sich zum Tische und aßen mit Behagen die Speisen. Und als sie gegessen hatten, betraten sie das nächste Gemach; hier standen drei prächtige Betten, deren schneeweiße Hülle die müden Wanderinnen zum Schlafe einlud. Sie legten sich hinein, nicht ohne zuvor dem lieben Gott und ihren Schutzengeln ein Dankgebet dargebracht zu haben. Den nächsten Tag hielten die Mädchen Rundschau im Schlosse, alles fanden sie herrlich eingerichtet, alle Bequemlichkeiten, die zu einem reichen Hause gehören. Die Kästen waren voll Wäsche und feiner Kleider, die Küche mit Holz und allem anderen versehen, was zum Kochen gebraucht wird, auch Feuerzeug und Schwamm fand sich vor. Da waren die Schwestern sehr froh und beschlossen, dort zu bleiben. Sie vereinbarten, daß sie die häuslichen Arbeiten unter sich teilen und abwechselnd jede Woche eine andere die Küche versehen solle, während die zwei anderen die übrigen Arbeiten verrichten müssen. Nun lebten sie herrlich und in Freuden. Niemand störte sie, und es wäre alles gut gewesen; nur die jüngste Schwester fühlte sich nicht zufrieden. Die zwei älteren Schwestern hielten zusammen, weil ihre Gemütsart und ihr ganzes Wesen zusammenstimmte, während die jüngste, Hilda, anders geartet, und zwar viel sanfter und besser und auch ihr Äußeres anmutiger war. Die älteren Schwestern übertrugen allmählich alle Arbeiten auf Hilda, so daß dieselbe alles alleine machen mußte. Nicht genug an dem, sie forderten auch noch, daß Hilda sie bedienen möge, was das junge Mädchen schließlich ebenfalls tat. Hilda war aber geduldig und beklagte sich nicht, nur im Geheimen vergoß sie manche Träne. Dazu kam der Kummer um ihren Vater, wie es ihm ergehen möge.
Die zwei ältesten Schwestern gingen jeden Sonntag in den nächsten Ort in die Kirche und Hilda mußte zu Hause bleiben, um das Mittagmahl zu kochen. Als sie einmal wieder allein war, ging sie in den Hof zum Brunnen und fand auf der Erde einen alten verrosteten Schlüssel; da dachte sie, derselbe müsse doch zu einer Tür passen und nahm sich vor, nachzusehen und zu suchen, ob sich nicht eine Tür finden wird, zu welcher er gehört. Und richtig fand sie außerhalb des Schlosses in der Mauer eine alte, halb vermoderte Tür; sie probierte und der

Schlüssel sperrte auf. Da sah sie eine Stiege vor sich, welche abwärts führte; sie ging hinunter und kam in einen Pferdestall; hier fand sie ein Pferd angebunden, das war schon ganz schmutzig, so daß seine ursprüngliche Farbe gar nicht mehr zu erkennen war. Auch war es ganz abgemagert. Von Mitleid ergriffen, brachte Hilda dem Pferde Wasser und frisches Gras, holte ein Büttel und wusch das Pferd sauber ab, da zeigte es sich, daß es ein Schimmel war. Plötzlich fing derselbe an zu reden und sprach: »Weil du so gut bist und dich meiner erbarmt hast, so will ich mich dir auch erkenntlich zeigen und dir etwas schenken. Mache die Kiste auf, welche hier an der Wand steht, und was du darin finden wirst, das soll dir gehören; und wenn du einmal irgendwohin wirst gehen wollen, und es wird dir zu weit sein, so komme nur und sage mir's, da werde ich dich flugs dahintragen.« Sie öffnete die Kiste und fand sie voll prächtiger Kleider. Die waren so schön und kostbar, daß sich keine Prinzessin ihrer zu schämen gebraucht hätte. Besonders ein Kleid, das war so fein wie Spinngewebe und glänzte wie lauter Gold. Sie schloß die Kleider wieder ein und als sie dachte, die Schwestern könnten bald zurückkommen, sperrte sie den Stall zu und hob den Schlüssel gut auf, dann ging sie in die Küche, machte schnell das Essen fertig und sagte den Schwestern keine Silbe von den Erlebnissen.

Den nächsten Sonntag, als die Schwestern wieder zur Kirche gingen, machte sich Hilda schon zuvor alles in der Küche fertig, und kaum waren Erstere aus dem Hause, ging sie zu ihrem Schimmel, gab ihm Futter und Wasser, wusch ihn wieder ab und machte dann die Kiste auf, entnahm derselben einen prachtvollen himmelblauen Seidenanzug, der ganz mit gestickten Silbersternen besät war und kleidete sich schnell an. Dann führte sie den Schimmel herauf und sagte ihm, er möge sie zur Kirche tragen, wo ihre Schwestern sind. Dieser wieherte vor Freude und flog mit ihr wie der Wind davon, so daß sie mit ihren Schwestern gleichzeitig in der Kirche ankam. Aller Blicke waren auf sie gerichtet, denn so eine schöne Dame in so prachtvollen Kleidern hatte noch niemand je in der Kirche gesehen. Unter den Kirchenbesuchern befand sich auch ein vornehmer junger Graf, der wandte kein Auge von ihr und fragte alle seine Bekannten, ob sie nicht diese schöne Dame kennen, aber niemand wußte, wer sie sei. Als die Messe zu Ende war, ging sie hinaus, schwang sich auf ihren Schimmel, der draußen wartete, und jagte mit ihm davon. Nach Hause gekommen, führte sie ihn in seinen Stall, zog sich schnell die schönen Kleider aus, legte sie in die Kiste und zog ihre alten an; hierauf ging sie in die Küche, das Essen fertig zu machen. Als die Schwestern aus der Kirche kamen, stand dasselbe schon fertig am Tisch. Die zwei waren ganz aufgeräumt und erzählten der Hilda, daß heute eine vornehme, wunderschöne Dame in der Kirche war, die habe ausgesehen wie ein Engel. »Das war ich«, sprach die Hilda mit schalkhafter Stimme.« »Ja du«, sagten die Schwestern, »du mit deinen groben Händen und deinem ungeschickten Wesen, du möchtest dich gut ausnehmen in solch vornehmen Kleidern.«

Den nächsten Sonntag wiederholte sich dasselbe. Hilda zog noch einen schöneren Anzug an und ritt in die Kirche. Diesmal ging der junge Graf früher hinaus, um auf sie zu warten, er wollte sehen, wohin sie gehe, aber als sie kam, schwang sie sich wieder schnell auf ihren Schimmel, welcher sich im Nu den Blicken des jungen Grafen entzog und er hatte das Nachsehen. Auch diesmal erzählten ihr die Schwestern von der schönen vornehmen Dame, und Hilda sprach so wie das erstemal: »Das war ich«. Aber die Schwestern dachten nicht im entferntesten daran, daß dies wahr sein könnte. Auf diese Weise ritt Hilda jeden Sonntag zur Kirche, und man sprach in der ganzen Gegend von nichts anderem, als von der schönen Dame, die niemand kenne, denn sie reite auf einem Pferd, das sei schnell wie der Wind, so daß ihr niemand folgen könne. Dem jungen Grafen riß schon die Geduld, und um endlich zu erfahren, wer die schöne Dame sei, gab er einen Ball und lud nebst seinen Bekannten auch die drei Schwestern auf dem Schlosse ein, denn es war schon lange in der Gegend bekannt, daß auf dem einsamen Schlosse, das von allen Menschen gemieden war, drei Schwestern wohnen, von denen niemand wußte, woher sie kamen und wer sie seien.

Die Jutta und die Adelheid freuten sich ungemein auf dieses Fest und richteten sich schöne Kleider dazu her. Als der Tag des Festes herankam, legten sie die Kleider an, wobei ihnen Hilda helfen mußte. Diese wurde von ihnen so herumgejagt und abgehetzt, bald war der einen dieses, bald der anderen jenes nicht recht, so daß sie schon ganz müde war. Endlich waren sie fertig und gingen fort. Kaum waren sie draußen, ging Hilda zu ihrem Schimmel, wählte sich aus dem Koffer das allerschönste Kleid, zog sich an und sagte zum Schimmel, er möge sie dorthin tragen, wo ihre Schwestern sind. Dieser flog mit ihr wie der

Wind von dannen. Als er vor das Schloß des Grafen kam, trat gerade der junge Graf heraus um nachzusehen, wer komme, denn er konnte es schon nicht erwarten vor Sehnsucht; und es bestürmten ihn Zweifel, ob sie auch kommen werde. Da sah er sie absteigen und war vor Freude außer sich; er ging ihr entgegen; bot ihr den Arm und führte sie hinein in den Saal zur Gesellschaft. Aller Augen richteten sich auf das schöne Paar und jeder fragte, wer wohl diese Dame sein könne. Die Schwestern waren ebenfalls da und erst jetzt erkannten sie in dieser schönen Dame ihre Schwester Hilda und wunderten sich, woher sie diese schönen Kleider haben möge, aber sie sagten ihr nichts, sondern warteten, bis sie selbst zu ihnen käme. Der Graf wich nicht von ihrer Seite und unterhielt sich den ganzen Abend mit ihr und nach Mitternacht fragte er sie, ob sie nicht seine Gemahlin werden wolle; sie bejahte es und er stellte sie allen seinen Gästen als seine Braut vor und feierte die Verlobung mit ihr. Da trat sie zu ihren Schwestern und fragte sie, ob sie ihr nicht böse seien wegen ihres Geheimnisses; diese schauten wohl anfangs finster drein, aber schließlich gaben sie sich zufrieden.

In einiger Zeit darnach wurde die Hochzeit gefeiert, und Hilda wäre nun ganz glücklich gewesen, wenn sie nicht immer an ihren Vater gedacht hätte, wie es ihm wohl ergehen möge. Sie ging zu ihrem Schimmel, aber als sie zu der Stelle kam, wo die Tür war, fand sie dieselbe nicht mehr. Sie bat ihren Gemahl, er möge ihr erlauben, daß sie ihren Vater aufsuchen könne, und dieser versprach es ihr und fuhr eines Tages mit ihr in den Wald, aus dem sie einst mit ihren Schwestern gekommen war. Nach vielen Mühen und beschwerlichen Irrfahrten gelang es ihnen endlich, den alten Holzhauer ausfindig zu machen. Er ging, als ihn seine drei Töchter damals verlassen hatten, nicht zugrunde, sondern er raffte sich so weit auf, daß er einen Dienst bei einer guten reichen Dame annehmen konnte, die sich auch seiner kleineren Kinder erbarmte und in der Folge sowohl ihn, als auch diese versorgte. Seine Tochter Hilda konnte ganz beruhigt über sein ferneres Schicksal mit ihrem Manne die Heimreise antreten, wo sie nun miteinander glücklich lebten.

## 76 DER GLÜCKSVOGEL

In einem Walde wohnte ein Jäger. In der Morgenfrühe begab er sich gewöhnlich in den Wald, um in der Mittagszeit mit reicher Beute heimzukehren. Eines Tages aber war schon Mittag lange vorüber, und der Jäger war immer noch nicht zurückgekehrt. Daher fürchtete seine Frau, daß ihm ein Unglück zugestoßen wäre. Immer wieder trat sie vor das Haus und spähte in den Wald, ob nicht der Erwartete aus dem Schatten der Bäume heraustrete.
Dem Jäger war jedoch nichts geschehen. Er hatte kein Jagdglück gehabt und war auf der Suche nach jagdbarem Wild immer tiefer in den Forst geraten. Zuletzt sah er dicht vor ihm auf einem Zweig ein Vöglein sitzen. Der Jäger legte an und schoß den Vogel herunter. Als er sich über ihn beugte, bemerkte er, daß der Vogel ein wundersames, prächtiges Gefieder besaß. Eine Stimme hinter ihm sagte: »Weißt du auch, was für einen Vogel du geschossen hast?« Der Jäger wandte sich um und sah ein steinaltes Mütterchen hinter sich stehen. Unwillig und mürrisch gab er zur Antwort: »Das ist mir gleichgültig. Ich schaue nicht auf das Gefieder, wenn ich einen Vogel schieße«. »Das aber ist der Glücksvogel, den du geschossen hast. Wer sein Herz ißt, der findet jeden Morgen drei Dukaten unter seinem Kopfkissen. Und wer seinen Kopf verzehrt, wird einst der König des Landes werden«, sprach das Mütterchen, und war im Wald verschwunden.
Der Jäger schulterte seine Büchse und ging seinem Haus zu. Seine beiden Söhne, Fortunat und Ales, liefen ihm entgegen, nahmen den Vogel aus seiner Hand und zeigten ihn der Mutter. Diese bewunderte seine unvergleichliche Schönheit, und als ihr Gatte ankam, fragte sie ihn, was mit dem Vogel geschehen solle. »Brate ihn, damit wir alle von ihm essen können und achte darauf, daß nichts davon verlorengeht, sonst steht es mit uns allen sehr schlimm«, entgegnete ihr Ehemann.
Der Jäger ging hinaus in den Wald, seine Frau rupfte den Vogel ab und steckte ihn dann auf den Bratspieß, unter welchem sie ein Feuer angezündet hatte. Und weil sie im Hof zu tun hatte, stellte sie ihre beiden Söhne an den Bratspieß und befahl ihnen, denselben zu drehen und achtzugeben, daß der Vogel nicht verbrennen würde.
Die Knaben standen nun am Herd, einer schürte das Feuer, während der andere den Bratspieß drehte. Beide aber sahen mit Verlangen auf

den Braten, den sie lieber zwischen ihren Zähnen gesehen hätten. Da fiel der Kopf des Vogels ab und gleich darauf auch das Herz, welches die Jägerfrau ausgeschnitten und unter einem Flügel befestigt hatte. Jeder von den Knaben ergriff schnell ein Stück, Fortunat aß das Herz, Ales den Kopf.

Kaum war dies geschehen, trat die Mutter ein, und an den Herd schreitend, bemerkte sie auf den ersten Blick, daß der Kopf des Vogels fehlte. »Ihr gottvergessenen Burschen!« rief sie, »wo ist der Kopf? Habt ihr Appetit auf ihn bekommen?« fragte sie mit drohender Stimme den jüngeren Fortunat, den sie weniger liebte.

»Nein, Mutter«, entschuldigte sich dieser, »den Kopf aß Ales, und ich habe das Herz verzehrt.« »Das ist eine saubere Geschichte, der Vater befiehlt, daß nicht das geringste Stück verlorengehen soll und nun – ihr ungeratenen Kinder, wartet nur, bis der Vater nach Hause kommt, dann werdet ihr euren Anteil zugemessen bekommen!«

Die letzten Worte erfüllten die Kinder mit Schrecken, denn sie kannten den Vater nur zu gut, und deshalb verließen sie die Küche und eilten in den Wald, um dort zu bleiben, bis der erste Zorn des Vaters sich gelegt haben würde. Im Wald angekommen, wähnten sie sich noch nicht sicher, so liefen sie ohne Unterlaß weiter, bis sie ganz ermüdet unter einem Baum niedersanken. Als sie sich etwas erholt hatten, blickten sie sich nach allen Seiten um und sahen, daß sie sich im dichtesten Wald befanden.

Beide Knaben beschlossen, nicht mehr nach Hause zurückzukehren, weil sie fürchteten, daß ihr Vater sie totschlagen würde.

Die beiden Knaben erhoben sich und gingen weiter. Es begann dunkel zu werden, als sie hinter dem Walde in ein Dorf kamen. Hunger und Müdigkeit stellten sich ein, aber sie hatten keinen Heller Geld. Was sollten sie tun? Endlich faßten sie Mut und traten in eine Hütte ein, wo sie um etwas Essen und ein Nachtlager baten. Die guten Landleute gaben ihnen beides. Als sie sich sattgegessen hatten, dankten sie den gastlichen Leuten und legten sich auf das Stroh, welches man für sie ausgebreitet hatte. Bald waren sie eingeschlafen.

Am andern Tag standen sie früh auf, nahmen von der Bäuerin ein Stück Brot und gingen weiter, ohne zu wissen wohin. Als sie weggegangen waren und die Magd das Strohlager aus der Stube tragen wollte, fand sie in der Kopfseite drei Dukaten, die sie der Bäuerin zeigte. Diese rief den Bauer herbei und erzählte ihm den Vorfall.

Beide wunderten sich sehr darüber und kamen endlich darin überein, die Knaben seien die Söhne eines vornehmen Herrn gewesen, die vielleicht zum Scherz in dem Dorf geblieben waren und die Bereitwilligkeit, mit welcher der Hausherr sie aufgenommen hatte, reichlich belohnen wollten. Die Bäuerin bereute nun freilich, daß sie ihnen kein weicheres Bett gegeben und nichts Besseres zu essen gereicht hatte.

Am Abend desselben Tages kamen die Knaben zu einem kleinen Schloß, wo gerade der Edelmann selbst zugegen war. Als die Knaben in den Hofraum traten und um etwas Essen und ein Nachtlager baten, gefielen sie dem Edelmanne sehr, und er fragte sie, woher sie kämen und wohin sie gingen.

Die Brüder erzählten nun aufrichtig ihre Geschichte, und als sie hierauf der Edelmann fragte, ob sie bei ihm bleiben wollten, willigten sie voll Freude ein. Nach dem Abendessen führte man die Knaben in ein besonderes Zimmer. Ermüdet und voller guter Hoffnungen, daß es ihnen von nun an wohlergehen werde, schliefen sie ein und erwachten erst, als die Sonne ihre goldenen Strahlen in ihr Zimmer sandte. Kaum hatten sie sich angekleidet, rief man sie zum Frühstück in das Speisezimmer, wo sie der Edelmann bereits erwartete. Hier übergaben sie den Zimmerschlüssel einer Magd, die sich entfernte, um das Zimmer zu ordnen. Hier fand sie unter dem Kopfkissen drei Dukaten, die sie ihrem Herrn brachte. Dieser verwunderte sich sehr, sagte aber kein Wort, weil er der Meinung war, die Knaben würden das Geld suchen und nach ihm fragen. Als aber die Knaben das Geld nicht erwähnten und jeden Morgen erneut drei Dukaten unter dem Kopfkissen gefunden wurden, glaubte der Edelmann, daß die Knaben unter dem Schutz einer guten Fee stehen würden. Dies festigte bei ihm den Entschluß, die Knaben als seine Söhne anzunehmen, sie sorgfältig erziehen zu lassen und ihnen später seine Güter zu übergeben. Bald brachte er sie in die Hauptstadt. Hier übergab er sie einem weisen Manne, versah ihn mit reichlichen Geldsummen mit der Aufgabe, die Knaben gut zu erziehen und sie alles Wissenswerte zu lehren. Mit der Ermahnung, ihrem Lehrer zu folgen und zu gehorchen, verabschiedete er sich von ihnen und fuhr auf seine Güter zurück.

Unter der Leitung ihres weisen Lehrers machten die Brüder gute Fortschritte. Besonders Ales war sehr fleißig, er kannte kein besseres Vergnügen, als hinter seinen Büchern zu sitzen und Kenntnisse zu sammeln. Fortunat jedoch wäre lieber mit seiner Büchse durch die Wälder gestreift, um das Wild aufzuspüren und zu jagen. Um aber den Edelmann nicht zu betrüben, lernte auch er fleißig und gewissenhaft.

Schnell waren die Jahre dahingegangen. Die Brüder waren zu schönen Jünglingen herangewachsen. Es kam die Zeit, da sie zu dem Edelmann zurückkehren sollten. Sie ließen den treuen Diener, den ihnen der Edelmann gesandt hatte, vorausfahren und traten die Reise zu Fuß an, obwohl ihr Wohltäter dies nicht gewünscht hatte. Bis zu diesem Zeitpunkt hatte Fortunat nicht erfahren, wie reich er war, denn der Diener hatte von seinem Herrn den Auftrag erhalten, unter dem Kopfkissen der Brüder täglich die Golddukaten zu heben und an ihn zu schicken. Der Edelmann wollte auf diese Weise verhindern, daß die Brüder mit dem Geld verschwenderisch umgehen würden.

Dennoch beschlossen die Brüder, ihr Vorhaben auszuführen. Nachdem der Diener abgereist war, schrieben sie dem Edelmann einen Brief, worin sie ihren Entschluß, auf Reisen zu gehen, kundgaben, zugleich aber um Vergebung baten, daß sie nicht sofort zu ihm kämen, weil sie fürchteten, er würde ihnen die Einwilligung zu dieser Reise nicht geben.

Die Brüder dankten dem Edelmann für die erwiesenen Wohltaten und versprachen, nach einem Jahr zurückzukehren. Der Brief war bald geschrieben und abgeschickt. Die Brüder nahmen jeder eine Büchse und verließen die Stadt.

Munter gingen sie von Ort zu Ort. Ihre bescheidene Reisekasse mahnte sie jedoch, auf Mittel zu sinnen, wie sie wieder gefüllt werden könnte. Da kamen sie in eine große Stadt, die sie sich näher ansehen wollten. Zuerst suchten sie eine Herberge, die sie auch bald fanden. Als Ales vom Wirt hörte, daß der König, der nur eine Tochter hatte, einen erfahrenen Minister für die Regierung suchte, begab er sich in das Königsschloß und bot seine Dienste an. Der König, der ihn durch viele Fragen zu prüfen suchte, war erstaunt über das reiche Wissen des jungen Edelmannes und nahm ihn in seinen Dienst. Fortunat verspürte nicht den Wunsch, länger in der Hauptstadt zu bleiben. Er zog weiter und übernachtete oft in dürftigen Herbergen, suchte jedoch niemals unter seinem Kopfkissen nach und wußte deshalb nicht, wie gern ihn seine Wirte länger behalten hätten.

Eines Tages kam er abends bei einem großen Meierhofe an, wo eine reiche Frau wohnte und beschloß, bei dieser einen Dienst zu suchen, sei dieser auch noch so gering. Die Bitte wurde ihm abgeschlagen, ja er erhielt nicht einmal ein Nachtlager. Zuletzt rief ihn ein alter Tagelöhner in seine Hütte und lud ihn ein, sein dürftiges Nachtmahl mit ihm zu teilen und auf einer Strohschütte die Nacht zu verbringen. Dankbar nahm Fortunat die Hilfe an und blieb in der Hütte des Tagelöhners.

Am andern Morgen machte sich der Wanderer reisefertig und verließ unter vielen Dankesworten die gastliche Stätte. Kurz darauf fand man in seinem Strohlager drei Dukaten. In großer Verlegenheit eilte der Tagelöhner zu seiner Herrin, um sie um Rat zu fragen. Die Besitzerin des Meierhofes forschte den Mann aus. Und als sie alles Wissenswerte erfahren hatte, schickte sie dem Fremden einen Boten nach, der ihn zum Meierhof zurückholen sollte.

Der Bote holte Fortunat noch am selben Tag ein und brachte ihn zurück. Die Herrin fragte ihn aus über seine Eltern, seine Kindheit und seine Reiseabenteuer. Dann nahm sie ihn gnädig als Jäger in ihren Dienst. Regelmäßig holte sie sich während der Abwesenheit ihres Jägers die Goldstücke unter seinem Kopfkissen. Dann plagte die böse Frau die Neugier, und sie suchte ein altes Weib auf, das weit und breit als Zauberin bekannt war. Gegen eine große Belohnung erhielt sie die richtige Auskunft, nachdem sie der Hexe alles über Fortunat erzählt hatte. Sie erfuhr, daß der Jüngling das Herz des Glücksvogels gegessen hatte, und in ihrem Herzen regte sich der Neid. Gegen eine neue große Belohnung bat sie die Zauberin, ihr den Glücksvogel zu beschaffen. Die Zauberin ging zum Schein darauf ein, beschloß jedoch, nichts zu tun, was dem Jüngling schaden würde.

Voll freudiger Hoffnung kehrte die Böse in ihr Haus zurück, um die Zauberin zu erwarten, die ihr Kommen für den Abend versprochen hatte. Früher als gewöhnlich entließ die Frau ihr Gesinde. Die Zauberin ließ sich in das Zimmer Fortunats führen und wies die Herrin hinaus. So blieb sie eine Zeitspanne allein bei dem schlafenden Fortunat und verließ dann das Gemach, um der Herrin ein Vogelherz zu übergeben.

»Heute wirst du die Goldstücke zum letzten Male unter dem Kopfkissen des Jägers finden, von morgen an suche sie unter deiner Bettdecke«, sprach die Zauberin. Gierig verschlang die Gutsherrin das

Herz des Vogels und belohnte das alte Weib reichlich und schickte es fort.
Am nächsten Morgen schickte sie den Jäger aus dem Haus und sagte: »Gehe hin, wo du hergekommen bist. Ich kann dir nicht länger deinen Lohn bezahlen.« Allerdings wußte das geizige Weib nicht, daß die Zauberin sie hintergangen hatte und ihr nur das Herz eines gewöhnlichen Vogels zu essen gegeben hatte.
Hungrig wanderte Fortunat die Landstraße entlang. Da erspähte er einen herrlichen Garten, und in der Mitte desselben einen großen, schönen Apfelbaum, der saftige, herrliche Früchte trug. Fortunat stieg über den Zaun, pflückte sich einige Äpfel und biß heißhungrig in einen hinein. Da spürte er, wie sich seine Glieder dehnten. Und voller Entsetzen bemerkte er, daß eine Verwandlung mit ihm vorging. – Er wurde zu einem Esel. »Das fehlte noch zu meinem Elend!« jammerte Fortunat unter seiner Eselshaut. In seiner Verzweiflung rannte er mit dem Kopf gegen den Baum, um so sein Leben zu enden. Aber sein Eselskopf schien aus Eisen zu bestehen, nichts geschah. Nur ein unansehnlicher, vertrockneter Apfel fiel vom Baum. Den zermalmte er voller Zorn mit seinen Eselszähnen. Sogleich stand er wieder in seiner vorigen Gestalt als Mensch da. Voller Freude packte er den Baum mit seinen starken Armen und schüttelte ihn heftig, bis viele Äpfel von den Zweigen herunterfielen. Eifrig sammelte er diese ein, aß jedoch nur die unansehnlichen grünen. Und weil er so müde war, streckte er sich auf den weichen Rasen und war bald eingeschlafen.
Im Traum erschien ihm die Gestalt einer schönen und guten Frau, die rief ihm zu: »Schau nach, wo dein Haupt gelegen ist, dort wirst du drei Goldstücke finden.« Der Ruf war so eindringlich gewesen, daß Fortunat sogleich erwachte. Freudig erhob er sich, blickte in das Gras unter seinem Kopf, fand die Goldstücke und steckte sie ein. Dann dachte er nach, wie er die böse Frau empfindlich strafen konnte. Bald war sein Plan gefaßt. Zuerst färbte er sein Gesicht braun, kaufte neue Kleider und zog diese an. Nun, als er nicht mehr wiederzuerkennen war, kehrte er zum Meierhof zurück und ließ sich bei der Herrin melden. Nur ihr bot er die herrlichen, frischen Äpfel zum Verkauf an. Da der Preis sehr gering war und die herrlichen Früchte einladend dufteten, kaufte die Frau die Ware und bezahlte mit klingender Münze. Fortunat verließ jedoch eilig den Hof.
Die Eßlust der Frau war so groß, daß sie nicht widerstehen konnte,

nach einem Apfel griff und ihn aß. Aber in demselben Augenblick stand sie da in der Gestalt eines Esels. Voll der schrecklichsten Angst rannte sie aus dem Zimmer in den Hofraum, wo sie unter wilden Sprüngen ein so fürchterliches Geschrei erhob, daß bald alles Gesinde herbeilief. Keiner konnte helfen. Da sprang der Esel auf eine Mauer, fiel herunter, brach sich das Genick und blieb tot liegen. Das Vermögen der Herrin erbte eine arme Anverwandte, die ihre Untergebenen liebevoll und freundlich behandelte.

Fortunat setzte seine Wanderung fort und litt nun keine Not mehr, jeden Morgen fand er drei Goldstücke unter seinem Kopfkissen. Einst führte ihn die Straße einen Fluß entlang, da sah er am Ufer einen mit Moos bewachsenen Sitz. Fortunat wollte rasten und setzte sich darauf. Da hörte er plötzlich ein dumpfes Ächzen, und er gewahrte, daß er sich auf einen uralten, mit Moos bewachsenen Fisch gesetzt hatte. »Du armer Fisch«, sagte Fortunat, »dich haben sicher die Wellen an das Ufer geworfen. Da konntest du dir nicht helfen.« Fortunat reinigte den Fisch und wälzte ihn mit großer Anstrengung in den Fluß. Munter bewegte sich der Fisch in den Wellen und war bald in der Tiefe verschwunden.

Fortunat zog wieder weiter, bis er in eine große Stadt kam, in welcher ein mächtiger König regierte. Der langen Wanderung überdrüssig, beschloß er, am königlichen Hof einen Dienst zu suchen. Er zog seine kostbarsten Kleider an und meldete sich bei dem König. Dieser war von dem schönen, klugen Fremdling sehr angetan und stellte ihn als seinen ersten Diener ein.

Doch das Sprichwort sagt: Je mehr Glück, desto mehr Feinde. Die älteren königlichen Diener beschlossen, den Eindringling, wie sie ihn nannten, koste es, was es wolle, zu entfernen. Am meisten regte sich der Neid bei einem Diener, der bisher das vollste Vertrauen des Königs genossen hatte, durch Fortunat aber zu verlieren fürchtete. Dieser ging nun eines Tages zu seinem Herrn, dem König und sprach: »Unlängst erzählte mir der Fremde von einer Prinzessin, die durch ihre Schönheit alle Prinzessinnen der Welt wie die Sonne alle Sterne überstrahlt. Sie wohnt, sagte er, auf dem schwarzen See, wohin noch niemand gelangte, denn große Gefahren drohen dem, der es wagt, sie zu entführen. Auch prahlte er damit, daß er den Weg dahin kenne und wohl imstande wäre, die Prinzessin zu holen. Ich empfahl ihm, für dich, hoher Gebieter, die Gefahren zu bestehen. Er jedoch sagte geringschätzig zu mir, daß er für den König niemals sich solchen Gefahren aussetzen würde.«

Der König befahl, Fortunat zu rufen. Den mißgünstigen und falschen Diener entließ er, ohne ein Wort zu sagen. Als Fortunat eintrat, sprach der König: »Fortunat, du wußtest, daß ich eine Braut suche. Warum verschweigst du mir, daß du Mittel und Wege kennst, die Prinzessin auf dem schwarzen See zu erringen? Dafür sollte ich dich strafen, aber ich erlasse dir die Strafe, wenn du binnen drei Wochen die schöne Prinzessin in meinen Palast bringst. Verstreicht die Frist, ohne daß mein Befehl vollzogen worden ist, wirst du lebendig verbrannt. Dies merke dir und handle!«

Fortunat war wie aus den Wolken gefallen; er wußte von der schönen Prinzessin kein Wort zu erzählen und wollte sich rechtfertigen. Aber der König winkte ihm, sich zu entfernen, und er mußte gehorchen, wenn er den König nicht noch mehr gegen sich aufbringen wollte. Betrübt wandte er sich aus dem Saal. In der Halle begegnete er seinem Feind, ohne zu wisssen, daß dieser es war, der ihn ins Unglück gestürzt hatte. Vertrauensvoll begann er ihm zu erzählen, was ihm widerfahren war.

»Lieber Freund«, sprach sodann der Lügner, »du bist nicht der erste, der diesen gefahrvollen Auftrag erhielt. Schon viele Diener verloren die Gunst des Königs und ihr Leben, weil sie die Prinzessin nicht gewinnen konnten. Ich fürchte, daß es dir nicht besser ergehen wird.« Nach diesen Worten entfernte sich der Diener, hocherfreut, daß seine List so gut gelungen war.

Fortunat war verzweifelt, daß er den Dienst bei dem König gesucht hatte. So trat er seine gefahrvolle Reise an und hoffte, daß der Zufall und das Glück ihm helfen würden, die Prinzessin zu finden. Aber so viele Menschen er auch unterwegs fragte, niemand kannte den Weg zu der Prinzessin auf dem schwarzen See. Zuletzt gelangte er in eine Gebirgslandschaft, wo er nur mit Mühe mit seinem Pferd vorankam.

Als er hier auf einem engen Weg um einen Felsenvorsprung bog, sah er sich plötzlich am Ufer eines Sees, der sich zwischen hohen Felsen in eine weite Ferne dehnte und so dunkel aussah, als wäre er mit einem schwarzen Tuch überzogen. Fortunat hatte den schwarzen See gefunden. Nun war jedoch guter Rat teuer, und Fortunat rief aus: »Wie komme ich nur über den See? Kein Pfad führt an den steilen Ufern entlang, kein Schiff ist zu sehen, das mich hinüberfährt.« »Ich werde dir helfen!« ertönte eine Stimme aus dem schwarzen Wasser. Und Fortunat erblickte einen riesigen Fisch, der seinen Kopf aus dem Wasser hob und seine Hilfe mit den Worten anbot: »Setze dich auf meinen Rücken. Du hast mir das Leben wiedergegeben. Heute werde ich dich über das Wasser tragen. Du wirst in ein Kristallschloß gelangen. Dort eile schnell in das dritte Gemach, fasse die Prinzessin um den Leib und verlasse sogleich das Schloß mit ihr. Nimm jedoch das Kästchen mit, das neben ihr auf dem Tisch steht, wenn dir dein Leben lieb ist.«

Fortunat dankte dem Fisch und versprach, seinen Rat genau zu befolgen. Dann setzte er sich auf den Rücken des Fisches, der sich durch die Wellen leicht fortbewegte. Der See war sehr groß. Dennoch erblickte Fortunat bald das Kristallschloß am jenseitigen Ufer. Als er in das Schloß eintrat, blieb er stehen vor Staunen über die außerordentliche Pracht, die er überall wahrnahm. Unzählige Edelsteine schienen in die Wände hineingesät. Aber schon mahnte ihn eine Stimme, der Fisch hatte ihn gerufen.

Fortunat kam in das dritte Zimmer, das prachtvoller ausgestattet war als alle übrigen Räume. Doch alle Pracht wurde überstrahlt durch die Schönheit der Prinzessin, die auf einem goldbestickten Thron saß. Vor ihr stand ein Tisch aus Kristall, und auf demselben lag ein Kästchen aus Ebenholz. Dies nahm Fortunat in die linke Hand, schlang die Rechte um den Leib der Prinzessin und eilte zu dem Riesenfisch, der sie schnell über den See an die Stelle brachte, wo schon sein Pferd wartete.

»Fliehe, Fortunat, so schnell du kannst!« rief der Fisch, »der Seekönig, der Vater der Prinzessin, wird gleich kommen und seine Tochter zurückholen!« Es war die höchste Zeit. Der Seekönig war in sein Schloß zurückgekehrt. Und da er sein einziges Kind nicht fand, eilte er auf den See und wütete in seinem Zorn so fürchterlich, daß die Wogen wie hohe Berge emporflogen und an das Ufer donnerten. Das Pferd griff aus, und Fortunat entkam mit der Prinzessin.

Die Prinzessin sah den schönen Jüngling an und sprach: »Nun darf ich niemals mehr in das Schloß meines Vaters zurückkehren. Ich gehöre jetzt dir. Sage mir, wohin du mit mir reitest und wer du bist.« Getreu sagte ihr Fortunat, wer er sei und wohin er sie führen würde. Da verdüsterte sich das Gesicht der Prinzessin, und sie sprach kein

Wort mehr mit ihrem Entführer. So kamen sie zu der Hauptstadt, aus der Fortunat voller Verzweiflung ausgezogen war.

Als der König hörte, daß Fortunat mit der schönen Prinzessin heimgekehrt war, ging er ihm festlich geschmückt mit seinem Hofstaat entgegen, um die holde Braut aus seiner Hand zu empfangen und in den königlichen Palast zu führen. Als dies der listige Diener hörte, glaubte er, daß Fortunat ein mächtiger Zauberer sei und sich nun an ihm rächen würde. Eiligst packte er seine Sachen und entfloh aus dem Schloß und der Stadt.

Der König überhäufte Fortunat mit Worten des Dankes und Gunstbeweisen. Doch der Jüngling und die Prinzessin wurden nicht froh, sie hatten eine tiefe Zuneigung zueinander gefaßt.

Eines Tages trat der König in das Gemach der Prinzessin und fragte sie, warum sie so traurig sei. »Sahst du jemals Rosen auf dem Eis blühen? Ich bin jung, du bist alt. Wie soll ich dich lieben können? Wenn ich nur mein Ebenholzkästchen hätte. In ihm befindet sich eine Salbe. Wenn ich dich mit ihr bestreiche, wirst du siebenmal schöner werden.«

Da ließ der König seinen Diener Fortunat rufen. Dem erzählte er, was die Prinzessin wünsche und bat ihn, ihm das Kästchen mit der Wundersalbe zu bringen. Fortunat holte das Kästchen und übergab es der Prinzessin. Sie öffnete es und sagte dem König: »Laß dir den Kopf abschneiden. Ich werde dein Haupt mit dieser Salbe bestreichen, und du wirst schöner sein als je zuvor.«

Dies schien dem König zu gewagt, aber Fortunat erbot sich, einen Versuch zu wagen, um den König zu überzeugen, daß keine Gefahr vorhanden sei. Mit einem scharfen Messer trennte die Prinzessin Fortunats Kopf vom Rumpf, salbte die Wunde und setzte den Kopf wieder an. – Und ihr Liebling stand, schöner als er ehedem gewesen war, wieder vor ihr. Dieser Beweis erfüllte den König mit Mut, und diesmal forderte er von der Prinzessin verschönert zu werden. Die Prinzessin schnitt nun dem König gleichfalls den Kopf ab. Aber kaum war der Kopf abgeschnitten, so fielen einige Tropfen Blut auf den Boden. Sogleich ertönte ein furchtbares Brausen wie das Heulen eines Sturmes. Eine gewaltige Wasserwoge wälzte sich durch die Gassen der Stadt auf den königlichen Palast zu, sprang die Treppenstufen empor und stand in dem Gemach. Jetzt erblickte man in derselben einen Greis mit silberweißem Haar und Bart, mit einer Perlenkrone auf dem Haupt.

»Sei ruhig, meine Tocher«, sprach der Greis zu der zitternden Prinzessin, »der König ist und bleibt tot als Strafe für die vielen Schandtaten, die er in seiner Jugend verübt hat. Fortunat wird dieses Reich regieren und auch mein Land erhalten.« Die Woge wälzte sich mit dem Seekönig wieder aus dem Schloß, und Fortunat schloß seine Königin in die Arme. Das Volk jubelte seinem neuen König zu. Dann wurde die Vermählung gefeiert.
Fortunat fand jeden Morgen erneut drei Goldstücke unter seinem Kopfkissen. Und als der erste Jubel vorüber war, erinnerte er sich an seinen Bruder und fragte sich, was wohl aus ihm geworden sei und wie es seinen Eltern gehe. Daher beschloß er, eine Reise zu unternehmen und teilte dies seiner Gemahlin mit, die gern einwilligte. Sie begleitete ihn auf dieser Reise.
Zuerst kamen sie in jene Stadt, in der Ales königliche Dienste angenommen hatte, und der König befahl, in jenem Hause einzukehren, in welchem er vor mehreren Jahren von seinem Bruder Abschied genommen hatte. Als der Wirt seine vornehmen Gäste in sein schönstes Zimmer geführt hatte, fragte ihn Fortunat, was es Neues in der Stadt gäbe. »Da gibt es nur Gutes zu berichten«, antwortete der Wirt. »Vor Jahren kam ein Fremder in unsere Stadt, den der König wegen seiner Klugheit zum ersten Diener des Staates machte. Weil er so schön ist und mit Umsicht das Reich regierte, gab er ihm seine einzige Tochter. Vor einigen Monaten ist der alte König gestorben. Jetzt regiert der schöne Fremdling als unser neuer König unser Land mit so geschickter und gütiger Hand, daß ihn alle Untertanen lieben. Der junge König ist ein guter und gerechter Herr!«
In seiner Freude eilte Fortunat sogleich in das königliche Schloß. Die Freude der beiden Brüder war groß. Acht Tage lang wurde ein großes Fest gefeiert. Dann eilten sie zu ihrem Wohltäter, dem Edelmann. Gern begleitete er seine Söhne und zog mit ihnen zum Jägerhaus, in dem noch immer die Eltern lebten. Diese hatten ihre Söhne für tot gehalten und waren nun überglücklich, sie wiederzusehen. Sie und der Edelmann verkauften ihren Besitz und zogen zu ihren Kindern auf das Königsschloß und lebten dort mit ihnen bis an ihr seliges Ende.

# 77  DER SCHMIED VON MITTERNBACH

Lang ist es her, da hauste ein starker Mann im Böhmerwald, und der schlug sich, was er zum Leben brauchte, schlecht und recht aus dem Amboß heraus. Weil seine Werkstatt mitten zwischen zwei Bächen stand, hieß er der Schmied von Mitternbach.

Einmal lehnte er verdrossen vor dem Haus, ein Dieb hatte ihm in der Nacht aus der Schmiede eine eiserne Stange und von dem Kirschbaum, der im Gärtlein hübsch grün stand, die Kirschen gestohlen. Als er so in sich hineinschimpfte und seinen Zorn mit brasilianischem Schnupftabak beschwichtigte, trat ein fremder Mann zu ihm, den Bart weiß wie ein bereifter Wald, und begehrte, der Meister möge ihm den Stecken spitzen, die Straßen durch den Wald seien gar rauh. Der Schmied nagelte ihm hurtig ein neues Eisen an den Stecken, und als der Alte mit dem Rauhreifbart fragte, wieviel Münzen er dafür hinlegen müsse, da sprach der Schmied: »Ihr schuldet mir nur das Wiederkommen.«

Selbes Wort freute den fremden Wandersmann herzlich, und er sagte, der Schmied solle drei Wünsche tun, und wie groß sie auch seien, sie würden ihm erfüllt. Da hub der rußige Meister an: »Zum ersten wünsch ich, wenn wieder einer auf den Kirschbaum steigt, soll er nimmer herunter können, wann ich nicht will. Zum zweiten: wann ich nicht will, darf mir keiner in die Schmiede, außer er fällt zum Rauchfang herein.«

»Meister, mich ziemt, du vergißt das Allerbeste!« warnte der Alte. Aber der Schmied schüttelte sein blitzblankes Tabakfläschlein und lachte: »Das Allerbeste ist ein scharfer Brasiltabak, und so wünsch ich mir zum dritten, er soll mir kein End nehmen in dem Glas.«

Darauf nahm der Fremde den Stecken, setzte ihn vor sich und ging seine Straße weiter.

Der Schmied von Mitternbach lebte jetzt in Freuden, der Schnupftabak im glitzernden Glas ging ihm nicht mehr aus und erhielt ihn gesund und frisch und bei hellem Verstand, und kein Dieb schlich sich mehr über seine Schwelle und stieg nächtens auf den breiten, rüstigen Kirschbaum.

Doch einmal flog ein Schatten über den Amboß, und ein finsterer Schnitter streckte die Sense in die Werkstatt herein.

»He, soll ich dir die Schneid schärfen, Vetter?« fragte der Schmied.

Der Schnitter schüttelte hämisch den Kopf. »Du mußt mit mir gehen. Ich bin der Tod.« »Ei, bist du der Tod, so wachst kein Kräutel wider dich«, schwätzte der Schmied, »doch laß mich erst zwei Eisen schmieden, daß ich mir die Schuh damit benagel für den bittern Weg. Steig du derweil auf den Baum, die Kirschen sind zeitig.« Den Tod wässerte der Mund nach dem süßen Obst, er griff ins Geäst und schwang sich hinauf, und kaum saß er im Baum, so sagte der Schmied: »Herunter laß ich dich nimmer.«

Da konnte der Tod nicht mehr herab. Er fraß die Kirschen, zerknirschte grimmig die Kerne zwischen den Zähnen, und als der Baum leer war, fraß er das Laub, und als kein grünes Blatt mehr an den Zweigen hing, nagte er die Rinde wie ein Biberlein, saß gottsjämmerlich droben und magerte ab, die Haut verdorrte ihm an den Rippen, das Haar fiel ihm vom Schädel, seine Knochen klapperten im Wind, doch verhungern konnte er nicht, weil er der Tod selber war.

Auf der Welt aber starb keiner mehr, und die Leute mehrten sich derart, daß kein Platz mehr war auf Wegen und Stegen. Die Alten wichen den Jungen nicht, die Totengräber fluchten, und die Schreiner, die die Totentruhen zimmerten, hausten ab, und Unfriede, Verdruß und Verwirrung nahmen überhand. Das ging dem Schmied von Mitternbach zu Herzen. »Tod«, sagte er, »wenn du meiner ganz und gar vergißt, so laß ich dich los«. Da war der Tod froh, er gelobte dem Schmied, was er begehrte, hüpfte vom Baum, griff nach der Sense und rannte ins Land, sein Gewerbe zu üben. Am selben Tag noch hinkte der Teufel daher, er wollte den Meister holen. »Zur Tür darfst du mir nicht herein«, schrie der Schmied. Der Teufel merkte gleich den Zauber und schnüffelte um das Haus herum nach einem andern Einlaß. Der Schmied aber schrie seinem Gesellen, und sie hielten einen Sack unter dem Rauchfang auf und – rummbumm! – prasselte schon der Teufel die Esse herab und kopfüber in den Sack hinein. Stracks banden die zwei den Sack zu, legten ihn auf den Amboß, und der Schmied von Mitternbach nahm den zweifäustigen Hammer, holte aus und schlug greulich auf den Sack los, daß dem Teufel darin der kalte Schweiß kam und die Hörner von der Stirn brachen und er plärrend um Gottes und aller Heiligen willen um Erbarmen bat. Schließlich tat der Meister den Sack auf, und der schwarze Gauch fuhr auf und davon.

Jetzt hatte der Schmied seinen lieben Frieden, und er lebte noch hun-

dert Jahre lang. Aber Weib und Kind starben ihm dahin, und die Kindeskinder, und die nach ihm kamen, wurden dem Alten fremd, und die Welt änderte sich und freute ihn nicht mehr.
Also machte er Feierabend, er schlug zum letztenmal auf den Amboß, blies das Feuer in der Esse aus, legte hernach den Zweifäuster auf die Achsel und reiste zum Himmelreich. Dort klopfte er mit seinem eisernen Siegelring an die Tür, und als drinnen einer fragte, wer draußen sei, rief er:

>»Steht der Schmied von Mitternbo'
>mit dem groben Hammer do!«

Der heilige Türsteher blinzelte durchs Fenster, es war der fremde Mann mit dem reifsilbernen Bart. »Dir tu ich das guldene Tor nit auf«, greinte er, »nach dem Brasiltabak hast du begehrt, nach den himmlischen Freuden nit.«
Der Schmied schupfte die Achseln, stieg die Himmelsleiter wieder hinunter und ging zur Hölle. Von weitem schon sah er sie flackern und rauchen. Mit dem Zweifäuster schlug er ans Tor, daß das Feuer davon spritzte und die Felsen rundherum krachten. »Tu auf, tu auf, mein rußiger Bruder!«
»Wer tümmelt denn draußen gar so keck!« grollte der Teufel. Der Alte schrie:

>»Steht der Schmied von Mitternbo'
>mit dem groben Hammer do!«

Dem Teufel grauste, die Borsten am Buckel stiegen ihm gen Berg, die Hölle ließ er von seinen Knechten verrammeln mit Stangen und Steinen. »Fahr ab!« meckerte er, »geh deinen Weg, du unschlachtiger Kerl! Ich kann dich nit brauchen.«
Jetzt war dem Schmied Himmel und Hölle verboten, drum ging er in den Berg zu dem schlafenden Kaiser. Der Kaiser Karl schlief am steinernen Tisch, siebenmal war sein Bart darum gewachsen, an den Wänden standen aufrecht tausend eiserne Ritter und schliefen, im riesigen Felsenstall schliefen die gepanzerten Rosse.
Der Schmied setzte sich zu des Kaisers Füßen. Er wartet. Denn einmal, wenn Deutschland im tiefsten Elend liegt, da wird ein Blitz den Berg zerreißen bis auf den Grund, da springen den Schläfern die Augen auf, die Ritter reiten aus, ein strahlendes Heer, ihre Schwerter

sausen, sie schlagen die letzte, schwerste Schlacht, und der Schmied von Mitternbach ist mit ihnen, und vor seinem Hammer weicht die schwarze Schar der Widersacher. Dann wird der Sieg errungen. Deutschland wird sein des Herrgotts Land, und sie dürfen einreiten in die Seligkeit, die verwunschenen Helden, und mit ihnen geht durchs Strahlentor, den Hammer auf der Achsel, der Schmied von Mitternbach.

## 78  DAS KÖNIGSSCHLOSS VON BLUMENTHAL

In einer Stadt war ein sehr armer Schuhmacher, dem ist es sehr schlecht gegangen. In derselben Stadt war ein Grundbesitzer, der hat ein Mandat herausgegeben: Wer in drei Tagen den größten Fisch fängt, der wird Hoffischer. Weil es dem Schuster so schlecht ging, manchmal hatte er zu Mittag nichts zu essen, wollte er sich um die Stelle bewerben. Hinter der Stadt steht ein Berg mit drei Kreuzen, dort ist er hinausgegangen, hat sich hingekniet und gebetet um die Gnade, daß er Hoffischer wird. Wie er so angerufen hatte, ist ein schwarzgekleideter Herr gekommen und hat gesagt: »Wenn du mir gibst, was du in deinem Hause nicht weißt, werde ich machen, daß du den größten Fisch fängst. Du mußt dich aber in deine Hand schneiden und mit deinem Blute unterschreiben. In neunzehn Jahren mußt du es dann hinbringen, wo du unterschrieben hast.« Der Schuster denkt: das ist vielleicht ein altes Trumm Schuh oder ein alter Leisten, was er nicht weiß. Er hat unterschrieben und ist mit Freuden nach Hause. Wie der Tag gekommen ist, ist er hin, da sind schon viele Mannschaften beschäftigt gewesen. Er hat als der letzte das Netz ausgeschmissen. Alle haben größere Fische gefangen, er die kleinsten; am ersten Tag kleine, am zweiten noch kleinere. Er hat gedacht, das muß ja gebannt sein. Am dritten Tag hat er nichts gegessen, hat das Netz genommen und ist hinaus zum See. Heute ist der Besitzer auf einem Pferd am Ufer auf und nieder geritten. Der Schuster ist hin, hat das Netz von der Achsel genommen, in den See geschmissen, kaum hat er es hineingeschmissen, ist ein ungeheuer großer Fisch darin gewesen, der ihn hineingezogen hätte. Da sind die Fischer gekommen und haben ihn herausgezogen. Der Gutsbesitzer hat gestaunt, was für ein großer Fisch das war. Er soll noch einmal hineinschmeißen. Der erste Fisch war groß, der zweite war noch größer. Da ist der Gutsbesitzer vom Pferd gestiegen, hat ihm auf die Achsel getatscht und gesagt: Morgen soll er mit seinen Leuten einziehn als Hoffischer. Er wird auf Lebensdauer versorgt sein.

Wer hätte da eine größere Freude gehabt als der Schuster? Einmal ist er beim Mittagtisch gesessen, hat sich hingesetzt und spekuliert. Da fragt seine Frau: »Was spekulierst du?« – »Wenn du wüßtest, was ich weiß, du würdest dich wundern!« – »Rede, um was es sich handelt.« Da hat er es seiner Frau gesagt. Die hat einen Angstschrei getan: »Gott im Himmel, du hast das Kind im Mutterleib verkauft.« Jetzt ist er Jammer, Kummer und Elend preisgegeben gewesen. Wenn er so arm wie ein Stein gewesen wäre, er wäre der glücklichste Mensch gewesen. Zeit und Stunde sind entschwunden. Seine Frau hat entbunden und hat einen prachtvollen Prinzen gebracht. Mit Namen haben sie ihn Johann taufen lassen. Wie er fünf, sechs Jahre alt war, ist er in die Schule gegangen. Kein Pfarrer und kein Lehrer hat ein Buch gehabt, das er nicht auswendig gekonnt hätte. Wenn er aus der Schule nach Hause gekommen ist, haben Vater und Mutter geweint. Einmal ist er wieder heimgekommen, da hat der Vater geweint, wie er eingetreten ist. Da hat der Sohn gesagt: »Vater, wenn du mir nicht sagst, worum es sich handelt, so werde ich in die weite Ferne ziehen, du sollst nicht sagen, daß du mein Vater und ich dein Sohn bin.« Da hat ihm der Hoffischer alles gesagt. Da meint der Sohn: »Nun, Vater, seid ihr durch mich glücklich geworden, so werde ich durch euch glücklich werden.«

Zeit und Stunde sind schnell verschwunden. Der Hoffischer hat alles dem Gutsherrn gemeldet, der hat einen Geistlichen kommen lassen, der hat den Johann geweiht, gesegnet und ihm heiliges Zeug angehängt. Die Menschheit ist nicht zu beschreiben gewesen an diesem Tag. Der Gutsherr hat die Kutsche angespannt, Johann ist mit seinem Vater und seiner Mutter hinein, und sie sind auf den Galgenberg gefahren. Wie sie aus weiter Ferne angekommen sind, haben sie eine feine Gestalt gesehen und einen Tisch mit feinem Tuch und Quasten. Die Gestalt hat darauf Goldstücke aufgezählt. Wie sie hingekommen sind, hat die Kutsche gehalten, Johann ist ausgestiegen, und der schwarze Herr ist dagestanden. »Hier ist für deinen Sohn auf sechzehn Jahre der Lohn, und wenn er brav und redlich ist, soll er als steinreicher Mann in die Heimat zurückkehren.« Er hat ihn genommen bei der Hand, dreimal links und dreimal rechts geführt, dann hat er ihn auf die Achsel genommen und weit durch die Luft geführt. Weit, weit ist es gegangen, endlich ist er zu schwer geworden: Zwischen dem Meer und einen hohen Berg hat er ihn fallen lassen. Leblos ist er am Boden gelegen. Wie er erwacht: Kein Haus und kein menschliches Wesen hat er vor seinen Augen gesehen. Er ist aufgestanden und hat geschaut, da hat er auf dem Berg ein kleines Häusl gesehen. Er hat die Reise angetreten und ist auf das Häusl zu. Je höher er hinaufgekommen, desto größer ist das Haus geworden. Wie er hinaufkam, ist eine ungeheuer große Burg dagestanden. Auf einer Tafel ist gestanden, hier ist das Königsschloß von Blumenthal. Der Burghof ist mit vielen glänzenden Blumen geschmückt gewesen, das Burgtor ist im Angel offen gestanden. Der Wanderer ist von der Reise hungrig und müde gewesen, die Haustür ist offen gewesen, er will hinein, auf einmal ist das Burgtor zugeschlagen.

Johann ist hin. Menschenhand ist nicht imstande, das aufzumachen. Er denkt, Räuber finden sich ein. Du wirst bei der Lebensdauer halb begraben sein. Du hast schier dein Grab gefunden. Und er ist bei der Hausschwelle hinein über eine steinerne Stiege hinauf, da war ein roter Seidenteppich auf der Stiege gelegt. Wie er oben war, hat er hinuntergeschaut und gedacht. Du bist doch unkultiviert. Hättest können die Schuhe ausziehen und in den Socken heraufgehen. Aber das ist nicht geschehen und auch nicht mehr zu ändern. Wenn es eine feine Herrschaft ist, wirst du einen Verweis oder gar Gefängnis bekommen. Er ist zur Tür hin, hat angeklopft, niemand hat sich gemeldet. Da ist er eingetreten. Mitten drin war ein runder Tisch mit feinem Tuch gedeckt und darauf Essen für einen Mann. Er denkt: Du bist hungrig, da ist Speise und Trank. Er hat geschrien, niemand hat sich um ihn gekümmert. An den Wänden sind Geschütze gewesen, alle mit schwarzem Flor bedeckt und hinten ein schwerer, eiserner Sessel gestanden. Er ist durch eine Tür wieder in ein anderes Zimmer getreten; da hat sich wieder niemand gemeldet. Er hat sich aufgemacht, da ist wieder ein Tisch gestanden mit einem noch feinerem roten Tuch, Essen und Trinken darauf, was für einen Mann gehört und gebührt. Hinten im Eck war ein schwerer eiserner Sessel. Niemand hat sich bekümmert um sein Schreien. Er denkt: du hast Hunger, da ist Essen und Trinken, es ist niemand da, die Sachen sind nicht dein, du darfst nicht essen. Da hat er einen Schemel weggezogen, hat sich hingesetzt und den Vorsatz genommen und zu essen angefangen. Da hat es draußen angeklopft. Johann: »Herein!« Ist eine feine Dame hereingekommen, der Kopf weiß, der andere Körper schwarz. Vor Johann hat sie sich hingekniet. »Mein teurer Johann, schon viele an der Zahl sind dagewesen, aber keiner hat das Ziel meiner Wünsche erfüllt. Wenn du's nicht kannst, bin ich verloren und du auch. Siehst du, dort hinten ist ein eiserner Sessel, da mußt du dich von elf bis zwölf hineinsetzen. Man wird dich herausreißen und durch die Luft schmeißen, daß es winselt. Laß aber bei Leib und bei Seele keine Stimme hören, so wird es dir nicht schaden.«

Er hat sich die Zeit vertrieben, hat zu Mittag und Abend Speise und Trank zu sich genommen. Wie es elf war, hat er sich gehoben und in den eisernen Sessel gesetzt. Kaum ist er gesessen, sind die Luftgeister gekommen, haben ihn herausgerissen und haben Ball mit ihm gespielt, die Luft hat gewinselt. Um 3/4 12 Uhr ist er leblos am Boden gelegen, da haben ihn die Luftgeister wieder zum Menschen gebildet, haben ihn liegenlassen und in der zwölften Stunde sind sie fort. Früh, wie er erwacht, ist er in einem weißen Bett gelegen mit weißen Quasten. Ein Lavoir ist dagestanden, da hat er sich gewaschen, dann abgetrocknet, an den Tisch gesetzt mit Essen und Trinken. Wie er den Löffel genommen hat, hat es geklopft. Da ist eine feine Dame hereingekommen, die war bis zur Mitte weiß. Sie hat sich vor ihn hingekniet und hat gesagt: »Mein treuer Johann, siebzig Mann sind schon dagewesen, aber keiner hat das noch zustande gebracht wie du. Aber sei auf der Hut, heute ist die letzte Nacht, und sie wird schwere Folgen haben. Bei Leib und bei Leben laß keine Stimme hören, sonst könnten sie dir an deinem Leben schaden.« Ehe sie fortging, sagte sie noch einmal, er soll auf der Hut sein und standhaft, dann wird es sein Schaden nicht sein. Sie werden aber heute noch bessere Martern ausprüfen. Bei Tag hat er sich unterhalten. Zu Mittag ist er zur Tafel gegangen mit Essen und Trinken, abends wieder. Wie es die elfte Stunde war, hat er sich in den eisernen Sessel gesetzt. Da sind die Luftgeister gekommen und haben ihn zerrissen auf Stücke und in Öl gekocht. Wie er denkt, er muß sagen o weh, da hat die Judenglocke 3/4 geschlagen, die Luftgeister haben ihn zum Menschen gebildet, und sind fort. Früh ist er in einem roten Seidenbett mit Quasten gelegen. Dienerschaft ist da gewesen, die haben ihn gewaschen. Er ist zur Tafel gegangen mit

Essen und Trinken, hat den Löffel genommen, da hat es gedampert.
Da ist eine feine Dame hereingekommen, daß ein Auge gestaunt hat.
Die hat einen Wunschring von der Hand gezogen und dem Johann
angesteckt und gesagt: »Mein treuer Johann, du kannst jetzt in alle
Länder reisen, bloß in dein Vaterland nicht.« Der Burggeistliche hat
in drei Wochen beide verehelicht, und Johann ist als König tituliert
worden. Einmal ist er im Garten gewesen, da hat er Sehnsucht nach
der Heimat bekommen. Da hat er den Wunschring vom Finger gezogen und durchgeschaut, da hat er sein Vaterhaus gesehen, es ist aber
ein Weinwirtshaus gewesen.

Unterdessen waren 10 Jahre vergangen, daß er seine Vaterstadt nicht
gesehen hat. Unterdessen hat den Hoffischer sein Amt nicht mehr gefreut, und er hat sich eine Weinschenke eingerichtet. Und Johann ist
jetzt bei der Haustür dagestanden. Zehn Jahre waren verstrichen. Er
ist in das Wirtshaus eingetreten, die Wirtin hat eine Flasche Wein und
ein Glas vor ihm hingestellt. Er hat sie aufgemacht, hat eingeschenkt
und getrunken, die Wirtin aber hat geweint. Fragt Johann: »Warum
weinen Sie?« Sie hat einen Sohn verloren und der hat Ähnlichkeit mit
ihm. Da hat er gesagt: »Nun, Frau Wirtin, kennen Sie Ihren Sohn,
wenn Sie ihn vor sich sehen?« – »Ja, unter Tausenden, er hat auf der
Brust ein Muttermal wie eine Himbeere.« Da hat er aufgeknöpft und
gesagt: »Nun, Frau Wirtin, da ist Ihr währender Sohn.« Da hat sie
ihn einmal um das andere umarmt und geküßt. Da hat sie zum Grafen
Botschaft geschickt, daß der Johann gekommen ist und daß er König
ist. Da hat der Graf Diener heruntergeschickt und hat sich empfohlen,
daß der König soll zum Grafen auf die Burg kommen. Da hat der Johann dem Grafen gemeldet: Der König wird nicht zum Grafen kommen, umgekehrt schickt es sich. Da ist der Graf in die Weinschenke,
hat ihm die Hand gegeben und eingeladen auf sein Schloß. Da hat er
ihm ein Gastmahl gerichtet und die feinsten Kavaliere eingeladen. Der
König hat wollen fort, aber der Graf hat ihn acht Tage aufgehalten.
Wie das Gastmahl war, haben die Speisenträger aufgetragen. Da ist
ein Träger gekommen, der hat zum Fenster hinausgeschaut und ist
ohnmächtig geworden. Da ist der König auch auf und hat hinuntergeschaut und gelacht. »Meine Frau ist nur mit der Leibbande da.« Er
ist hinunter, die Frau hat keinen Haß gezeigt. Sie hat geschmeichelt
und schöne Worte gesagt. Der König hat sie in den Saal geführt. Sie
hat sich die Speisen fein schmecken lassen und dann sind sie im Garten

spazieren gegangen. Mitten ist eine Laube gestanden, fein, schön, der Mann hat wollen vorbeigehen, aber sie hat gesagt: »Ich bitte, gehen wir auch da hinein.« Drinnen ist eine Bank gewesen, da haben sich alle zwei hingesetzt. Er hat den Kopf auf ihren Schoß gelegt. Dann hat sie so lange gesucht, bis er eingeschlafen ist. Da hat sie hingelangt und den Wunschring vom Finger gezogen. Den Ehering hat sie steckenlassen. Sie hat durch den Ring geschaut, da hat sie das Königsschloß von Blumenthal gesehen. Ach, denkt sie, wenn ich dort wäre. Kaum hat sie es gedacht, ist sie schon dort gewesen. Lassen wir's derweil sein, wer weiß, wie lange es dauert, bis sie ihn wieder in Empfang nehmen.

Er hat geschlafen, bis der Abend gedämmert hat, da ist er auf, hat links und rechts geschaut, die Gemahlin ist weg gewesen. Er hat auf die Hand geschaut, da war der Wunschring weg. Er war kein König mehr, nur ein Bettellump. Er ist zum Vaterhaus, da haben sie ihn umarmt und geküßt, er aber hat gesagt: »Lebt wohl auf immer und ewig.« Sie wollten ihn zurückhalten, aber er hat sich nicht halten lassen und hat seine Reise fortgesetzt. Er ist ein ganzes Jahr gereist und hat das Schloß nicht erfragt. Mit Handwerksburschen hat er Kleider getauscht: Wo er hingekommen ist, hat es geheißen, er ist ein König, er braucht keine Gaben. Nun ist er wieder weit und weit, da ist er in eine Stadt gekommen, da hat er in einer Herberge übernachtet. In der Früh ist er ohne Essen weiter. Endlich ist er in einen großen Wald gekommen, da war ein Feuer, da haben drei Riesen einen Ochsen über dem Feuer gehabt und haben ihn gebraten. Wie er das gesehen, denkt er: Du wirst eine feine List gebrauchen, und sagt: »Guten Morgen, weil ihr nur da seid, meine Brüder, weil ich euch nur gefunden habe.« – »Was, du Erdwurm? Wir sind nicht deine Brüder!« – »Meine Herrn, nehmt es mir nicht übel, ich will eine Burg ausrauben.« Durch diese schlaue List hat er sein Leben gerettet. Die Riesen sagten: »Wenn du ein solcher bist wie wir, dann wollen wir Gnade haben. Du brauchst das Loch nicht so groß, und es könnte so auch besser für einen sein.« Dann haben sie den Ochsen in vier Stücke geteilt, und ihm auch eins gegeben. Er hat sein Messer herausgenommen und ein Bröckchen abgeschnitten. Da hat er schon genug gehabt. Über dem Essen sind die Riesen streitig geworden. Sagt Johann: »Warum streitet ihr?« »Wir haben einen Hut, und wenn man den auf den Kopf setzt und spricht: Hütel, dreh dich, ist Essen und Trinken da für einen König.« Johann hat es nicht glauben wollen und sagt: »Das ist sicher auch nur ein Filzhut wie jeder andere.« – »Esel, wir werden ihn bringen.« Sie haben ihn gebracht und Johann auf den Kopf gesetzt, der hat gesagt: »Hütel, dreh dich«, da ist alles da gewesen. Johann hat gegessen und den Hut auf dem Kopf gelassen. Die Riesen aber haben gestritten. Sie haben Stiefel gehabt, mit denen, wenn man einen Schritt getan hat, ist man 6000 Meilen weit gekommen. »Wenn ich alles glaube, das glaube ich nicht«, sagt Johann. »Simpl, Ochs, Esel. Wir bringen sie.« Johann hat sie angezogen, wie er einen Rührer gemacht hat, war er wer weiß wo. Hat er gedacht: Gehst du jetzt weiter oder wieder zurück? Er ist wieder zurückgegangen. Da haben die Riesen noch besser gestritten. Sie haben einen Mantel gehabt, den, wenn man umhängt, so sieht einem niemand. »Wenn ich schon das mit dem Hut und den Stiefeln glaube, das mit dem Mantel glaube ich ja doch nicht.« – »Ochs, wir werden den Mantel bringen.« Sie haben ihn gebracht. Da hat Johann Hut, Stiefel und Mantel gehabt. Den Mantel hat er umgehängt, dann hat er gefragt: »Seht ihr mich?« – »Ochs, wer wird dich denn sehen.« »Dann lebt wohl, Brüder, ihr habt mich gesehen und seht mich nimmer, lebt wohl!« Jetzt hat er die Drei gehaut, daß die Hunde das Blut zusammengeleckt haben, dann hat er einen Rührer gemacht und ist weit, weit gewesen. Auf einen hohen Berg hat er ein kleines Häusl gesehen. Es ist abends gewesen, da muß er hinauf übernachten. Wie er oben angekommen ist, war ein Weib bei der Haustüre gewesen, die hat das Haus gewaschen. Seine Kleider waren mit Staub bedeckt, in seinen Gesichtszügen war zu lesen: Er ist müde! Da hat er gesagt: »Ein armer Wanderer bittet um ein Nachtlager.« Da hat die Alte gesagt: »Gern, aber mein Mann ist der Wind, wenn der kommt, dann bläst er mich und dich hinaus.« »Nun sie wird doch irgendwo ein Versteck haben. Nun, im Krautfaß dort. Auf sein ewiges Bitten hat sie ihn hinunter gesteckt. Kaum ist er drin gewesen, ist der Wind gekommen, der hat geblasen und gemördert in alle Weltteil. Da sagt er: »Weib, ich schmecke Leutsfleisch. Tu ihn her oder ich blase dich und ihn hinaus.« – »Ich habe ja niemanden da.« »Weib, ich sage es dir zum zweiten und letztenmal.« – »Ach, es ist ja nur ein armer Handwerksbursch.« – »Wo?« – »Unterm Krautfaß'« – »Hertun«! Da hat die Alte das Krautfaß in die Höhe getan und er ist hervorgekrochen. Da hat ihn der Wind angeschaut. »Wir beide werden heute das Nachtmahl halten.« – »Ja«, sagt Johann. »Kieselsteine und Sandkörner.« Sagt der Johann: »Das kann ich nicht essen, ich habe andre Speise.« Drauf der Wind: »Wenn ja, dann ist es gut, wenn nein, dann bläst er ihn durchs Dach hinaus.« Da hat Johann den Hut genommen. »Hütel, dreh dich!« Da ist Essen und Trinken da gewesen. Der Wind hat ihn angeschaut, es hat sich einer vor dem anderen gefürchtet. Dann haben sie beide gegessen. Wie sie fertig waren, hat er den Wind gefragt, ob er nicht das Königsschloß von Blumenthal weiß. Ja, aber die haben in acht Tagen Hochzeit. Wie weit ist es dorthin? Weit, weit! Wenn man aber Meilenstiefel hat? Sagt der Wind: »Drei oder vier Tage.«

Der Wind weiß Rat und Mittel: Dort haben sie die Hochzeitswäsche gewaschen und aufgehängt. Da macht er überall Wind, auch auf dem Schloß, daß alle Wäsche abreißt und in die Odelhüll fällt. Da muß sie noch einmal gewaschen werden. Die Hochzeit ist verschoben worden. Der Wind hat soviel Wind gemacht und im Schloß soviel Wäsche von den Schnüren herabgeholt, zusammengewulchert und marsch in die Odel gehaut, daß sie sie haben wieder waschen müssen. Bis sie gewaschen und trocken geworden ist, ist der Wanderer dort angekommen. In einem Wirtshaus hat er übernachtet. Den anderen Tag ist die Hochzeit gewesen. Der Handwerksbursche hat den Mantel umgehängt, ist hin zum Hochaltar, und wo der Geistliche war, da hat er sich hingestellt. Wie der Pfarrer gefragt hat, ob eins das andere gern hat, hat er aufgezogen und ihr eine gegeben, daß ihr die Funken vor den Augen getanzt sind. Niemand hat ihn gesehen. Da hat der Pfarrer gesagt, er kopuliert die zwei nicht, das ist eine Schickung Gottes, der alte König lebt noch. Da hat die Königin gesagt: Wenn er sie nicht kopuliert, so läßt sie ihn aufhängen. Da hat der Pfarrer die Hände zusammengelegt und die Stola darum und sie wieder gefragt. Da hat der Wanderer aufgezogen und dem Pfarrer eine gegeben, daß das Blut im Bach springt. Da hat der Pfarrer wieder gesagt, er kopuliert sie nicht, es ist eine Schickung Gottes, und der alte König lebt noch. Da ist sie zurück in die Burg und hat den Bräutigam heimgeschickt.

Der Wanderer hat sie verfolgt, bis sie oben war, dann hat er den Mantel fallen lassen und gefragt: »Was hat sie getan? Ihren Erlöser verstoßen! Kennst du mich? Der alte König, der dich von Jammer und Kummer erlöst hat?« – »Was, du Bettellump, hinaus! oder ich lasse dich von den Henkersknechten hinausjagen.« Da hat er ihr den Ehering gezeigt. »Kennst du den?« Den hat sie erkannt und ist niedergekniet: er solle sie solange hauen, bis sie genug hat. Er hat es getan. Dann hat sie gesagt: Er soll sich jetzt als König zeigen, auf dem Staatswagen ausfahren, daß ihn die Leute als König und Vorgesetzten betrachten könnten. Wie sie das ausgeführt hatten, ist sie mit ihm in seine Vaterstadt zurück. Vater und Mutter sind mit ihnen gegangen. Dann haben sie noch einmal Hochzeit und Beilager gehalten. Damals war die Menschheit nicht zu zählen. Sie haben in Glück und Frieden gelebt.

# SAGEN

# Die Wilde Jagd

Sagen vom Wilden Jäger und von der Wilden Jagd werden in fast allen deutschen Landschaften erzählt. Bis heute haben sich diese Gebilde besonders in der bayerischen Oberpfalz, in Franken und bei den Trägern der Überlieferung aus dem Böhmerwald und dem Egerland halten können. Noch heute leben Erzähler, die an die Realität der Gestalten glauben. Erlebnisberichte von der Wilden Jagd sind nicht selten.
Der Volksglaube vom wütenden Heer hat seinen Ursprung in Frankreich und Flandern. Hier führte der Wilde Jäger die Toten durch die Luft. Unter ihnen befanden sich auch Menschen, die ihrem Leben gewaltsam ein Ende gesetzt hatten. Wenn der Sturm das Haus umweht, sagt manchmal auch noch in unseren Tagen ein Böhmerwäldler: »Hurchts af, wos is des fier a Sturm, dou hout sich wieder amol oiner afghängt«, oder er sagt: »Die Doutn geihn mit dem Wind.« Verstärkt wurde der Glaube vom Wilden Jäger durch die häufigen Windbrüche im Böhmerwald. Plötzlich aufjagende Sturmböen legten die Bäume um und schnitten tiefe Schneisen in den Wald. Wenn nun der Glaube an die Wilde Jagd vorhanden war, glaubten die gerade im Wald arbeitenden Menschen, die Wilde Jagd vorbeibrausen zu sehen und sie zu hören. Forstleute redeten gerne davon, daß in den Rauhnächten die Wilde Jagd durch den Wald zog. Sie hofften, durch die Verstärkung dieses Glaubens Holzdiebe abzuschrecken.

## 79 DIE WILDE JAGD ZIEHT VORBEI

Des wor domols im Ströbl. Des wor im Advent. Mir hobn dou Hulz ghult. In der Dämmerung wors gwen. No, und dou bin i gstondn. Dou böllt nebn mir a Hund wei a großer Baernardiner.
Danebn wor der Wech. Dou geih i raus as dem Wold. Geih i wieder zruck. Af amol kummt a Sturm. Is a Bam gfolln mir grod vor die Feiß. Dou houts mir die Hoare houchzuogn. Dou hob i von weiten ghört, ols wenn a gonze Division Kavallerie doherkummer is. Is über mich drüber. Ich hob mich hiegschmissen. Des is rüber mich. Säbeln hobn

grosselt. Ich bin an Abhang runtergrollt und bin hoamglaufn. Ich wor weiß weiⁱ die Wond und bin ins Bett. Am dritten Dog hob i erscht gsogt, wos lous wor. Ich hob ghört, man derf dou drei Dog niet riedn.

## 80  DER WILDE JÄGER FINDET EINEN HACKSTOCK FÜR SEIN BEIL

In der Adventszeit tobte die Wilde Jagd durch die Wälder. In diesem Zug raste der Wilde Jäger mit einer Rotte von bösen Geistern und den Toten, die während der Zeit ihres Erdenlebens Bösewichter gewesen waren, als Sendboten der Hölle durch das Land. Wer ihnen begegnete, mußte sich zwischen die Fahrgeleise der Straße mit dem Gesicht nach unten werfen, wenn er mit dem Leben davonkommen wollte. In einer der zwölf Rauhen Nächte strebte ein Mann seinem Heim zu. Da war die Luft plötzlich erfüllt von lautem Heulen. Schüsse krachten, Pferde wieherten. Da war sie schon heran, die wilde Meute! Hunde bellten, wüste Gesellen mit grünen Gesichtern johlten und lärmten. Zitternd stellte sich der erschreckte Mann unter einen Baum, da zog die Wilde Jagd vorbei. Einer von der wilden Schar löste sich von den Genossen, ritt heran und stieg vom Pferd. Mit einer Axt in der Hand trat er zu dem Mann und sagte: »Ei, hier steht aber ein feiner Hackstock für meine Axt. Die hau ich hier hinein.« In diesem Augenblick spürte der Mann einen tiefen Schmerz in seinem Rücken. Nun schnaubte das Roß Feuer aus Nüstern und Maul, der Verdammte warf sich auf den Rücken des Pferdes und ritt der Schar nach.
Mühsam schleppte sich der Mann unter großen Schmerzen in sein Heimatdorf. Ein langes Jahr mußte er das Bett hüten, denn seit jener Nacht war er von Krankheit geschlagen. Als der Pfarrer des Dorfes ihn besuchte und sich an seinem Lager niedergesetzt hatte, offenbarte ihm der Kranke sein Erlebnis und sein Unglück. Der Pfarrer tröstete ihn und sagte: »Du kannst wieder gesund werden. Du mußt im nächsten Jahr zur selben Stunde am gleichen Ort stehen. Dann wird dir die Krankheit wieder genommen werden.«
Als diese Nacht nahte, hatte sich der Mann unter den Baum geschleppt und wartete auf die Wilde Jagd. Wieder stob die Wilde Jagd aus dem Nebel und zog vorbei. Wieder war einer von ihnen zur Stelle

und sprach: »Ach, da steht ja noch der Hackstock, in den ich im vorigen Jahr meine Axt geschlagen habe. Heute will ich sie herausziehen und mitnehmen.« Im gleichen Augenblick war der Mann von seinen Schmerzen befreit. Glücklich und froh ging er leichten Fußes nach Hause.

## 81  DER NACHTJÄGER

In Triebsch erzählt man: Ein Mann ging zu seinen Verwandten auf Besuch. Da begegnete ihm der Nachtjäger. Er hörte ganz deutlich die Hunde bellen: »Schniff, schnaff, kliff, klaff!«
Auf einmal lag ein großes Stück Fleisch vor seinen Füßen. Da sagte der Mann: »Das steht nicht am heiligen Abend auf dem Tische, das mag ich nicht.« »Das hat dir der Teufel gesagt«, gab's ihm zur Antwort, und weg war der Spuk.

## 82  DER WILDE JÄGER BLENDET EINEN NEUGIERIGEN

Da war ein Schmied, der ist im Bett gelegen und hat geschlafen. Da erhob sich ein Getöse in der Nacht. Eine Stimme hat laut gerufen aus dem Nachtdunkel, er solle aufstehen. Da ist etwas durch das Fenster in die dunkle Stube gekommen und hat gerufen, der Schmied soll das Pferd beschlagen.
Da hat der Schmied draußen ein schwarzes Pferd gesehen. Er hat das Pferd beschlagen. Und als die Arbeit getan war, hat eine Stimme gesagt, er soll nicht neugierig sein und dem Pferd nachgucken. Der Schmied hat ihm aber doch nachgeguckt. Da ist er für sein ganzes Leben lang blind gewesen.

## 83  DIE WILDE JAGD UND DIE KOHLENBRENNER

In Roßhaupt worn drei Manner, a Voter und zwei Söhne. De$^i$ woarn sehr stork, worn Kuhlnbrenner. Weibererballa hobns ghoißn. De$^i$ hobn Kuhln brennt in der Christmette im Wold. Der Meiler wor scho gschlossen. Af amol is a frischer Neischnee gfolln. Af amol hobns a Gschelle gehe͡irt und a Gleit. Hobns glaubt, der Grof Kolowrat oder die Gräfin von Dianaberg fohrn in die Mettn. Dou woars die Wilde Jogd. Dou hout der Voter gsogt: »Ge͡i hn mir af den Meiler affer, des is die Wilde Jogd. Im Kreis doun die nix.« Dou sans vorbei, ohne Kuopf, hot er gsogt, hirt am Meiler vorbei. Pfan hobn gschrien, und Hund hobn balt. Hobns denkt, sie me͡in sich dou ieberzeign und san gonger und hobn gschaut. Dou hobns kei Spur gsehn.

## 84  DER NACHTJÄGER VON BERNHAU

Beim Oderfelsen auf dem Wege von Bernhau zur Odermühle wird in den finstern Nächten zwischen dem Christfest und dem Dreikönigstag zuweilen der Nachtjäger gesehen. Als eine schreckenerregende Gestalt, die den Kopf unter dem Arm trägt, saust er daher. Er wird von einem Hund begleitet, dessen hochstimmiges Gekläffe ganz schauerlich klingt. Ebenso schnell, wie er gekommen ist, verschwindet er wieder.

## 85  DER NACHTJÄGER UND DER BAUER

Es war im Winter; draußen fegte der Sturm dahin, daß man meinte, er wolle alles, was auf der Erde stehe, mitreißen. Und als dann die Nacht hereinbrach, zog der Nachtjäger durch das weite Land. Als Christian Beier, der im Hause Nr. 38 in Bernhau wohnte, merkte, daß die Wilde Jagd sich seinem Anwesen näherte, nahm er den Hund, steckte ihn hinaus und sagte: »Hilf jagen!« Als der Zug vorübersauste, flog ein Stück Fleisch zum Fenster herein in Beiers Stube, gerade auf den Tisch darin und eine Stimme rief:
»Hast helfen jagen,
kannst auch helfen nagen!«
Christian Beier mochte das Geschenk nicht und warf es hinaus. Aber wie erstaunte er, als er es gleich darauf auf dem alten Platz sah. Das wiederholte sich noch zweimal. Dann trug er es in den Garten und vergrub es darin. Seitdem sah er es nicht mehr.

## 86  DIE WILDE JAGD AM KUBANY

Oft hört man in finsterer Nacht die Wilde Jagd durch die Lüfte lärmen, ein Geheul und Gebell sondergleichen. Der Teufel peinigt da die Seelen der verstorbenen Sünder und schleift sie an Ketten über Feld und Wald und über jeden Baumstock, bei dem beim Umschneiden des Baumes nicht gesagt wurde »In Gottes Namen« oder auf dem man ein Kreuz auszuhacken vergessen hatte. Beides ist frommer Brauch der Holzfäller im Böhmerwalde.

## 87  VON DER WILDEN JAGD ZERRISSEN

Einmal stürmte die Wilde Jagd über den Kubany daher. Der Wind ging so stark, daß der ganze Wald ächzte und in einem Häuschen am Fuße des Berges die Fenster klirrten. Drin saß in der Stube der Bauer und horchte auf den furchtbaren Lärm. Das war ein Gewieher von Pferden, ein Getrampel, ein Hallo und Hußhuß, als ob alle Höllengeister losgelassen wären. Da öffnete der Bauer das Fenster und rief seinem Hund, der sich winselnd und zitternd im Ofenwinkel versteckt hatte: »Huß, mein Mauxerl, auch mit!« Der Hund heulte verzweifelt auf und sprang in die Finsternis hinaus und verscholl in dem Getöse. Kaum war er draußen, so flog ein Totenfuß mitten in die Stube herein. Am nächsten Morgen lockte und suchte der Bauer vergebens sein Hündchen. Endlich fand er seine Haut blutig und zerfetzt auf dem Dache des Kellers.

## 88  DAS WALDWEIBL WIRD VON DER WILDEN JAGD ZERRISSEN

A Hulzhauer as Dianabarch is amol in den Wold gonger und hout durten gorbeitet. Dou is a kloines buckliges Weibl doherkummer, des is scho goar olt gwen. Des hot zou ihm gsogt: »Dou nue jedesmol a Kreizl ins Hulz schneidn, wennst den Bam umgsägt host. A Kreizl im Stock, des is a Plotz, dou renner olle Woldweibln hie und Wilde Jogd mou vorbei und koa uns nix oadoun.«
Des hout der Hulzhauer olleweil beherzigt und hout vüle Kreizln int

Steck eigschniedn. Und jedesmol is a Golddukotn in der Frei̯h vor der Hausdier glegn. Dou woar der Hulzhauer reich, un bol daraf is er i̯ebermütig gwen und woar zu faul, Kreizln in den Stock zu schneidn. Amol, wei̯ er wieder in den Wold is, dou is a Gschrei, Hund hobn böllt, gschossn hobns, Gtroppel is gwen, unt Wilde Jogd is voebei. Oiner von der Wilden Jogd hout glocht und gschrien: »Des woar rei̯t, host koa Kreizln gschniedn! S Woldweiberl hout nix gfunner!« Und om Pfahr is a Woldweibl ghängt, des woar bloudig und zerrissn. Seit derer Zeit is nie mehr a Golddukotn vor seinem Heisl glegn. Und als olles Göld versoffn wor, woar der Hulzhauer wieder a ormer Moa.

## 89 DER WALDHANSL BEI TÜRPES

Wenn ein Wanderer nachts heimgegangen ist, hat er im Walde bei Türpes oft ein Rauschen, Poltern, Rufen und ein Windgeheul gehört. Das war so ein Krachen und Rumpeln, so, als wenn ein Holzfuhrmann durch den Wald fahren möchte. Das fing an einem Ende des Waldes an und schallte durch die Waldung bis zum anderen Ende. Das hat sich fast alle Nächte wiederholt. Die alten Leute haben das oft in unserem Dorf erzählt und waren der Meinung, daß dies der Waldhansl war.

## 90 DER BUSCHHANSL

In den Wäldern von Thomigsdorf und Triebitz bei Landskron trieb der Buschhansl sein Unwesen. Das war ein Waldgeist mit wildverborstetem Bart und Haupthaar, der barfuß und mit zerrissenen Oberkleidern durch den Wald strich und vor allem Holzdiebe und Waldfrevler in Schrecken versetzte und verscheuchte. War ihm dies gelungen, so lachte er nach Herzenslust und klatschte in die Hände, daß der ganze Wald erschallte. Spott vertrug er nicht und bestrafte die Leute, die ihn nachäfften und höhnten.
Einmal übernachteten einige Holzhauer in einer Waldhütte. Da es kalt war, zündeten sie sich ein Feuer an und lagerten sich darum. Der Rauch stieg in das Dachgebälk empor und zog durch eine Luke beim Dachfirst hinaus. Bald war es warm und behaglich geworden.

Auf einmal ließ sich in der Ferne ein eigentümliches Jauchzen vernehmen. Ein junger Holzfäller ahmte dieses nach, die ältern Leute aber verwiesen es ihm. Bald erscholl abermals ein Jauchzen, aber schon bedeutend näher. Und nun wiederholte es sich, stets näher und näher. Endlich kam etwas zur Dachluke hereingefahren, geradewegs in das Feuer hinein. Das wurde so reinweg ausgeblasen, daß nicht einmal eine glühende Kohle zu finden war. So hatte der Buschhansl seinen Spötter bestraft.

## 91  DAS MOOSWEIBLEIN

In Besikau bei Hartmanitz war einmal ein Weib auf Robot. Sie hatte ein kleines Kind in einem Korbe mit, den sie am Feldrain niederstellte.

Während sie so arbeitete, sah plötzlich der Verwalter, der nahe beim Korbe stand, wie ein graues Weiblein daherlief, das Kind aus dem Korbe nahm und ein anderes hineinlegte. Der Verwalter, der ein gescheiter Mann war, sagte nichts davon, sondern ließ die Frau bei der Arbeit. Da erinnerte sich diese, daß sie ihr Kind stillen müsse, und wollte zu dem Korb gehen. Der Verwalter jedoch verbot es ihr. Murrend gehorchte die Frau. Nach einiger Zeit aber fing das fremde Kind an jämmerlich zu schreien. Da kam das graue Weiblein zurück, holte das Kind aus dem Korb, legte wieder das Kind der Frau hinein und verschwand.

Jetzt rief der Verwalter die Mutter, daß sie das Kind zu sich nehme, und er erzählte ihr, was sich zugetragen hatte. Die Leute sagen nun, wenn sie das Kind angerührt hätte, hätte sie es behalten müssen. Ein solches Kind ist sehr schlimm und häßlich und wird nur 32 Jahre alt.

## 92  DAS BAUMGEISTLEIN

Im Weißenbacher Revier war einmal ein Holzhacker darüber her, einen großen Baum umzuhauen. Wie er aber den ersten Hieb tat, da sprang aus dem Spalt ein winziges Männlein heraus. Das schaute ihn ganz erschrocken an und kroch dann geschwind wieder in den Baum zurück.

Als der Mann zum zweitenmal in den Baum hieb, da hüpfte das Geistlein wieder heraus und bat den Holzhacker mit aufgehobenen Händen, er möge doch keinen Streich mehr tun, er würde viel Geld dafür bekommen.

Der aber, ein recht wüster Geselle, hörte nicht auf das ängstliche Flehen des Männleins, holte aus und hieb ihm den Kopf ab. Da kam aus der Wunde so viel Blut, daß es in ganzen Strömen daherrann.

Nun grauste doch dem Holzhacker, und er wollte fortlaufen, aber das Blut hängte sich so zäh an seine Füße, daß er kaum ausschreiten konnte. Mit höchster Mühe kam er endlich bis zum Weißenbach. Wie er nun übers Wasser gehen wollte, rutschten seine vom Blute ganz schlüpfrigen Schuhe auf den Steinen aus, er brach sich beide Beine, fiel in den Bach und mußte elendig ertrinken.

Seit jener Zeit tappt er dort jede Nacht im Walde umher und zieht jammernd die Füße hoch, als wate er noch im dem Blutsumpfe.

## 93  DIE ERBAUUNG DER PFRAUMBURG

Die Pfraumburg wurde von zwölf Riesen erbaut. In ihren Schürzen trugen die Weiber der Riesen die Steine zum Bau herbei.

Als die gewaltige Burg fertig war, feierten die Riesen in ihrer Bauhütte am nahen Waldrand ein großes Freudenfest. Ein neidischer Gast, ein anderer Riese, mischte einen Schlaftrunk in das schäumende Bier. Bald waren die Riesen und ihre Weiber mit ihren Kindern eingeschlafen. Dann zündete der falsche Freund die Hütte an, und alle Riesen mußten jämmerlich verbrennen. Jetzt gehörte dem Brandstifter die Burg und alles Land weit und breit. Mit seinem Weibe und seinen Kriegsknechten verheerte er Städte und Dörfer. Da taten sich Ritter, Bauern und Bürger zusammen und erschlugen den Riesen, als er einmal im Wald jagte. Sein Weib wurde aus dem Land gejagt. Die Burg wollte niemand mehr bewohnen. So lag sie öde da und zerfiel immer mehr. Heute ist nur noch die Ruine der Pfraumburg zu sehen.

# Schatzsagen

Überall in den Landschaften Böhmens wurde von Schätzen erzählt. Häufig hatten sie das Motiv der glücklichen oder der mißglückten Schatzhebung zum Inhalt. Aber auch sehr urtümliche Sagen, in denen Exkremente den Träumer vom Schatz täuschen, ihn narren, um sich später in Gold zu verwandeln, waren in den letzten Jahren bei einigen Erzählern noch lebendig. Noch immer wird von geheimem Wissen berichtet: Zu welcher Stunde und wie man in den Besitz eines Schatzes gelangt. Böhmen und Mähren sind Länder voller geschichtlicher Erinnerungen. Noch heute birgt die Erde Waffen all der vielen Heere, die auf diesem Boden Entscheidungsschlachten schlugen. Waffenfunde und tatsächliche Funde von vergrabenen Kriegskassen, aber auch Gesteinsformationen, die in der hellen Sonne glitzerten und blinkten, dann fälschlich für gleißendes Gold gehalten wurden, mögen zur Bildung von Schatzsagen Anlaß gegeben haben.

## 94  DER SCHATZ IM HAUSBERG

Im Graslitzer Hausberg liegt ein Schatz, der immer seinen Ort wechselt und bald in Gestalt feuriger Kohlen, bald als Laub oder als Sägespäne sichtbar wird. Doch nur ein Glückskind kann ihn finden. Manches wurde davon schon weggetragen, aber das meiste ist noch vorhanden. Einmal fanden einige Frauen kleine runde Scheiben, die sie ihren Kindern zum Spielen mitnahmen. Zu Hause hatten sie sich in Silbertaler verwandelt.

## 95  DAS GRAUE MÄNNCHEN

Einem armen Mann erschien im Traum ein graues Männchen, das zu ihm sagte: »Folge mir, du wirst es nicht bereuen!« Da sich der Traum auch in der folgenden Nacht wiederholte, stand der Mann auf, sah wirklich das Männlein und folgte ihm, nachdem es ihm verboten hatte, etwas zu sprechen. Es führte ihn auf den Hausberg und durch lange Gänge in einen unterirdischen Saal, in dem es von lauter Gold

und Silber nur so blitzte, und sagte ihm, er dürfe sich von den Schätzen mitnehmen, so viel er wolle. Da packte er eifrig ein, bis er auf einmal etwas zu Boden fallen hörte und sagte: »Jetzt ist etwas hinuntergefallen.«
Sofort verschwand alles. Der Mann stand in tiefster Finsternis da, tappte sich allmählich heraus und kam zuerst in einen verfallen Stollen, der endlich im Bärenloche endete.

## 96 DRECK VERWANDELT SICH IN EINEN SCHATZ

Einer Magd hat einmal geträumt, daß sie unter einer Stachelbeerstaude ihr Glück finden wird. Und weil ihr der Traum keine Ruhe gelassen hat, ist sie am Morgen hingegangen und hat unter die Staude geschaut. Da sah sie nur einen großen Haufen Menschendreck liegen. Sie war ärgerlich und begann, mit dem Fuß den Haufen auseinanderzurühren. Plötzlich verwandelte sich der Haufen in Gold. Das Mädchen war nun reich geworden und trug den Schatz nach Hause.

# Die Toten

Groß ist die Zahl der Totensagen, die immer noch im Volke leben. Für viele Menschen ist mit dem Hinscheiden des lieben Anverwandten noch lange nicht die Bindung zu ihm gelöst. Der begrabene Leichnam lebt, er beunruhigt, weil er zu Lebzeiten ein Bösewicht war, die Dorfgemeinschaft, sucht, wenn er ein Geizhals war, seine vergrabenen Schätze auf, versorgt als liebende Mutter das zurückgelassene Kleinkind oder bringt Kunde von der »anderen Welt«. Noch heute hat besonders im Süden Deutschlands ein differenziertes Totenbrauchtum überlebt, das oft von dem im Verborgenen bis heute vorhandenen Volksglauben getragen wird. Die Oberpfalz und Böhmen haben manche urtümliche Sagen hervorgebracht, die hauptsächlich in den Folgebänden abgedruckt werden.

## 97 DIE SECHSWÖCHNERIN UND IHR KIND

Einem Mann war die Ehefrau gestorben, ihr kleines Kind lag nun als Halbwaise in der Wiege. Wie erstaunt war aber der Vater, als er jeden Morgen sein Kindchen wohlversorgt, gereinigt und gestillt in seinem Bettchen liegen sah. Um herauszufinden, wer in der Nacht sein Mädchen so liebevoll umsorgt hatte, streute er Mehl auf den Stubenboden. Am nächsten Morgen suchte er nach Fußspuren im Mehl, aber sein Suchen war vergeblich. Sein Kind lag jedoch wieder gereinigt und versorgt in seinem Bettchen.
Nun beschloß der Mann, in der Nacht zu wachen, um das Rätsel zu lösen. Er stellte sich hinter einen Fenstervorhang und wartete die Mitternachtsstunde ab. Da schlug die Turmuhr zwölf. Mit dem letzten Schlag schwebte eine bleiche Gestalt an die Wiege des Kindes, und der verstörte Mann erkannte in ihr seine verstorbene Ehefrau. Sie verrichtete still ihr Werk: Sie stillte das Kind und legte es trocken. Ihr Mann faßte Mut und sprach sie an: »Liebe Frau, wie schön ist es, daß du wieder zu uns kommst.« Da antwortete ihm seine Frau mit trauriger Stimme: »Es ist schade, daß du mich angesprochen hast. Jetzt darf ich nur noch zweimal kommen, um unser Kind zu betreuen.« Und so geschah es auch. Die Mutter kehrte noch zweimal um Mitternacht zurück zu ihrem Kind und wurde danach nie mehr gesehen.

## 98  DEN TOTEN SCHLEPPEN

Ein Bursche war gehenkt worden und schaukelte am Galgen. In einem Rockengange vermaß sich eine Magd, ihm die Mütze vom Kopf zu nehmen und sie zu bringen. In der schwarzen Sturmnacht machte sie sich auf den Weg zur Richtstätte, die ein Stück außerhalb des Ortes stand. Als sie die Mütze ergriffen hatte, sprang ihr der Gehenkte auf die Schultern, und sie mußte ihn bis zur Haustür tragen.

## 99  DAS MÄDCHEN UND DER TOD

Es waren einmal eine Mutter und eine Tochter. Sie hatten einander sehr gern. Da starb die Mutter. Die Tochter konnte sie nie vergessen und ging jede Nacht um zwölf Uhr auf den Friedhof zum Grabe beten. Einmal stand der Tod dort. Da erschrak sie und lief nach Hause. Der Tod lief ihr bis zur Tür nach. Dann verlor er sich. Als sie sich aber niederlegte, war er auf einmal bei ihrem Bett und befahl ihr, aufzustehen und mitzugehen. Voll Angst drehte sie sich auf die Seite und blieb liegen. Der Tod wich aber nicht von ihrer Seite und verlangte zum zweiten Male, daß sie mitgehe. Da legte sie sich auf das Gesicht und drückte es auf das Kissen. Der Tod ließ jedoch nicht nach und hieß sie, schon böse, zum dritten Male mitgehen.
Nun wußte sie sich nicht mehr zu helfen, stand auf, zog sich an und folgte ihm. Als sie zur Pfarre kamen, sprang sie geschwind hinein, verriegelte die Tür und blieb bis zum Morgen dort. Als sie wegging, gab ihr der Pfarrer geweihte Kreide. Damit zog sie zuhause um ihr Bett einen Kreis. In der nächsten Nacht kam der Tod wieder. Als er aber in den Kreis trat, verschwand er, und sie hatte von der Zeit an Ruhe.

## 100  DAS GERIPPE VOM FRIEDHOF HOLEN

In einem Rockengange wettete einmal eine Spinnerin, daß sie auf den Friedhof gehen und aus dem Beinhause das Gestell (Gerippe) ihres verstorbenen Mannes holen werde. Sie machte sich auch wirklich auf, und es dauerte nicht lange, so brachte sie es in der Schürze und warf

es auf die Ofenbank. Eine Weile blieb es hier ruhig liegen, dann begannen sich die Knochen zu regen und langsam aufzustellen. Als das die Rockengängerinnen sahen, packte sie das Entsetzen, und schreiend drängten sie zur Tür, um davonzulaufen.
Da kam gerade der Pfarrer, der bei einem Kranken gewesen war. Er hörte den Lärm und ging in die Stube hinein. Als er hier den Frevel sah, bannte er den Toten schnell durch einen lateinischen Spruch fest. Dann mußten alle dem Gerippe die Hand reichen. Die Frevlerin fürchtete sich sehr und getraute sich nicht. Erst auf Zureden des Pfarrers tat sie es. In dem Augenblick zerfiel der Tote zu Staub. Den nahm sie dann in die Schürze und trug ihn auf den Friedhof zurück.

## 101  DEM TOTEN DEN HUT STEHLEN

In einem Rockengange waren einmal mehrere Mädchen beisammen und erzählten einander Geschichten. Da sagte eine: »Ich getraue mich, auf den Friedhof zu gehen und von dem fremden Manne, der in der Totenkammer liegt, den Hut zu bringen.« Sie ließ sich nicht abhalten und ging. Als sie auf dem Kirchplatze anlangte, kam der Mann vom Friedhof herunter. Ein Windstoß nahm ihm den Hut und trieb diesen bis vor die Füße des Mädchens. Das hob ihn auf und lief damit zu den Kameradinnen. Da stand der Tote auch schon vor dem Fenster und verlangte den Hut zurück. Doch niemand wagte es, zu ihm hinzugehen. Da kam er, sich ihn selbst zu holen. Bei seinem Anblick schrien alle vor Angst auf. Zum Glück hörte ein Priester, der versehen gewesen war, den Lärm. Er ging in die Stube hinein, und es mußten alle dem Toten die Hand geben, worauf dieser wieder wegging.

## 102  DEN TOTEN EINLADEN

Am Ende von Eisendorf wohnte ein armer Mann. Seine Armut hatte ihn verbittert, und so wurde er ein richtiger Spötter.
Einmal ging er am Friedhof vorbei. Dort hatte der Totengräber gerade ein Grab ausgehoben. In der Leichenhalle stand ein Sarg. Der Mann rief beim Vorübergehen: »Hallo, laß dich's nicht verdrießen!

Komm nur heut nacht zu mir zum Abendbrot!« Nach dieser bösen Rede ging er nach Hause.
Am Abend zog ein Unwetter auf. Der Sturm raste in den Bäumen und heulte um das Haus. Der Spötter saß am Tisch beim Lampenlicht und dachte nicht mehr an seine lockeren Reden. Da pochte es um Mitternacht an die Tür. Zitternd öffnete der Mann, denn nun wußte er, wer noch zu so später Stunde Einlaß begehrte. In die Tür trat der Tote, bleich und unheimlich anzusehen. »Da bin ich, ich danke dir für deine Einladung heute Mittag!« sagte der Tote und setzte sich an den Tisch. Zitternd reichte der Mann ihm ein Getränk und ein Gebäck. Aber der Tote winkte ab, und nach einer Stunde verabschiedete er sich durch ein Nicken und sagte mit dumpfer Stimme: »Heute war ich dein Gast, morgen erwarte ich dich in meinem Haus, das mir heute bereitet wurde. Wage es nicht, meiner Einladung nicht zu folgen!« Nach diesen Worten war der Tote in der dunklen Nacht verschwunden.
In der folgenden Nacht machte sich der Mann mit schwerem Herzen auf den Weg. Er hatte es nicht versucht, der Einladung des Toten auszuweichen. Als er den Friedhof erreicht hatte, wartete schon der Tote auf ihn. Er führte seinen Besucher zu einer Öffnung im Grabhügel, und beide stiegen in eine enge Totenkammer. Hier befand sich ein Tisch, auf dem ein Fleischgericht und Brot in zwei Schüsseln standen. Ekelhafte Würmer und Schlangen krochen darin umher. Ein übler Geruch strömte daraus hervor. »Nun setz dich nieder und iß und trink!« Der Mann hatte Platz genommen, aber es war ihm nicht möglich, von den verfaulten Speisen zu essen. Das sagte er seinem Gastgeber. Der Tote blickte ihn ernst an und sagte: »Diesmal verzeihe ich dir. Spottest du noch einmal über uns Tote, dann wird das dein Ende sein.« Der Tote gab ihm eine sehr schwere Ohrfeige. Dann schob er ihn aus der Totenkammer heraus. Der Mann erreichte sein Haus, aber sein Haar war weiß geworden.

## 103 DEN TOTEN GELIEBTEN HERBEIZITIEREN

Es war einmal eine Magd. Ihr Geliebter war in die Fremde gegangen und hatte schon lange nichts von sich hören lassen. Da wurde der Magd bange, und sie ging zu einer alten Hexe und fragte sie um Rat, was sie tun solle, daß ihr Geliebter wieder zurückkehre. Die Hexe sagte, sie solle auf dem Friedhofe einen Totenkopf ausgraben und darin in der nächsten Mitternacht Hirse kochen.

Das Mädchen tat, wie ihr die Hexe geraten hatte, und als die Hirse im Totenschädel zu plappern anfing, klopfte es an Fenster. Wie sie dazu trat, sah sie draußen ihren Geliebten. Er saß auf einem schwarzen Pferde und winkte ihr. Voll Freude eilte sie zu ihm hinaus. Da zog er sie zu sich und gab dem Roß die Sporen. Das erhob sich, und im Saus ging es durch die Luft. »Feinsliebchen, fürchtest du dich?« raunte er ihr ins Ohr. »Warum soll ich mich fürchten; ich bin ja bei dir«, gab sie ihm zur Antwort und schmiegte sich an ihn. Und da waren sie schon vor einem Friedhofe. Die Mauer war nur niedrig, und er hieß sie hinüberklettern. Sie tat es und stand vor einem offenen Grabe. »Springe hinab!« befahl er. Ihr wurde unheimlich, und sie sagte: »Springe du zuerst!« Da sprang er. Sie aber nahm geschwind Steine von der Mauer und warf sie auf ihn, damit er nicht heraus könne. Dann lief sie, so schnell sie konnte, davon.

In einem Häuschen sah sie Licht. Dorthin lief sie. Mitten in der Stube lag auf einem Schragen ein Toter. Sie erschrak wohl; aber dann bekreuzigte sie sich, sprang rasch auf den Backofen und verkroch sich unter der Decke, die sich dort befand. Da war auch schon ihr Geliebter da, trat zu dem Toten und sagte: »Gib mir den Menschen heraus!« Der Tote hob langsam eine Hand, dann die andere, einen Fuß, den zweiten, und auf einmal sprang er auf und wollte das Mädchen packen. In dem Augenblick hob die Uhr aus und schlug Eins. Da legte sich der Tote wieder, und der Geliebte kehrte ins Grab zurück. Das Mädchen war gerettet.